“十四五”职业教育国家规划教材
中等职业教育国家规划教材
全国中等职业教育教材审定委员会审定
辽宁省职业教育“十四五”首批规划教材

U0964158

进出口贸易实务

（第四版）

主　编　吕红军
副主编　张　英　张　颖

对外经济贸易大学出版社
中国·北京

图书在版编目（CIP）数据

进出口贸易实务 / 吕红军主编. —4 版 . —北京：对外经济贸易大学出版社，2022. 8（2023. 11 重印）
ISBN 978-7-5663-2418-4

Ⅰ. ①进… Ⅱ. ①吕… Ⅲ. ①进出口贸易-贸易实务 Ⅳ. ①F740. 4

中国版本图书馆 CIP 数据核字（2022）第 140376 号

进出口贸易实务（**第四版**）

吕红军 **主编**
责任编辑：高 卓

出版发行：对外经济贸易大学出版社
社 址：北京市朝阳区惠新东街 10 号
网 址：www. uibep. com
资源网址：www. uibepresources. com
邮政编码：100029
邮购电话：010-64492338
发行部电话：010-64492342
E-mail：uibep@ 126. com

成品尺寸：185mm×260mm
印 张：15. 75
字 数：393 千字
ISBN 978-7-5663-2418-4
印 刷：北京市泰锐印刷有限责任公司
版 次：2022 年 8 月北京第 4 版
印 次：2023 年 11月第 2 次印刷
定 价：39. 00 元

中等职业教育国家规划教材出版说明

为了贯彻《中共中央国务院关于深化教育改革全面推进素质教育的决定》的精神，落实《面向21世纪教育振兴行动计划》中提出的职业教育课程改革和教材建设规划，根据教育部《中等职业教育国家规划教材申报、立项及管理意见》（教职成〔2001〕1号）的精神，我们组织力量对实现中等职业教育培养目标和保证基本教学规格起保障作用的德育课程、文化基础课程、专业技术基础课程和80个重点建设专业主干课程的教材进行了规划和编写，从2001年秋季开学起，国家规划教材将陆续提供给各类中等职业学校选用。

国家规划教材是根据教育部最新颁布的德育课程、文化基础课程、专业技术基础课程和80个重点建设专业主干课程的教学大纲（课程教学基本要求）编写的，并经全国中等职业教育教材审定委员会审定。新教材全面贯彻素质教育思想，从社会发展对高素质劳动者和中初级专门人才需要的实际出发，注重对学生的创新精神和实践能力的培养。新教材在理论体系、组织结构和阐述方法等方面均做了一些新的尝试。新教材实行一纲多本，努力为教材选用提供比较和选择，满足不同学制、不同专业和不同办学条件的教学需要。

希望各地、各部门积极推广和选用国家规划教材，并在使用过程中，注意总结经验，及时提出修改意见和建议，使之不断完善和提高。

教育部职业教育与成人教育司

2001年10月

编写说明

在我国改革开放深入发展和加入世界贸易组织的大好形势下，为了适应我国对外经贸中等职业教育发展的需要，我们在对外经贸教育教学指导委员会专业工作委员会的组织和指导下，根据教育部国家规划教材、国际商务重点专业教学改革总体方案和《进出口贸易实务教学大纲》的要求，结合我国对外贸易最新发展，特别是我国加入世界贸易组织以后对外经贸政策、法规及其贸易做法方面的变化，编写了本教材。

本教材在编写过程中，针对中职教育的特点，按照国际商务专业改革方案的要求，力求以能力为本位，以应用为主线，以讲清概念、强化应用为重点，紧密联系业务实际，突出针对性和实用性。

本教材以货物买卖为对象，以合同条款为中心，以国际贸易惯例和法规为依据，全面介绍了国际货物买卖合同的具体内容、合同的履行环节及一般的贸易做法。

本教材将每章内容分为导读、正文和复习思考三部分。导读部分通过概述本章的学习要求，让学生带着任务有目的地学习；正文部分力求简单明了，相关的知识采取了穿插使用资料卡、比一比、议一议等形式展示给学生，增加了可读性并体现了中职教育的层次特点；复习思考部分是以问答题、做一做、案例分析和活动建议等形式帮助学生把握学习中的重点、难点，加深对教材内容的理解和消化吸收，进一步巩固所学知识，培养学生分析问题和解决问题的能力。

本教材在编写过程中参考了黎孝先主编的《国际贸易实务》、对外贸易经济合作部人事教育劳动司编写的《对外经贸理论与实务》、吴百福主编的《进出口贸易实务教程》以及相关学者的研究成果，在此深表谢意。

教材中存在的不妥之处，敬请各位专家、学者批评指正。

编者

2007 年 7 月

修订说明

为深入贯彻全国职业教育大会精神，全面落实《国家职业教育改革实施方案》，主动适应世界经济贸易发展的新形势及我国对外贸易发展的新要求，准确把握数字贸易发展的新形势、新变化，积极对接外经贸行业企业新岗位、新需求，提高人才培养的适应性与针对性，推动技能型社会、教育强国和贸易强国建设，培养适应外经贸发展的技术技能型人才，我们进行了以下几个方面的修订。

(1)强调了“德技并修”，突出价值引领。更加注重将价值塑造、能力培养和知识传授三位一体的育人理念充分体现在教材内容中，把国家意识、文化自信、人格养成与国际化视野和跨文化沟通能力培养有机融合，实现知识传授、价值塑造和能力培养多元统一，体现教材的思想性。

(2)更新了知识，突出外贸业务新变化。补充了国际商会有关贸易术语的最新修订内容，系统阐释了《国际贸易术语解释通则 2020》；介绍了“全国通关一体化”改革及其“单一窗口”“关检合一”等新的做法，体现教材的时代性。

(3)调整了内容，突出业务岗位需要。根据外贸业务实际变化，删除了业务中基本不使用的汇付与托收相结合、托收与信用证相结合的货款收付方式；增加了中欧班列运输、数字贸易等内容，确保教材内容与实际业务有效对接，体现教材的实用性。

(4)应用了新技术，突出教材立体化建设。为便于读者灵活自主学习，我们以二维码链接了相关内容的数字化教学资源，“一扫直达”在线学习内容，增强了教材的可视化效果，体现教材的创新性。

(5)邀请了行业专家，校企合作修订。校企合作开发课程与教材是促进产教融合，实现校企共同育人的重要举措。邀请有丰富实践经验的行业专家对教材修订提出建议并撰写实际业务操作部分的内容，体现教材的实践性和适用性。

在修订过程中，我们针对外经贸中职教育的特点，以技术技能型人才培养为目标，以能力为本位，以应用为主线，突出教学内容的时代性、针对性、先进性、实践性与实用性。教材充分运用现代信息技术促进教材效能提升，以价值塑造、能力培养和知识传授三位一体的育人理念赋能教材育人成效，实现教材质量与教育内涵的双提升。

参加本教材修订工作的有吕红军、张英、张颖、赵红娟、焦朝霞、刘钊、常虹、杨洪等，吕红军任主编，张英、张颖任副主编。

本教材中如有不妥之处，敬请各位专家、学者及读者批评指正。

目 录

概　述

改革开放40余年来,我国对外贸易迅猛发展。2001年12月11日,我国正式成为世界贸易组织成员,这标志着我国在世界经济舞台驰骋的空间更加广阔,商品的交换活动更加频繁,对外向型经贸人才的需求更加迫切。20年来,我国进出口贸易额快速增长。2021年,我国经济发展和疫情防控保持全球领先地位,外贸进出口实现较快增长,规模再创新高,质量稳步提升,货物贸易进出口总额为39.1万亿元,同比增长21.4%。其中,出口额为21.73万亿元,增长21.2%;进口额为17.37万亿元,增长21.5%。贸易顺差4.3万亿元,同比增加20.2%。有进出口实绩企业56.7万家,增加3.6万家。其中,民营企业进出口额为19万亿元,增长26.7%,占2021年进出口总额的48.6%,比2020年提升2个百分点,第一大外贸主体地位更加巩固,成为稳外贸的重要力量。目前,我国对外贸易依存度为34.19%,其中,出口依存度为19%,进口依存度为15.19%。我国国内生产总值(Gross Domestic Product,GDP)中有近1/3是通过对外贸易实现的。2021年中国货物进出口总额突破6万亿美元,创历史新高。学习《进出口贸易实务》,就是要掌握好对外经济贸易必需的知识和技能,增强国家意识,正确贯彻我国对外贸易的方针政策,服务发展新格局,遵循国际规则,积极参与国际市场竞争,有效利用国内国际两个市场两种资源,赚取阳光下的利润,确保取得最佳的经济效益。服务经济社会发展,服务我国的对外开放。

一、课程性质

"进出口贸易实务"是学习不同国家和地区之间货物买卖的有关理论和操作技能的专业核心课程,它是对国际贸易基础知识、商贸法律与案例、国际汇兑实务等课程知识的综合应用。

开设本课程,旨在使学生掌握有关货物进出口的基本知识、业务程序、买卖合同条款的内容和拟定方法,训练学生进出口业务的操作技能,培养学生运用所学知识解决一般业务问题的能力。

国际贸易不同于国内贸易。由于买卖双方分处两国,社会制度、法律法规、贸易习惯及其做法不同,交易所面临的情况亦错综复杂;由于买卖商品的数量一般较大,而且要经过长途运输,途中的风险与损失在所难免;由于国际政治形势变化莫测,国际经济形势也扑朔迷离,开展国际商品贸易的难度不言而喻;由于国际商品贸易所涉及的业务环节多、部门广、市场范围大,如有不慎,产生纠纷,遭受损失的后果不堪设想。学习本课程,不仅要掌握好国际贸易理论、政策和法规惯例,还要掌握好进出口商品贸易的操作规程,能学以致用,不断增强职业能力和创新能力,为服务我国外贸高质量发展和高水平对外开放贡献力量。

二、课程内容

（一）国际贸易合同条款

国际货物买卖以合同为中心，合同是国际货物买卖双方当事人权利与义务的法律依据。国际货物买卖合同的主要条款有：商品的品名、品质、数量、包装、价格、运输、保险、货款收付、商品检验、索赔、不可抗力和仲裁等。通过学习，掌握合同条款的基本内容及其规定做法。

（二）国际贸易业务的程序

国际贸易基本业务程序包括交易前的准备工作、交易磋商与合同签订、合同的履行三个阶段。

1. 出口货物贸易的程序

（1）交易前的准备工作：

① 进行国际市场调研。国际市场调研包括对进出口国或地区、商品市场和客户的调研，其目的是做到知彼知己，掌握主动。

② 制订出口商品的经营方案。出口商品的经营方案是指出口企业根据国家的方针政策和自己的经营意图对出口商品在一定时期内所做的全面业务安排。其目的是实现企业的预期目标。

③ 落实货源、制订出口商品的生产计划。在制订出口商品经营方案的同时，应根据不同商品的情况和特点，按照经营方案的要求，及时地与生产、供货部门落实货源、安排调运或制订出口商品生产计划。

④ 广告宣传。广告宣传的内容及采用的宣传方式要针对不同的市场和商品特点来设计，做到有的放矢。其目的是使国外客户和消费者深入了解我国的出口商品。

⑤ 对外建立业务关系。这是正式开展业务的重要步骤，是能否达成交易的基础。我们应选择资信情况良好、经营能力较强和政治上与我方友好的客户建立业务关系。

（2）交易磋商与合同签订。交易磋商一般经过询盘、发盘、还盘、接受几个环节，最后达成一致意见后签订合同。在这个过程中，发盘和接受是两个不可缺少的环节。签订合同的内容有：

① 合同的标的，包括买卖货物的品名、品质、数量和包装等。

② 商品的价格，包括计价货币、贸易术语、计价数量单位、单位价格金额等。

③ 卖方义务，包括交付货物、移交一切与货物有关的单据和转移货物所有权，即明确交货的时间、地点、方式、提交单据的种类和份数等。

④ 买方义务，包括支付价款和收取货物，即明确货款收付的时间、地点、方式、币别和派船时间等。

⑤ 预防争议和解决争议的方法，包括货物的检验、索赔期限、免责条款和仲裁等。

（3）出口合同的履行。合同履行程序的繁简取决于所使用的贸易术语和付款方式等。以CIF条件成交，以信用证方式付款为例，出口合同的履行要经过货、证、船、款四个环节。

① 货，即备货。根据合同规定按时、按质、按量准备好货物。

② 证，即催证、审证和改证。在信用证付款条件下，应向客户催开信用证，收到信用证后要立即根据合同进行审核，发现不符合合同规定且不能接受的内容，应立即通知客户改证。

③ 船，即安排装运。出运货物应经过租船订舱、办理保险、报验、报关等程序。经海关查验放行后将货物装船出运并取得运输单据。

④ 款，即制单结汇。货物出运后，缮制和备妥各种单据向有关银行交单，收取货款。

2. 进口货物贸易的程序

（1）交易前的准备工作。进口交易前的准备工作，具体如下：

① 制订进口商品经营方案。做好这一准备工作的目的是在对外洽商交易和采购商品时，能做到心中有数，避免盲目性。

② 进行市场调研。在对国外市场和外商的各种情况调查研究的基础上，经过货比三家，选择理想的进口市场和贸易伙伴。

③ 申请进口许可证。对于许可证管理的商品，须取得进口配额，之后再向指定的发证机关申领进口许可证。

（2）交易磋商与合同签订。进口贸易的交易磋商与合同签订在做法上与出口贸易基本相同。进口时应特别做好比价工作，以便争取到对我方最为有利的交易条件。进口交易达成后，应该签署书面合同，以方便日后工作。

（3）进口合同的履行。进口合同的履行取决于使用的贸易术语、付款方式等。以 FOB 条件成交，以信用证方式付款为例，进口合同的履行要经过下述环节：

① 申请开立信用证。在国际货物贸易中，使用信用证方式支付，买方应在货物装运出口前向卖方开出信用证。

② 接运货物。在接运货物过程中，要经过租船或订舱、催装、办理保险、付款赎单、接卸货物、报验、报关等业务环节。

③ 提取货物或拨交货物。

上述是货物进出口的一般程序，实际业务中有可能出现争议与索赔等问题，这就必须本着实事求是的原则，按合同规定，认真处理，以维护企业的声誉。

（三）国际贸易方式

随着国际经济关系的不断变化和国际贸易的迅速发展，国际贸易的方式愈来愈多样化。除通常采用的单边进口和单边出口之外，经销、代理、寄售、展卖、招标与投标、拍卖、期货交易、对销贸易、加工贸易、电子商务和跨境电商等国际贸易方式在国际贸易发展中发挥着不同的作用。掌握这些贸易方式的做法、特点及其作用非常重要。

（四）有关国际贸易的法规惯例

国际贸易的双方处在不同的国家和地区，常常会出现国际货物买卖合同的法律适用问题。国际货物买卖合同适用的法律可以依据合同双方当事人的选择来确定，也可以依据与合同联系最密切国家的法律来确定。实际业务中，我们也可以在合同中明确规定采用某一国际贸易惯例。国际贸易惯例不是法律，不具有普遍约束力。只有当事人在合同中明确规定采用某一惯例时，这一惯例才对当事人具有约束力。目前影响较为广泛的国际贸易惯例主要有国际商会主持制定的《国际贸易术语解释通则 2020》（简称《2020 通则》）、《跟单信用证统一惯例》（UCP600）、《国际备用信用证惯例》、《托收统一规则》（URC522）等。

三、学习方法

（一）第一课堂教中学

在第一课堂教中学，通过课堂学习，掌握国际货物贸易实务的基础知识、基本程序、买卖合同条款的内容和订立方法；掌握业务操作技能，用所学知识解决一般业务问题。

（二）第二课堂延伸学

在第二课堂中延伸学，加强自主学习，巩固第一课堂学习效果。借助先进的信息技术和网络平台，利用慕课、微课、视频公开课等网络课程，加深对知识的理解与应用。

（三）平台上练中学

利用校内实训平台，加强专业技能训练，增强专业技术能力。通过校内实训平台练习，在动态仿真的国际贸易业务环节中，模拟完成进出口业务流程，加强知识的灵活运用，培养创新思维和创业意识，强化专业实践能力。

（四）企业里干中学

到行业企业实践教学基地进行"顶岗实习"，加深对岗位的认识和理解，熟悉并适应专业岗位需求，将所学知识在实际岗位上灵活应用。通过"顶岗实习"，提升业务技能，增强岗位适应能力和就业能力。

第一章

商品的品名、品质、数量与包装

【导读】

在国际贸易中，形形色色的各国商人追逐的是利益，买卖的是商品。显然，商品是一切交易的核心，也是进出口贸易的核心，而买卖任何一种有形的商品，都有其具体的名称，并表现为一定的品质。每笔交易都离不开一定的数量，而交易的大多数商品，通常都需要适当的包装。商品质量是我国发展之基，兴国之道，强国之策，关乎民生民心，关乎国家形象，关乎国际合作。因此，买卖双方洽谈交易时，首先必须谈妥商品的品名、品质、数量与包装这些主要交易条件，并在合同中具体订明。这些条件是合同的要件，是构成货物说明的重要组成部分。一旦约定，就必须担责任、尽义务、守承诺，维护企业、国家形象。

本章的学习要求：

1. 了解商品的品名、品质、数量和包装条款在国际货物买卖合同中的意义；
2. 掌握商品的品名、品质、数量和包装条款的内容及规定做法；
3. 能熟练运用进出口贸易中常用的计量方法。

第一节　商品的品名

一、约定品名条款的意义

商品的品名（Name of Commodity）是指"商品的名称"，是在合同的开头部分所列明的缔约双方同意买卖的商品的名称，又称"品名条款"。

约定品名条款是买卖合同中不可缺少的一项主要交易条件。按照有关的法律和惯例，对成交商品的描述，是构成商品说明的一个主要组成部分，是买卖双方交接货物的一项基本依据，它关系到买卖双方的权利和义务。

> **想一想**　我国出口公司对外签订一份出口合同，合同规定：出口商品品名为"手工制造书写纸"（Handmade Writing Paper）。买方收到货物后，经检验发现货物部分制造工序为机械操作，而我国出口公司提供的所有单据均表示为手工制造，对方要求我国出口公司赔偿，我方是否有权拒赔？

约定品名条款具有重要的法律和实践意义。若卖方交付的货物不符合约定的品名或说明，买方有权提出损害赔偿要求，直至拒收货物或撤销合同。

二、合同中的品名条款及举例

国际货物买卖合同中的品名条款并无统一的格式，通常都在“商品名称”或“品名”的标题下，列明交易双方成交商品的名称。合同中的品名条款举例如下：

［例 1-1］品名：东北大豆

Name of Commodity：Northeast Soybean

［例 1-2］品名：中国桐油

Name of Commodity：Chinese Tong Oil

资料卡

商品品名命名方法

1. 以其主要用途命名

这种方法在于突出其用途，便于消费者按其需要购买，如织布机、杀虫剂。

2. 以其所使用的主要原材料命名

这种方法能通过突出所使用的主要原材料反映出商品的质量，如棉布、羊毛衫。

3. 以其主要成分命名

这种方法可使消费者了解商品的有效内涵，有利于提高商品的身价，如人参珍珠霜。

4. 以其外观造型命名

这种方法有利于消费者从字义上了解该商品的特征，如绿豆、喇叭裤。

5. 以其制作工艺命名

这种命名方法的目的在于提高商品的威望，增加消费者对该商品的信任，如精制油。

6. 以人物命名

这种命名方法的目的在于引起消费者的注意和兴趣，如孔府家酒。

品名条款虽然简单，但要予以足够的重视，否则会产生贸易纠纷。订立品名条款应注意的问题：

想一想 在国际贸易市场上，买卖双方能否用“西红柿”这一品名进行买卖？

（1）内容必须明确、具体，避免空泛、笼统的规定。

（2）条款中约定的品名，必须是卖方能够供应且买方所需要的商品，凡做不到或不必要的描述词句都不应列入。

（3）使用国际上通用的名称。

有些商品名称，各地叫法不一。为了避免误解，应尽可能采用国际上通用的名称。目前，大多数国家的海关统计都采用世界海关组织（原海关合作理事会）制定的多用途的国际贸易商品分类目录《商品名称及编码协调制度》(Harmonized Commodity Description and Coding System，简称《协调制度》或 HS)。它是科学、系统的国际贸易商品分类体系。我国 1992 年正式加入协调制度公约。

(4) 注意选用合适的品名，以利于降低关税，方便货物的进出口并可以节省运费。

进出口税则及品目注释可登录海关总署网站查询。

议一议

选用合适的品名与关税和运费之间的关系。

第二节　商品的品质

一、约定品质条款的意义

商品的品质(Quality of Goods)是指商品的内在素质和外观形态的综合。前者包括商品的物理性能、机械性能、化学成分和生物特性等自然属性；后者包括商品的外形、色泽、款式和透明度等。

品质条款是合同的主要条件，卖方所交货物的品质如果不符合合同的规定，买方则有权撤销合同并要求损害赔偿。

资料卡

《联合国国际货物销售合同公约》规定：

卖方交货必须符合约定的质量，如卖方交货不符约定的品质条件，买方有权要求损害赔偿，也可要求修理或交付替代货物，甚至拒收货物和撤销合同。

商品品质关系到买卖双方的利益。当今国际市场是以消费者需求为中心的买方市场，消费者最关心的已不再是价格，而是商品的品质，并且对品质的要求越来越高。因此，提高商品品质也成了各国出口商赢得竞争的一种手段。

商品品质决定商品价格。在进出口商品实际交易中，买卖双方还要考虑商品的实际使用效能以及售后服务质量，对品质的要求是综合性的。品质的优劣直接影响到商品的使用价值，而使用价值的高低又决定了商品价格的高低。

二、表示商品品质的方法

国际贸易中的商品，种类繁多，特点各异，故表示品质的方法也多种多样。归纳起来，包括凭实物表示和凭说明表示两类。

(一) 凭实物表示商品品质

凭实物表示品质，包括凭成交商品的实际品质(Actual Quality)和凭样品(Sample)两种表示方法。前者是指看货买卖；后者是指凭样品买卖。

1. 看货买卖

当买卖双方采用看货成交时，买方或其代理人通常先到卖方存放货物的场所验看货物，一旦达成交易，卖方就必须按对方验看过的商品交货。只要卖方交付的是验看过的货物，买方就不得对品质提出异议。采用看货成交的买卖是有限度的，多采用寄售、拍卖和展卖业务。

议一议

看货买卖有哪些局限性？

2. 凭样品买卖

样品是指从一批商品中抽出来的或由生产、使用部门设计、加工出来的，足以反映和代表整批商品品质的少量实物。凡以样品表示商品品质并以此作为交货依据的，称为凭样品买卖（Sale by Sample）。

比一比

参考样品与标准样品的区别

样品分为参考样品和标准样品。

参考样品（Sample for Reference），是指买卖双方为了发展彼此的贸易关系而采用互相寄送，仅供对方了解的商品，不作为成交或交货时的品质依据。参考样品在寄送时一定要注明“仅供参考”字样。

标准样品（Type Sample），是指“凭样品买卖”中的“样品”。这种样品一经双方同意或对方接受，即成为交货时的品质依据，卖方必须承担交货时品质与标准样品一致的责任。

按样品提供者不同，凭样品买卖可以分为以下 3 种。

（1）凭卖方样品买卖（Sale by Seller's Sample）。凭卖方样品买卖是指由卖方提供样品并作为交货的品质依据。日后，卖方所交整批货物的品质，必须与卖方样品相符。

资料卡

凭卖方样品买卖时应注意的问题

1. 提供的样品要有代表性，品质既不要偏高，也不要偏低。偏高会造成交货困难，偏低则在价格上吃亏。

2. 应留存一份或数份同样的样品，作为复样（Duplicate Sample），以备日后交货或处理争议时核对之用。

3. 寄发样品和留存复样，要注意编号和注明日期，以便日后查找。

4. 要留有一定余地，在合同中加列“品质与样品大致相同”的条款，以利于卖方日后交货。

（2）凭买方样品买卖（Sale by Buyer's Sample）。凭买方样品买卖是指由买方提供样品并作为交货的品质依据。日后，卖方所交整批货物的品质，必须与买方样品相符。

（3）对等样品（Counter Sample）。在国际贸易中，谨慎的卖方往往不愿意承接凭买方样品交货的交易，以免因交货品质与买方样品不符而招致买方索赔甚至退货的风险。在此情况下，卖方可根据买方提供的样品，加工复制出一个类似的样品交买方确认，这种经确认的样品，称为"对等样品"或"回样"。

（二）凭说明表示商品品质

凭说明表示商品品质，是指用文字、图表、照片等方式来说明成交商品的品质。这类表示品质的方法有以下6种。

议一议

一笔既凭规格又凭样品的买卖，如果卖方所交货物与规格完全相符，但与样品有差别，卖方是否仍要负责任？

1. 凭规格买卖（Sale by Specification）

商品的规格是指用来反映商品品质的主要指标，如化学成分、含量、纯度、容量、性能、大小、长短、粗细等。商品不同，表示商品品质的指标亦不同；商品用途不同，要求的品质指标也会有所不同。用商品的规格来确定商品质量的方法称为"凭规格买卖"。这种表示质量的方法简单方便、准确具体，在国际贸易中使用最为广泛。

［例1-3］素面缎

门幅（英寸）	长度（码）	重量（姆米）	成分
55	38/42	16.5	100%真丝

想一想

我国出口公司与国外买方订立一份CIF合同，合同规定：金枪鱼罐头200箱，每箱24罐×100克，即每箱装24罐，每罐100克。但卖方在出货时，却装运了200箱，每箱24罐，每罐200克。国外买方见货物的重量比合同多了一倍，拒绝收货，并要求撤销合同。买方是否有权这样做？

2. 凭等级买卖（Sale by Grade）

商品的等级（Grade）是指同类商品按其规格上的差异，分为各不相同的若干等级。

［例1-4］鲜鸡蛋　蛋壳呈浅棕色、清洁、品质新鲜

鸡蛋级别	单枚蛋重量范围/克	每100枚鸡蛋最低蛋重/千克
XXL	68~78	≥6.9
XL	60~67	≥6.1
L	53~59	≥5.4
M	48~52	≥4.9
S	43~47	≥4.4

注：小于43克和大于78克的作为C级鸡蛋处理。

同类商品不同等级的产生是长期生产与贸易实践的结果，为了便于履行合同和避免争议，买卖双方在品质条款列明等级的同时，最好一并规定每一等级的详细规格。这对简化手续、促进成交和体现按质论价等方面都有一定的作用。

> **想一想**
>
> 例如：我国出口公司与国外买方成交东北玉米一批，合同与信用证上均列明的是三级品，但到发货装船时才发现三级玉米库存告罄。于是改以二级品交货，并在发票上加注："二级玉米仍按三级计价。"这种以好顶次、原价不变的做法妥当吗？

3. 凭标准买卖(Sale by Standard)

商品的标准是指将商品的规格、等级予以标准化并以一定的文件表示出来。

资料卡

ISO9000(International Organization for Standardization)
质量系列标准与ISO14000环境管理系列标准

ISO9000系列标准是国际标准化组织为适应国际贸易发展需要，针对制造业、服务业所制定的品质管理及品质保证标准。该标准将企业管理分为20个质量要素，然后要求企业将与这些要素有关的活动以文件的形式固定下来，并称之为"文件化的质量体系"。在贯彻执行"文件化质量体系"中，企业可向有资格的权威认证机构申请认证。

ISO9000质量认证体系有9001、9002和9003三种。ISO9001是开发设计、生产、安装、服务的质量保证体系；ISO9002是生产和安装的质量保证体系；ISO9003是最终产品检验和试验的质量保证体系。

ISO14000系列标准是在1992年联合国世界环境与发展大会上提出的，于1996年颁布的国际性的环境管理体系标准。它由环境管理系统、环境行为评价系统、环境稽核与环境检测系统、生命周期评定系统、环境标志系统和产品标准中的环境指标系统6个子系统组成。该标准已成为全世界必须遵守的行为准则。

在国际贸易中对于某些品质变化较大而难以规定统一标准的农副产品，往往采用"良好平均品质"(Fair Average Quality, F.A.Q.)这一术语来表示其品质。良好平均品质是指由同业公会或检验机构从一定时期或季节、某地装船的各批货物中分别抽取少量实物加以混合拌制，并由该机构封存保管，以此实物所显示的平均品质水平，作为该季节同类商品品质的比较标准，一般是对中等货而言。在我国，某些农副产品的交易中也使用F.A.Q.表示品质，习惯上称其为"大路货"，其交货品质一般以我国产区当年生产该项农副产品的平均品质为依据而确定。采用这种方法，除在合同中注明"F.A.Q."字样外，一般还订明该商品的主要规格指标。

[**例1-5**] 中国桐油

良好平均品质　游离脂肪酸不超过4.5%

China Tong Oil

F. A. Q.　　F. F. A.　　4.5%　　Max.

4. 凭说明书和图样买卖(Sale by Descriptions and Illustrations)

在国际贸易中,有些机器、电器和仪表等技术密集型产品,因其结构复杂,对材料和设计的要求比较严格,用以说明其性能的数据较多,很难用几个简单的指标来表明其品质的全貌,对于这类商品的品质,通常以说明书附以图样、照片、设计图纸、分析表以及各种数据来说明其具体性能和结构特点。按这种表示品质的方法成交时,卖方所交货物必须符合说明书和图样的要求。买方为了维护自身利益,往往要求在买卖合同中加订卖方品质保证条款和技术服务条款。

5. 凭商标和品牌买卖(Sale by Trade Mark or Brand Name)

商标(Trade Mark)是指生产者或商号用来识别其所生产或出售的商品的标志,它可由一个或几个具有特色的单词、字母、数字、图形或图片等组成。品牌(Brand Name)是指工商企业给其制造或销售的商品所冠以的名称,以便与其他企业的同类产品区别开来。一个品牌可用于一种产品,也可用于一个企业的产品。

在国际市场上,一些名牌商品的品质比较稳定,并且在市场上已树立了良好的信誉,买卖双方在交易时,习惯上就采用这些商品的商标或品牌来表示其品质。

6. 凭产地名称买卖(Sale by Origin)

在国际货物买卖中,有些产品,因产区的自然条件、传统加工工艺等因素的影响,在品质方面具有其他产区的产品所不具有的独特风格和特色,对于这类产品,一般也可用产地名称来表示其品质。例如:贵州茅台酒、长白山人参、北京烤鸭等。

三、合同中的商品品质条款及举例

(一) 商品品质条款的基本内容

合同中的商品品质条款主要列明商品的品名、规格或品牌等内容,如果是凭样品买卖,则要列明样品的编号或寄送日期。合同中的品质条款举例如下:

[例 1-6] 凭样品买卖的商品品质规定

品质:质量应严格符合卖方于 2022 年 1 月 10 日提供的样品。样品号:NT002 长毛绒玩具熊,尺码:24 英寸。

Quality: Quality to be Strictly as per Sample Submitted by Seller on 10th January, 2022. Sample Number: NT002 Plush Toy Bear Size 24.

[例 1-7] 凭规格买卖的商品品质规定

品质:饲料蚕豆,水分[最高]15%,杂质[最高]2%。

Quality: Feeding Broadbean, Moisture[max]15%, Admixture [max] 2%.

(二) 商品品质机动幅度与商品品质公差

订立品质条款时,一般要求明确、具体、切合实际,以防产生不必要的争议,但也不能订得过死,要有一定的回旋余地,因此要注意条款的科学性和灵活性。

1. 商品品质机动幅度

品质机动幅度是指允许卖方所交货物的品质指标可有一定幅度范围内的差异,只要卖方所交货物的品质没有超出机动幅度的范围,买方就无权拒收货物,这一方法主要适用于初级产品。

商品品质机动幅度的规定方法主要有以下 3 种。

（1）规定范围。对某项货物的品质指标规定允许有一定的差异范围。例：漂布，幅阔35/36 英寸，即布的幅阔在 35 英寸至 36 英寸的范围内均合格。

（2）规定极限。对有些货物的品质规格，规定上下限。常用的表示方法有：最大、最高、最多、最小、最低、最少。

（3）规定上下差异。例如：灰鸭毛，含绒量 18%，上下 1%。

在商品品质机动幅度内，一般不另行计算增减价，即按照合同价格计收价款。但有些货物，如果经买卖双方协商同意，也可在合同中规定按交货的品质情况加价或减价，这就是品质增减价条款。

[例 1-8] 东北大豆

水分最高 8%，每增减 1% 合同价格减增 1%；

杂质最高 2%，每增减 1% 合同价格减增 1%；

含油量最低 52%，每增减 1% 合同价格增减 1%。

Northeast Soybean

Moisture(Max.)8%, Should it be 1% higher or lower, the price will be accordingly decreased or increased by 1%;

Admixture(Max.) 2%, Should it be 1% higher or lower, the price will be accordingly decreased or increased by 1%;

Oil Content (Min.) 52%, Should it be 1% higher or lower, the price will be accordingly increased or decreased by 1%。

2. 商品品质公差

商品品质公差是指工业制成品在加工过程中所产生的误差。这种误差的存在是绝对的，它的大小反映着品质的高低，是由科学技术发展程度所决定的。在品质公差范围内买方无权拒收货物，也不得要求调整价格，这一方法主要适用于工业制成品。

例如：出口手表，允许每 48 小时误差 1 秒；出口棉布，每匹可有 0.1 米的误差。

（三）订立商品品质条款应注意的问题

（1）应根据不同的产品特点，确定表示商品品质的方法。一般来说，凡能用科学的指标说明质量的商品，则适于凭规格、等级或标准买卖；有些难以规格化和标准化的商品，如工艺品等，则适用于凭样品买卖；某些质量好，并具有一定特色的名优产品，适于凭商标或品牌买卖；某些性能复杂的机器和仪器，则适用于凭说明书和图样买卖；凡具有地方风味和特色的产品，则可凭产地名称买卖。

表示商品品质的方法，不能滥用。凡能用一种方法表示商品品质的，就不宜用两种或两种以上的方法来表示。如同时采用既凭样品又凭规格买卖，则卖方交货时，既要与样品一致，又要与规格一致。

（2）商品品质条款的内容和文字，要做到简单、具体、明确，既能分清责任又能方便检验。应避免使用“大约”“左右”和“合理误差”等笼统字眼。

进出口货物质量有问题需换货怎么办？

（3）凡能采用品质机动幅度或品质公差的商品，应订明幅度的上下限或公差的允许值。如所交货物的品质超出了合同规定的幅度或公差，买方有权拒收货物或提出索赔。

(4) 注意各质量指标之间的内在联系和相互关系。

第三节 商品的数量

一、约定数量条款的意义

商品的数量是国际货物买卖合同中不可缺少的主要条件之一。按照某些国家的法律规定,卖方交货数量必须与合同规定相符,否则,买方有权提出索赔,甚至拒收货物。

资料卡

《联合国国际货物销售合同公约》规定:

如果卖方交付的货物数量大于合同规定的数量,买方可以收取也可以拒绝收取多交部分的货物。如果买方收取多交部分货物的全部或一部分,他必须按合同价格付款。

如果卖方交货数量少于约定的数量,卖方应在规定的交货期届满前补交,但不得使买方遭受不合理的不便或承担不合理的开支,即使如此,买方也有保留要求损害赔偿的权利。

由于交易双方约定的数量是交接货物的依据,因此,正确掌握成交数量和订好合同中的数量条款,具有十分重要的意义。买卖合同中成交数量的确定,不仅关系到进出口任务的完成,而且还涉及对外政策和经营意图的贯彻。正确掌握成交数量,对促进交易的达成和争取有利的价格也具有一定的作用。

二、计量单位和计算重量的方法

在国际贸易中,由于商品的种类、特性和各国度量衡制度的不同,计量单位和计算重量方法也多种多样。

(一) 计量单位

商品的计量单位应根据商品的不同性质而定,国际贸易中常用的计量单位有六种。

1. 按重量(Weight)计量

常用的计量单位有公吨(Metric Ton)、长吨(Long Ton)、短吨(Short Ton)、千克(Kilogram)等,主要适用于初级产品(如大米、花生、煤、铁矿)以及部分工业制成品。

2. 按数量(Number)计量

常用计量的单位有件(Piece)、双(Pair)、套(Set)等,主要适用于日用消费品、轻工业品、机械产品以及一部分土特产品,如文具、纸张、车辆、活牲畜等。

3. 按长度(Length)计量

常用的计量单位有米(Meter)、英尺(Foot)、码(Yard)等,主要适用于在金属绳索、丝绸、布匹等商品的交易中。

4. 按面积(Area)计量

常用的计量单位有平方米(Square Meter)、平方英尺(Square Foot)、平方码(Square Yard)等,主要适用于玻璃板、地毯等商品的交易中。

5. 按体积(Cubic)计量

常用的计量单位有立方米(Cubic Meter)、立方英尺(Cubic Foot)、立方码(Cubic Yard)。主要适用于木材、化学气体、砂石等交易。

6. 按容积(Capacity)计量。常用的计量单位有升(Liter)、加仑(Gallon)、蒲式耳(Bushel)等,主要适用于谷物以及流体、气体物品,如小麦、玉米、汽油、酒精、啤酒等。

资料卡

度量衡制度

目前国际贸易中常用的度量衡制度有国际单位制、公制、英制和美制四种。国际单位制是在公制的基础上发展起来的。它是以长度的"米"、重量的"千克"、时间的"秒"、电流的"安培"、热力学温度的"开尔文"、物质的量"摩尔"、发光强度的"坎德拉"七个基本单位,"球面度""弧度"两个辅助单位组合构成的一种单位制。现在,世界上已有100多个国家正式采用这一新的度量衡制度。我国采用的是以国际单位制为基础的法定计量单位,并且根据《中华人民共和国计量法》规定,一般不准进口非法定计量单位的仪器设备,除非有特别批准。对于出口商品所使用的计量单位可按买卖合同而定,合同中未规定计量单位,则应使用法定计量单位。大部分国家的度量衡制度是不同的,使用的计量单位也不同。例如,就表示重量的吨而言,实行公制的国家一般采用公吨,实行英制的国家一般采用长吨,实行美制的国家一般采用短吨。1长吨=1 016公吨,1短吨=907公吨。不同的度量衡如果在合同中不明确就会产生不良后果。为了解决这一弊端,现在国际上正广泛推广国际单位制,这标志着计量制度日趋国际化和标准化。

(二)计算重量的方法

在国际贸易中,按重量计算的商品很多。根据一般商业习惯,计算重量的方法有下列五种。

1. 毛重(Gross Weight)

毛重是指商品本身的重量加包装的重量,一般适用于低值商品。习惯上就是按毛重计算重量即"以毛作净"(Gross for Net)。由于这种计重方法直接关系到价格的计算,因此在销售上述种类的商品时,不仅在规定数量时须明确"以毛作净",在规定价格时,也应加注此条款。

2. 净重(Net Weight)

净重是指商品本身的重量,即除去包装物后的商品的实际重量。净重是国际贸易中最常见的计重方法。在采用净重计重时,对于如何计算包装重量,国际上有下列几种做法:

(1)按实际皮重(Actual Tare)计算。按实际皮重是指将整批商品的包装逐一过秤,算出每一件包装的重量和总重量。

（2）按平均皮重（Average Tare）计算。按平均皮重是指从全部商品中抽取几件，称其包装的重量，除以抽取的件数，得出平均数，再以平均每件的皮重乘以总件数，算出全部包装重量。

（3）按习惯皮重（Customary Tare）计算。按习惯皮重是指经市场已确认的规格化的包装计算皮重，按习惯公认的皮重乘以总件数即可。

（4）按约定皮重（Computed Weight）计算。按约定皮重是指按买卖双方事先约定的皮重计算。

计算皮重的方法，依交易商品的特点以及商业习惯的不同，由买卖双方事先商定，在买卖合同中做出具体规定。

资料卡

《联合国国际货物销售合同公约》规定：

合同中未规定以毛重还是以净重计算时，一般按净重计算。

想一想

以毛作净的计量标准是净重还是毛重？

3. 公量（Conditioned Weight）

公量是指用科学仪器抽去商品中的水分，再加上标准的含水量求得的重量。这种方法适用于经济价值高，而含水量极不稳定的商品，如棉花、羊毛、生丝等。

4. 理论重量（Theoretical Weight）

理论重量是指一些按固定规格生产和买卖的商品，每件重量大体是相同的，只要其重量一致，一般可以根据其件数推算出总重量。如马口铁、铝锭等。

小知识

公量的计算公式：

$$公量=干量+标准含水量=\frac{实际重量(1+标准回潮率)}{1+实际回潮率}$$

5. 法定重量（Legal Weight）

法定重量是指商品本身加上直接接触商品的包装物料的重量，如销售包装等的重量。按照一些国家海关的规定，在征收从量税时，商品的重量以法定重量计算。

三、合同中的商品数量条款及举例

（一）商品数量条款的基本内容

买卖合同中的商品数量条款，主要包括成交商品的数量和计量单位，按重量成交的商品，还需订明计算重量的方法。合同中的数量条款举例如下：

[例 1-9] 按重量进行买卖的规定

数量：1 000 公吨，3%增减，由买方选择；增减部分按合同价格计算。

Quantity: 1, 000 M/T, More or less 3%, at buyer's option; Such excess or deficiency to be settled of contracted price.

（二）商品数量机动幅度的有关规定

有些出口商品由于其本身特性或因自然条件的影响或受包装和运输工具的限制，实际交货量往往难以符合原定的交货数量，为避免争议，可以订立数量机动幅度条款。

买卖合同中的商品数量机动幅度条款一般是指溢短装条款（More or Less Clause），即在买卖合同的数量条款中明确规定可以增减的百分比，但增减的幅度以不超过规定数量的百分比为限。溢短装条款的内容有：可溢装或短装的百分比；溢短装的选择权；溢短装部分的作价。

> **想一想** 合同规定：东北大豆，1 000 公吨，卖方可溢装或短装 5%。问：卖方最多、最少可以交多少公吨？

为了订好商品数量机动幅度条款，需要注意下列几点：

（1）商品数量机动幅度的大小要适当。应视商品特性、行业或贸易习惯和运输方式等因素而定。

（2）商品数量机动幅度选择的规定要合理。如采用海运，交货数量的机动幅度可由负责安排船舶运输的一方选择，也可规定由船长根据舱容和装载情况做出选择。

（3）商品溢短装数量的计价方法要公平合理。对于溢短装部分的计价方法最好在合同中明确规定，否则按合同价格计算多交或少交部分的货款。但对于价格波动较大的商品一般按装运时的市场价格计算。这样可以有效地防止卖方在市场价格上涨或下跌时故意少装或多装而从中获利。

> **想一想** 买卖双方的合同规定：红小豆，500 公吨，3% 增减，由卖方选择；增减部分按合同价格计算。如果在交货前红小豆市场价格上涨，在不违反合同的情况下，卖方要想获利，可装多少公吨？如果市场价格下降呢？

资料卡

UCP600 规定：

（1）“约”或“大约”用于信用证金额或信用证规定的数量或单价时，应解释为允许有关金额或数量或单价有不超过 10% 的增减幅度。（2）在信用证未以包装单位件数或货物自身件数的方式规定货物数量时，货物数量允许有 5% 的增减幅度，只要总支取金额不超过信用证金额。

（三）订立商品数量条款应注意的问题

（1）应明确写明商品的数量。

（2）应明确计量的单位。

（3）对有些散装商品，由于商品本身的特性以及生产、船舱容量、装载技术和包装等原因，难以准确按合同规定的数量交货，须在数量条款中规定一定的数量机动幅度，以便合同顺利履行。

第四节　商品的包装

一、约定包装条款的意义

进出口商品种类繁多，性质、特点和形状各异，因而对包装的要求也各不相同。除少数商品难以包装，不值得包装或根本没有包装的必要，而采取裸装或散装的方式外，其他绝大多数商品都需要有适当的包装。

资料卡

散装与裸装

散装(In Bulk)是指直接将货物置于舱体、车体或船体的一定部位，不加任何其他包装。散装适用于大宗的不易碰损的商品，这些商品不容易或不值得包装，如煤炭、矿砂、油类等。

裸装(Nude Packed)是指将商品用铁丝、绳索等加以捆扎或以其自身捆扎成捆、堆或束，不加任何包装物料。裸装适用于自身品质比较稳定，可以自成件数、能抵抗外界影响、难以包装或不需包装的商品，如钢材、橡胶等。

商品的包装是保护商品在流通过程中的品质完好和数量完整的重要条件，是实现商品的使用价值与增值的必要手段之一。适当的包装，对保护商品，方便商品的贮存、运输、装卸、清点和陈列起着重要作用。

出口商品包装也是提高商品在国际市场的竞争力、扩大销售、增加售价的有效手段。良好的包装，不仅可以保护商品，而且还能宣传、美化商品，提高商品身价，吸引顾客，并在一定程度上显示出口国家的科技、文化和艺术水平。

此外，在国际货物买卖中，包装还是说明货物的重要组成部分，包装条件是买卖合同中的一项主要条件。提供约定的或通用的商品包装，是卖方的主要义务之一。

资料卡

《联合国国际货物销售合同公约》规定：卖方须按照合同规定的方式装箱或包装，如果合同未规定，货物按照同类货物通用方式装箱或包装，如果没有此种通用方式，则按照足以保全和保护货物的方式装箱或包装。

二、包装的分类

根据包装在流通过程中所起作用不同，可以分为运输包装(外包装)和销售包装(内包装)两种类型。

(一) 运输包装

运输包装又称外包装，主要作用在于保护商品，便于运输、减少运费、节省仓储和便于计算等。

1. 运输包装的分类

(1) 按包装方式不同，可分为单件运输包装和集合运输包装。单件运输包装是指货物在运输过程中作为一个计件单位的包装；集合运输包装是指将若干单件运输包装组合成一件大包装。这对于提高装卸效率、保护商品和节省费用有积极的作用。目前常见的集合运输包装有集装包、集装袋、托盘和集装箱。

资料卡

集装包和集装袋(Flexible Container)一般是指用合成纤维或复合材料编织成的圆形大口袋或者方形大包。因使用材料和生产工艺的不同，容量一般在1~4吨，最高达13吨左右，适于装粉状、粒状化工产品、矿产品等。

托盘(Pallet)，一般是指用木材、金属或塑料制成的，能够用铲车叉起的托板，承载力一般为0.5~2公吨，堆货高度不得超过1.6米。

集装箱(Container)，是指具有一定强度、刚度和规格专供周转使用的大型装货容器。为适应不同种类的商品，集装箱可分为杂货集装箱、散货集装箱、罐式集装箱和冷藏集装箱等。

(2) 按包装造型不同，可分为箱(Case)、袋(Bag)、包(Bale)、桶(Drum)和捆(Bundle)等不同形状的包装。

(3) 按包装材料不同，可分为纸制包装、金属包装、木制包装、塑料包装、竹、柳、草制品包装、玻璃制包装和陶瓷包装等。

(4) 按包装质地不同，可分为软性包装、半软性包装和硬性包装。

(5) 按包装程度不同，可分为全部包装和局部包装。

2. 运输包装的标志

运输包装上的标志，按其作用可分为运输标志、指示性标志和警告性标志。

(1) 运输标志。运输标志又称"唛头"，是指由一个简单的几何图形和一些字母、数字及简单的汉字组成(见图1-1)，其作用在于使有关人员在运输过程中易于辨认货物，便于核对单证，避免

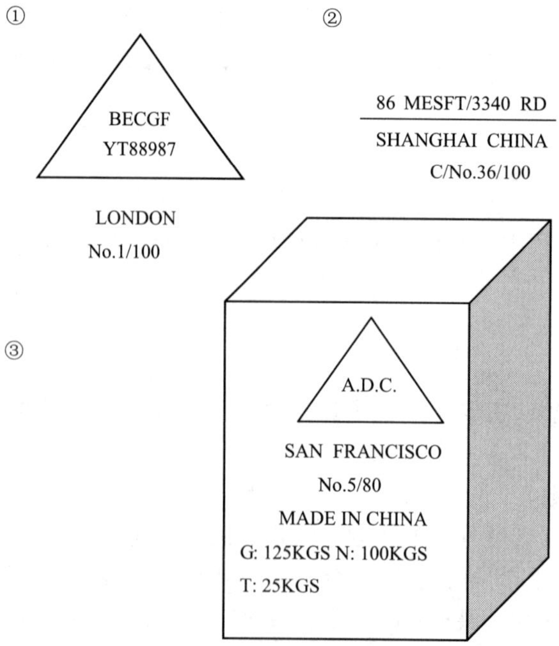

图1-1 运输标志

错发错运，主要包括收/发货人名称代号、目的地的名称代号、件号或批号三项内容。此外，有的运输标志还包括原产地、合同号或许可证号等内容，买卖双方可根据商品的特点具体商定。

> **想一想**　我国出口公司与日本公司达成一项出口交易，合同指定由我方出唛头。因此，我国出口公司在备货时就将唛头刷好。但在货物即将装运时，国外开来的信用证上又指定了唛头。在此情况下，我国出口公司应如何处理？

标准唛头是国际标准化组织规定的。目的是便于电子计算机技术在运输和单证流转方面的应用，避免由于运输标志内容差异过大而造成的差错和困难。该标准唛头由4行组成，每行不得超过17个英文字母。例如：

SMCO……………………………收货人
NEW YORK………………… 目的港(地)
2021/C NO.345789……… 合同号(或订单号、发票号等)
NO.1-20 ………………… 件号

刷制唛头要注意标志简明清晰，要与信用证要求一致。在我国，出口商品的内外包装一般都必须注明“中国制造”字样。

(2) 指示性标志。指示性标志是以简单、醒目的图形和文字在包装上标出，提示人们在装卸、运输和保管的过程中注意的事项(见图1-2)。

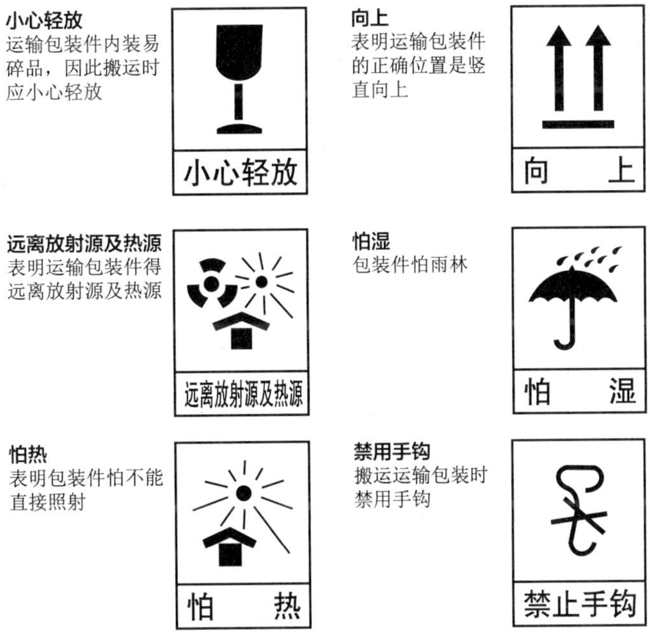

图1-2　指示性标志

(3) 警告性标志。警告性标志又称危险品标志，是指在装有爆炸品、易燃物品、腐蚀物品、氧化剂和放射性物质等危险货物的运输包装上用图形或文字表示各种危险品的标志（见图 1–3）。其作用是警告有关装卸、运输和保管人员按货物特性采取相应措施，以保障人身和物资安全。

爆炸品标志
（符号：黑色；底色：橙红色）

氧化剂标志
（符号:黑色；底色:柠檬黄色）

剧毒品标志
（符号：黑色；底色:白色）

腐蚀品标志
（符号:上黑下白；底色：上白下黑）

图 1–3　警告性标志

在我国出口危险货物的运输包装上，要同时标明我国有关部门制定的《危险品货物包装标志》和联合国海事协商组织规定的《国际海运危险品标志》两套标志。这样既符合我国有关法律的规定，又可防止我国出口货物在国外港口因包装标志不全而不能靠岸卸货。

相关规定可参见海关总署《关于进出口危险化学品及其包装检验监管有关问题的公告》（2020 年第 129 号公告）。

（二）商品的销售包装

销售包装又称内包装，是直接接触商品并随商品进入零售点和与消费者直接见面的包装。销售包装不仅可以保护商品，还具有促销功能。

1. 销售包装的种类

根据商品的不同特性和形状，常见的销售包装有下列几种：（1）挂式包装；（2）堆叠式包装；（3）携带式包装；（4）易开包装；（5）喷雾包装；（6）配套包装；（7）礼品包装；（8）复用包装。

2. 销售包装的标志和说明

（1）包装的装潢画面。销售包装上的装潢画面要美观大方，富于艺术吸引力，并突出商品的特点，其图案和色彩应适应有关国家、民族的习惯和爱好。

看世界

一些国家对图案及色彩的喜恶情况

国家	喜爱的图案	厌恶的图案	国家	喜爱的色彩	厌恶的色彩
英国		象、山羊	英国		红色
法国		黑桃	法国		墨绿色
意大利		菊花	意大利	绿色	
美国		熊	瑞典	绿色	
日本	鸭子、龟	荷花、狐狸	日本	黑色	绿色
东南亚国家	象		东南亚国家	绿色	黄色
南美一些国家	猫头鹰		巴西、秘鲁		紫黄色
伊斯兰教国家		猪	北非伊斯兰教国家	绿色	蓝色

（2）文字说明。销售包装上应有必要的文字说明，如商标、品牌、品名、产地、数量、规格、成分、用途和使用方法等。文字说明应与装潢画面紧密结合，以达到宣传与促销的目的。另外，还须注意有关国家标签管理条例的规定。

资料卡

条形码

商品包装上的条形码是由一组带有数字的黑白及粗细间隔不等的平行条文所组成，是利用光电扫描阅读设备为计算机输入数据的特殊的代码语言。目前，世界上许多国家都在商品包装上使用条形码。只要将条形码对准光电扫描器，计算机就能自动识别其中的信息，从而确定商品品名、品种、数量、生产日期、生产厂商及产地等，并据此在数据库中查询单价，进行货款结算，打出购货清单，既方便了顾客又提高了结算效率，并能使国际贸易双方及时了解双方商品的有关资料和本国商品在对方国家的销售情况。

国际上通用的条形码主要有两种：一种是美国编码委员会编制的 UPC 条码（Universal Product Code）；另一种由欧洲 12 国组成的欧洲物品编码协会编制的 EAN 条形码（European Article Number）。为了适应国际市场的需要和扩大出口，国务院于 1988 年批准成立中国物品编码中心，该中心于 1991 年 4 月代表中国正式加入国际物品编码协会，目前，该协会分配给我国的国别号为 690、691、692。此外，我国的书籍代码为 978，杂志代码为 977。

6 901234 000054

三、中性包装和定牌生产

(一) 中性包装

中性包装是指既不标明生产国别、地名和厂商名称,也不标明商标或品牌的包装。也就是说,在出口商品包装内外,都没有原产地和出口厂商的标记。中性包装包括无牌中性包装和定牌中性包装两种。前者是指包装上既无生产国别、地名和厂商名称,又无商标或品牌;后者是指包装上仅有买方指定的商标或品牌,但无生产国别、地名和厂商名称。

采用中性包装,是为了打破某些进口国家与地区的关税和非关税壁垒以及适应交易的特殊需要(如转口销售等),它是出口国家厂商加强对外竞争和扩大出口的一种手段。为了把生意做活,我们对国际贸易中的习惯做法,也可酌情使用。

(二) 定牌生产

定牌是指卖方按买方要求在其出售的商品或包装上标明买方指定的商标或牌号,这种做法叫作定牌生产。卖方同意采用定牌,是为了利用买主(包括生产厂商、大百货公司、超级市场和专业商店)的经营能力和他们的企业商誉或名牌声誉,以提高商品售价和扩大销售数量。

在我国出口贸易中,如外商订货量较大,且需求稳定,在不违反国际贸易中配额限制和普惠制规定的原产地证明原则下可适当使用定牌生产。采用定牌生产时,除非另有约定,在出口商品和/或包装上均需标明"中国制造"字样。

议一议

采用中性包装与定牌生产的利与弊。在我国出口业务中,何种情况下采用这些做法?

查一查

你知道目前我国出口商品包装在国际上处于何等水平吗?

看世界

目前国外对包装的研究及包装工业的发展状况

国外,特别是工业发达国家,对包装的科研工作极为重视,都设有专门研究机构。例如:法国有全国性的包装研究所,拥有2 000~3 000名专家。英国的PIRA包装研究中心,每年出版有关研究改进包装的刊物几十种。美国在5所大学中设有包装专业学系,其中,以密歇根州大学和加利福尼亚大学的包装学系最为出名。日本在大学虽未设学系,但在许多大学设有包装讲座,像松下、丰田、东芝之类的大企业都自行办有包装专业班,用以培训适合本企业需要的包装设计人才。其他许多国家也都有包装协会。从20世纪60年代末起,不少国家的包装业已逐步发展成为一个独立部门。如美国,其包装业在工业中位居第5位(钢铁、汽车、石油、建筑、包装)。其他如德国、日本的包装工业也大致如此,都拥有生产各种包装(制箱、制袋、制瓶)的专业性工厂。

四、合同中的商品包装条款及举例

(一) 商品包装条款的基本内容

买卖合同中的商品包装条款一般包括包装材料、包装方式、包装费用和运输标志等内容。

[**例 1-10**] 包装：每件装一塑料袋，半打为一盒，十打装一木箱。

Packing: Each piece in a polybag, half dozen in a box and 10 dozen in a wooden case.

[**例 1-11**] 包装：单层新麻袋，每袋约 50 千克。

Packing : In new single gunny bags of about 50kg each.

(二) 订立商品包装条款应注意的问题

(1) 要考虑商品特点和不同运输方式的要求。

(2) 对包装的规定要明确、具体，一般不宜采用“海运包装”(Seaworthy Packing)和“习惯包装”(Customary Packing)之类的术语。

(3) 明确运输标志(唛头)由谁决定和包装费用由谁负担。国际贸易习惯，唛头一般由卖方决定，可不订入合同，或只订明“卖方标志”，由卖方设计后通知买方。如买方要求在合同订立以后由其指定，则应具体规定指定的最后时限，并订明若到时间未收到有关唛头通知，卖方可自行解决。

关于包装费用，一般包括在货价之中，不另计收。如买方要求特殊包装，除非事先明确包装费用包括在货价内，否则其超出的包装费用应由买方负担，并应在合同中具体规定负担的费用和支付办法。

复习与思考

一、问答题

1. 商品品质的表示方法有哪些？

2. 某公司出口一批东北大豆，品质条款规定：含油量 18%，含水量 14%，杂质 1%，碎粒 7%，试分析若该公司实际交货质量高于或低于该标准，将出现何种情况。

3. 在合同中规定“about 1 000m/t”或“1 000m/t 5% more or less at seller's option”条款，对买卖双方有无区别？在后一种规定条件下，卖方最多和最少可交多少吨？如何计价？

4. 什么是溢短装条款？它包括哪些内容？

5. 运输包装标志有哪几种？其中运输标志包括哪些内容？

6. 什么是中性包装和定牌生产？

7. 买卖合同中的包装条款一般包括哪些内容？

二、做一做

（一）选择题

1. 在凭样品进行交易时，样品（　　）。
   A. 只能由卖方提出
   B. 只能由买方提出
   C. 既可由卖方提出，也可由买方提出
   D. 必须留存回样
2. 根据《联合国国际货物销售合同公约》，如果卖方交货多于合同规定数量时，买方（　　）。
   A. 可以只接受合同规定部分
   B. 只能全部接受
   C. 只能全部拒绝
   D. 可以全部接受，多收部分不付货款
3. 出口羊毛时，重量的计算通常是按（　　）。
   A. 毛重　　B. 净重　　C. 公量　　D. 理论重量
4. 运输标志通常是由（　　）确定的。
   A. 买方　　B. 卖方　　C. 双方协商　　D. 运输方
5. 如果卖方交付的货物不符合约定的品名或说明，买方（　　）。
   A.无权提出损害赔偿
   B.无权拒收货物
   C.无权撤销合同
   D.有权提出损害赔偿，直至拒收货物或撤销合同

（二）判断题

1. 在出口贸易中，表示商品品质的方法很多，为了明确责任，最好采用既凭样品，又凭规格买卖的方法。（　　）

2. 凭对等样品成交实际上是将凭买方样品成交转为凭卖方样品成交。（　　）

3. 合同中未规定以毛重还是以净重计重时，一般以毛重计重。（　　）

4. 运输包装上的标志又称运输标志，也就是通常所说的唛头。（　　）

5. 根据 UCP600，“约”或“大约”用于信用证金额或信用证规定的数量或单价时，应解释为允许有关金额或数量或单价有不超过 10% 的增减幅度。（　　）

（三）算一算

某出口商品共 2 000 箱，每箱毛重 9.3 千克，每箱体积为 42cm×30.5cm×30cm，求：该批商品的毛重共多少公吨？体积共多少立方米？如每箱的皮重为 2.3 千克，该批货物的净重共多少公吨？

三、案例分析

1. 错误使用表示品质的方法陷于被动

【案情】2019 年 6 月，我方某公司向德国出口一批大麻，合同规定水分最高为 15%，杂质不得超过 3%。但在成交前我方曾向买方寄过样品，订约后我方又电告对方所交货物与样品相似。货物装运之前由中国商品检验检疫机构检验签发了品质规格证书。货到德国后，买方提出货物的质量比样品低 7% 的检验证明，并据此要求我方赔偿 15 000 英镑的损失。

【问题】从此案中我们可以汲取哪些教训?

2. 商品数量严重溢装受损案

【案情】2019 年 9 月,我国某粮油食品出口公司出口一批牛肉到日本共 25 公吨,合同规定,该批货装于 1 500 箱,每箱净重 16.6 千克。如果按规定装货,则总重量应为 24.9 公吨,余下 100 千克可以不再补交。当货物运抵日本港口后,日本海关人员在抽查该批货物时,发现每箱净重不是 16.6 千克而是 20 千克,因此,此批货物实际装了 30 公吨。但在所有单据上都注明装了 24.9 公吨。议付货款时也按 24.9 公吨计算,白送 5 100 千克牛肉给客户。此外,由于货物单据上的净重与实际重量不符,日本海关还认为我方少报重量有帮助客户偷税嫌疑。

【问题】造成我方损失的原因是什么?为什么日本海关认为我方有帮助客户偷税的嫌疑?

3. 擅自改变商品包装受损案

【案情】2019 年 10 月,我国某食品公司出口杏脯 1.5 公吨,合同规定纸箱装,每箱 15 千克(内装 15 小盒,每小盒 1 千克)。交货时,由于此种包装的货物短缺,于是便将小包装(每箱仍为 15 千克,但内装 30 小盒,每盒 0.5 千克)货物发出。到货后,国外买方以包装不符为由拒绝收货,并据此向我方索赔。

案例解析

【问题】为什么买方会拒收货物并向我方索赔?

四、活动建议

1. 逛市场。观察销售包装,识别文字说明、装潢画面及条形码。

2. 参观码头。观察运输包装,指出运输包装的种类和标志并了解其作用。

第二章

国际贸易术语与商品价格

【导读】

买卖双方洽谈交易时，最关心的是成交价格。商品的价格是交易的核心内容，关系到买卖双方最根本的经济利益，双方在合同其他条款上的利害得失，都会在价格上体现出来。因此，价格是合同的核心条款，讨价还价往往成为双方交易磋商的主要内容。在了解世界情况和各国国情、遵守规则的前提下正确掌握进出口商品的价格，合理采用各种作价办法，选用有利的贸易术语和计价货币，适当运用佣金和折扣，并根据客户要求进行不同情况下的价格换算，订好合同中的价格条款，具有十分重要的意义。

本章的学习要求：

1. 了解价格条款的重要性；

2. 了解价格的构成要素；

3. 了解《国际贸易术语解释通则 2020》(International Rules for the Interpretation of Trade Terms，简称 Incoterms® 2020)对各种贸易术语的解释，掌握常用贸易术语的运用；

4. 能对商品含佣价、折扣进行正确计算；

5. 能熟练进行 FOB(Free on Board)、CFR(Cost and Freight)、CIF(Cost，Insurance and Freight)等贸易条件下的价格换算。

第一节　商品的价格构成和国际贸易术语的国际惯例

一、商品单价的构成要素

国际贸易中的价格，除个别交易按总价或总值(Total Amount)达成外，通常是指商品的单价(Unit Price)。它由计价数量单位、单位价格金额、计价货币和贸易术语四部分构成。如：每公吨 200 美元 CIF 纽约。

(一) 计价数量单位

一般来说，计价数量单位(简称计量单位)应该与合同数量条款中所用的计量单位相一致。如数量用“公吨”表示，则单价亦应以“公吨”表示，而不应用“长吨”或“短吨”。切忌使用易造成混淆的计价单位，如“吨”。

（二）单位价格金额

如果说价格条款是买卖合同的核心，那么单位价格金额就是价格条款的核心。在交易磋商过程中，进出口双方应慎重报价，避免报错价格造成被动。价格经双方协商一致后，应正确填写在合同中。

（三）计价货币

在国内贸易中，商品价格通常表示为“××元人民币”。但国际贸易中，使用的货币包括美元、欧元、日元、加元、港元等多种。因此，使用何种货币作为合同中货物的计价货币，必须明确规定。例如，每打衬衣 30 美元、每箱啤酒 10 英镑、每台洗衣机 400 美元等。

在我国出口业务中，一般应争取用硬币作为计价货币，即币值比较稳定且趋势上浮的货币，这样可以在所收到的外汇数目不变的情况下，兑换出的人民币数目不变或有所增加；而进口业务恰好相反，应争取采用汇率比较疲软且趋势下浮的货币即软币，在对外支付外汇时，所支出的人民币数目将不变或有所减少。

（四）贸易术语

贸易术语是进出口单价构成的要素，用来说明在货物交接过程中买卖双方责任、风险和费用的划分及成交价格的构成。如某公司以每公吨 200 美元 CIF 纽约价格出口货物，“200 美元每公吨”这一价格是怎样制定出来的？它包含卖方支出的哪些成本和费用？买方如何得知这一价格水平是否合理？这些问题，都可以通过“CIF 纽约”（贸易术语）来说明。

议一议

我国出口公司以 CIF 汉堡向英国某进口商出售供应圣诞节的应节杏仁一批，由于该商品的季节性较强，买卖双方在国际货物买卖合同中规定：买方须于 2019 年 9 月 30 日前将信用证开抵卖方，卖方保证不迟于 2019 年 12 月 5 日将货物交付买方。否则，买方有权撤销合同。如果卖方已结汇，卖方需将货款退还买方。该合同是否还属于 CIF 合同？为什么？

二、贸易术语与国际贸易惯例

（一）贸易术语

贸易术语是指用一个简短的概念或三个字母的英文缩写来表示商品的价格构成，说明交货地点，明确货物交接过程中有关的责任、风险和费用的划分问题。

贸易术语是国际贸易实践的产物，每一种贸易术语都有其特定的含义，代表某种特定的交货条件，表明买卖双方各自承担不同的责任、费用和风险，而责任、费用和风险的大小又影响着成交商品的价格。

（二）有关贸易术语的国际贸易惯例

为了解决各国对贸易术语理解上的分歧，国际商会、国际法协会等国际组织以及美国一些商业团体纷纷制定了解释国际贸易术语的规则，这些规则被广泛采用，形成了有关贸易术语的国际贸易惯例。

1.《1932 年华沙—牛津规则》（Warsaw—Oxford Rules 1932）

1928 年国际法协会在波兰首都华沙开会，制订了关于 CIF 买卖合同的统一规则，称为《1928 年华沙规则》，共包括 22 条。其后，在 1930 年的纽约会议、1931 年的巴黎会议和 1932 年的牛津会议上，此规则被修订为 21 条，并更名为《1932 年华沙—牛津规则》。这一规则对 CIF 的性质、买卖双方所承担的责任、风险和费用的划分以及货物所有权转移的方式等都做出较为详细的解释，在国际贸易中有一定的影响，但无绝对的约束力，只供买卖双方自愿采用。

> **小知识**
>
> 国际法协会的前身是 1873 年 10 月在布鲁塞尔成立的国际法革新和编纂协会，1875 年正式改名为国际法协会（International Law Association）。其宗旨的是研究、阐释国际公法和国际私法，进行比较法研究，解决法律冲突以及促进国际间的了解与合作。

2.《1990 年美国对外贸易定义修订本》（Revised American Foreign Trade Definitions 1990）

1919 年美国九大商业团体制定了《美国出口报价及其缩写》，对当时使用的贸易术语进行了统一命名和解释。后来因国际贸易习惯的变化，于 1940 年进行了修订，在 1941 年美国第 27 届对外贸易会议上，经美国商会、美国进口商协会、全国对外贸易协会三大商业机构所组成的联合委员会通过，命名为《1941 年美国对外贸易定义修订本》，由全国对外贸易协会公布。1990 年根据形势发展的需要，该条例再次做了修订，被命名为《1990 年美国对外贸易定义修订本》（Revised American Foreign Trade Definitions 1990）。

该修订本对以下六种贸易术语做出解释：

（1）EXW（Ex Works）产地交货；

（2）FOB（Free on Board）在运输工具上交货；

（3）FAS（Free Along Side）在运输工具旁边交货；

（4）CFR（Cost and Freight）成本加运费；

（5）CIF（Cost，Insurance and Freight）成本加保险费、运费；

（6）DEQ（Delivered Ex Quay）目的港码头交货。

> **小知识**
>
> 《1990 年美国对外贸易定义修订本》主要在美洲国家采用。由于它对贸易术语的解释，特别是对 FOB、FAS 两种术语的解释与国际商会制定的《国际贸易术语解释通则》有明显的差异，因此，我国进出口企业在同美洲国家客户进行交易时，应予特别注意。

3.《国际贸易术语解释通则 2020》（Incoterms® 2020）

《国际贸易术语解释通则 2020》（简称《2020 通则》）于 2019 年 10 月由国际商会修订完成，2020 年 1 月 1 日起生效。《2020 通则》对《2010 通则》中的个别贸易术语进行了修改。《2010 通则》中包含有 11 种贸易术语，分别是 EXW（工厂交货）、FCA（货交承运人）、FAS（装运港船边交货）、FOB（装运港船上交货）、CFR（成本加运费）、CIF（成本、保险费加运费）、CPT（运费付至指定目的地）、CIP（运费、保险费付至指定目的地）、DAT（运输终端交货）、DAP（目的地交货）和DDP（完税后交货）。《2020通则》将DAT修改为DPU（目的地卸货后交货），并将其排列顺序调整到DAP之后。

（1）《2020通则》解释了11种贸易术语（见表2-1）。

表2-1　　《2020通则》中11种贸易术语

运输方式	术语	英文全称	中文含义
适用于海运和内河水运	FAS	Free Alongside Ship	装运港船边交货
	FOB	Free on Board	装运港船上交货
	CFR	Cost and Freight	成本加运费
	CIF	Cost Insurance and Freight	成本、保险费加运费
适用于任一或多种运输方式	EXW	Ex Works	工厂交货
	FCA	Free Carrier	货交第一承运人
	CPT	Carriage Paid to	运费付至目的地
	CIP	Carriage and Insurance Paid to	运费/保险费付至目的地
	DAP	Delivered at Place	目的地交货
	DPU	Delivered at Place Unloaded	目的地卸货后交货
	DDP	Delivered Duty Paid	完税后交货

（2）《2020通则》对贸易术语的分类。根据适用的运输方式不同，《2020通则》将贸易术语分为两类，即适用于任一或多种运输方式的术语和适用于海运和内河水运的术语。《2020通则》沿用了《2010通则》的分类方法，但不排斥《2000通则》按E、F、C、D分组的做法，当事人仍可根据每个术语的开头字母了解它所处的组别，掌握它在交货地点、风险、责任和费用划分的大致情况。在《2000通则》中，按E组术语成交，是在货物的产地或所在地交货，风险、责任和费用亦在交货时由卖方转移给买方；按F组术语成交，是在装运港或装运地交货，买方承担此后的风险、责任和费用；按C组术语成交，也是在装运港或装运地交货，风险在交货时转移，但卖方承担的责任和费用延伸到进口地；按D组术语成交，交货地点在目的港或进口国的内地，卖方所承担的风险，责任和费用也延伸到买方在目的地接收货物时。由此可见，从E组到D组，对于卖方来讲，其合同义务是由小到大的变化，而对于买方来讲，情况则恰恰相反。

（3）《2020通则》中买卖双方的义务划分。《2020通则》共解释了11种贸易术语。在每种术语的解释上，对买卖双方各列出10项义务，将卖方义务和买方义务逐项间隔排列，上下对照。在10项义务之首冠以“A卖方义务、B买方义务”，将每种贸易术语项下买卖双方各自承担的义务进行了如下排列：

A 卖方义务 (the Seller's obligations)	B 买方义务 (the Buyer's obligations)
A1 一般义务	B1 一般义务
A2 交货	B2 提货
A3 风险转移	B3 风险转移
A4 运输	B4 运输
A5 保险	B5 保险
A6 交货/运输单据	B6 交货/运输单据
A7 出口/进口清关	B7 出口/进口清关
A8 查验/包装/标记	B8 查验/包装/标记
A9 费用划分	B9 费用划分
A10 通知	B10 通知

在国际贸易中，当事人除订立买卖合同外，还涉及运输合同、保险合同、融资合同等，这些合同相互关联，互相影响。《2020 通则》只限于对货物买卖合同中交易双方权利和义务的规定，不涉及买卖合同成立、货物规格、所有权、货款支付问题，也不涉及违约和它产生的后果问题。这些问题，当事人应在合同中做出明确具体的规定。国际商会提醒交易的当事人要注意地方法规的强制性规定，它们有时会导致合同条款以及所选择通则的失效。

在有关贸易术语的国际贸易惯例中，《国际贸易术语解释通则》包括内容最多、使用范围最广，在世界范围内的影响越来越大，国际商会在进行最近的修订时力图保持它的相对稳定性。《2020 通则》实施之后并非前面的《国际贸易术语解释通则》就自动废止，当事人在订立贸易合同时仍然可以选择适用《2010 通则》《2000 通则》或《1990 通则》。

资料卡

ICC 与 Incoterms® 2020

国际商会(International Chamber of Commerce, ICC)是具有重要影响的世界性民间商业组织，成立于 1919 年，总部设在巴黎，下设商业管理委员会、银行委员会、仲裁院等专业委员会和专门机构，会员广泛分布在 140 多个国家和地区。它是联合国的一个高级咨询机构，设立的目的是在经济和法律领域里，以有效的行动促进国际贸易和投资的发展。1994 年 11 月，国际商会正式授予中国国际商会(China Chamber of International Commerce, CCOIC)成员地位，并同意中国建立国际商会中国国家委员会。1995 年 1 月 1 日，国际商会中国国家委员会正式成立。

国际商会于 1936 年首次公布对贸易术语的统一解释，定名为 Incoterms 1936(Incoterms 来源于 International Commercial Terms 三词)，副标题是 International Rules for the Interpretation of Trade Terms，译作《1936 年国际贸易术语解释通则》。为适应国际贸易的发展，国际商会分别于 1953 年、1967 年、1976 年、1980 年、1990 年、2000 年、2010 年和 2020 年对 Incoterms 进行了八次修改。

资料卡

《华沙—牛津规则》在总则中说明：这一规则供交易双方自愿采用，凡明示采用本惯例者，合同当事人的权利和义务均应按本惯例的规定办理。经双方当事人明示协议，可以对本规则的任何一条进行变更、修改或增添。如本规则与合同发生矛盾，应以合同为准。凡合同中没有规定的事项，应按本规则的规定办理。

《美国对外贸易定义修订本》规定：此修订本并无法律效力，除非由专门的立法规定或为法院判决所认可。因此，为使其对各有关当事人产生法律上的约束力，建议卖方或买方接受定义作为买卖合同的一个组成部分。

《2020 通则》引言中明确，如果想在买卖合同中使用 2020 年国际贸易术语解释通则，应在合同中用类似的词语做出明确表示。因此，国际贸易中的当事人在适用《2020 通则》时应在合同中注明“本合同受《2020 通则》约束”（This contract is governed by Incoterms® 2020），也可以在贸易术语后直接援引《2020 通则》，如“CIF New York Incoterms® 2020”或“CIF New York Subject to Incoterms® 2020”。

第二节　适用于海运和内河运输的贸易术语

国际商会《2020 通则》所解释的 11 种贸易术语中，FOB、CFR、CIF 和 FAS 4 种术语仅适用于水上运输方式，即适用于海运和内河水运方式。在现代的国际贸易和国内贸易业务中，贸易术语 FOB、CFR、CIF 被各国的贸易界人士广泛采用，并被称为常用贸易术语。

一、FOB 术语

FOB 的全文是 Free on Board(... named port of shipment)，即船上交货（……指定装运港），习惯上称为装运港船上交货。

根据《2020 通则》，“船上交货（……指定装运港）”是指卖方以在指定装运港将货物装上买方指定的船舶或通过取得已交付至船上货物的方式交货。货物灭失或损坏的风险在货物交到船上时转移，同时买方承担自那时起的一切费用（见图 2-1）。该术语仅适用于海运或内河水运。

想一想　从大连出口一批货物到日本东京，采用 FOB 术语应该怎样表示？

（一）买卖双方的义务

采用 FOB 术语时，买卖双方各自承担的基本义务概括如下：

1. 风险转移问题

卖方在装运港将货物交到买方所派船只的船上时，货物损坏或灭失的风险由卖方转移给买方。

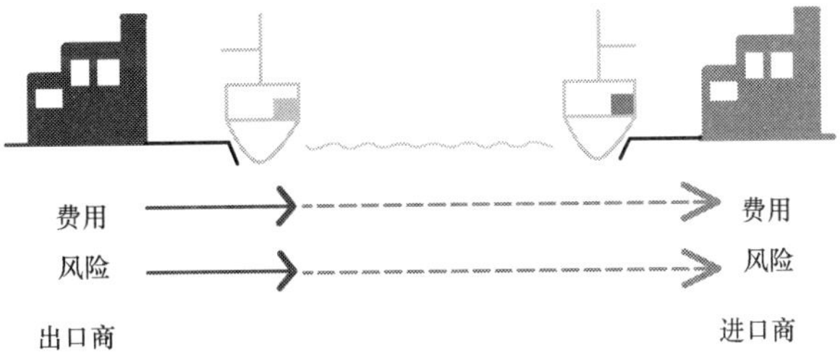

图 2-1　FOB 的风险、责任和费用转移界限

2. 通关手续问题

（1）卖方自负风险和费用，取得出口许可证或其他官方批准证件，并且办理货物出口所需的一切海关手续。

（2）买方自负风险和费用，取得进口许可证或其他官方批准证件，并且办理货物进口和从第三国过境运输所需的一切海关手续。

3. 运输合同和保险合同

（1）卖方对买方无订立运输合同的义务。但是，应买方要求并由其承担风险和费用，卖方必须向买方提供卖方拥有的买方为了安排运输所需要的任何信息，包括与运输有关的安全要求。如果买方有要求，或按照商业习惯，在买方承担风险和费用的情况下，卖方也可以按照通常条件订立运输合同。

> **议一议**
>
> FOB 术语下，船载货物离港后，很快触礁沉没，哪一方承担损失？

（2）卖方对买方无订立保险合同的义务。但应买方的要求，并在买方承担风险和费用的情况下，卖方必须向买方提供其办理保险所需的信息。

4. 主要费用的划分

（1）卖方承担交货前所涉及的各项费用，包括办理货物出口所应缴纳的关税和其他费用。

（2）买方承担交货后所涉及的各项费用，包括从装运港到目的港的运费以及办理进口手续时所应缴纳的关税和其他费用。

（二）使用 FOB 术语应注意的问题

1. 船货衔接

在买卖合同中，卖方的基本义务是交付符合合同的货物。以 FOB 术语成交的合同属装运合同，卖方应按合同规定的装船期和装运港，将货物装上船。但这一术语中订立运输合同、安排船只是买方的义务，买方应租船订舱，将船名、装船时间等及时通知卖方，以便卖方备货装船。这就存在船货衔接的问题，如果处理不好这一问题，发生货等船或船等货的现象，势必影响合同的正常履行。

按有关法律和惯例对买卖双方义务的规定，如果买方按期派船到装运港并给予了卖方充分的通知，而卖方因货未备妥未能及时装运，则卖方应承担未按合同履约的后果，包括负担空舱费（Dead Freight）或滞期费（Demurrage）；如果买方延迟派船导致卖方不能按合同规定时间装船交货，则由买方承担由此产生的损失和费用。

资料卡

FOB 术语下风险的提前转移

根据《2020 通则》，如由于买方未按规定给予卖方通知，或由于他指定的船只未能按时到达，或未接收货物，或早于按规定通知的时间停止装货，则自约定的交货日期或约定的交货期间届满的日期起，由买方负担货物灭失或损坏的风险及发生的任何额外费用。但该项货物已被适当地划归于本合同，即已被清楚地分开，或已以其他方式被确定为本合同项下之货物为限。例如，买卖双方在合同中约定 12 月 20 日前交货，卖方按照约定将货物交于码头仓库中，却迟迟不见买方派船接货，直至 12 月 30 日买方所派船只才到达港口，则增加的仓储费用应由责任方买方负担。

2.《1990 年美国对外贸易定义修订本》对 FOB 的不同解释

在《1990 年美国对外贸易定义修订本》中，FOB 适用于各种运输方式，只有在 FOB 后加注“Vessel”（船舶）字样，并列明装运港名称，才是在装运港交货。采用此种解释时，如在旧金山船上交货，就应表示为 FOB Vessel San Francisco。如规定为 FOB San Francisco，则卖方有权在旧金山市的内陆运输工具上交货，不负责交到旧金山港口的船上。因此，与北美国家的商人进行交易，尤其是进口贸易，一定要注意在 FOB 和港名之间加上“Vessel”一词，并注意两者之间的区别。

另外，关于办理出口手续问题上也存在分歧。按照《2020 通则》的解释，FOB 条件下，卖方义务之一是自负风险及费用，取得出口许可证或其他官方批准证件，并办理货物出口所必需的一切海关手续。但是，按照《1990 年美国对外贸易定义修订本》的解释，卖方只是“在买方请求并由其负费用的情况下，协助买方取得由原产地及装运地国家签发的，为货物出口或在目的地进口所需的各种证件”。在实际业务中，如果买方不想承担出口清关的税费，应明确提出按《2020 通则》办理。

议一议

某进口公司从美国进口特种异型钢材 200 公吨，每公吨按 900 美元 FOB Vessel New York 成交。按合同约定的支付方式和付款时间，我方通过中国银行向对方开出了一张金额为 18 万美元的信用证，对方接到信用证后称“信用证已收到，但金额不足，应增加 1 万美元备用。否则，有关出口税捐及各种签证费，由你方另行电汇”。我方接电后认为这是美方无理要求，回电指出“按 FOB Vessel 条件成交，卖方应负责有关的出口捐税和签证费用，这在《2020 通则》中有明文规定”。美方又回电“成交时并未明确规定按《2020 通则》办，根据我们的商业习惯及《1990 年美国对外贸易定义修订本》，出口费用应由买方负担”。这时恰巧国际市场钢材价格上涨，我方又急需这批钢材投产，只好通过银行将信用证金额增至 19 万美元。请问：美方的要求合理吗？为什么？如果我方不想负担上述出口税费，应在合同中做出怎样的规定？

3. FOB 贸易条件下的装船费用问题

根据《2020 通则》,FOB 贸易条件下的装船费用已十分明确地表明应该由卖方负担,因此对于装船费用的负担问题已毋庸置疑。

值得注意的是,尽管《2020 通则》已经实施,但《2000 通则》却未被废止,仍然有效。在仍然使用《2000 通则》的情况下,就应该注意在合同中明确表明 FOB 贸易条件下的装船费用由谁负担问题。

二、CFR 术语

CFR 的全文是 Cost and Freight(... named port of destination),即成本加运费(……指定目的港)。

根据《2020 通则》,"成本加运费(……指定目的港)",是指卖方在船上交货或以取得已经这样交付的货物方式交货。货物灭失或损坏的风险在货物交到船上时转移(见图 2-2)。卖方必须签订合同,并支付必要的成本和运费,将货物运至指定的目的港。

CFR 术语要求卖方办理出口清关手续,该术语仅适用于海运或内河水运。

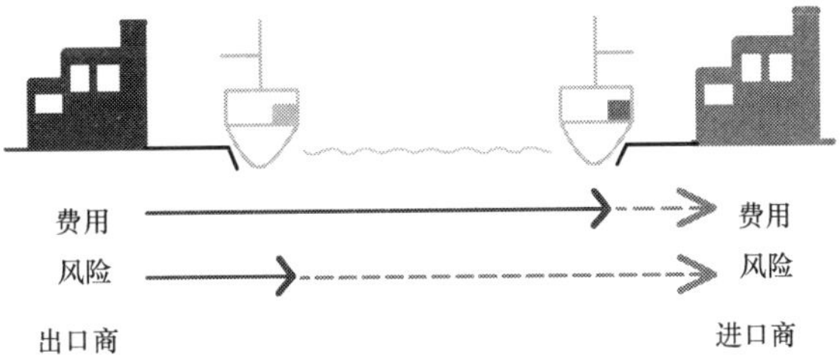

图 2-2　CFR 的风险、责任和费用转移界限

(一) 买卖双方的义务

采用这一术语时,买卖双方各自承担的基本义务概括如下:

1. 风险转移问题

卖方在装运港完成其交货义务时,货物损坏或灭失的风险由卖方转移给买方。

2. 通关手续问题

(1) 卖方自负风险和费用,取得出口许可证或其他官方批准证件,并且办理货物出口所需的一切海关手续。

(2) 买方自负风险和费用,取得进口许可证或其他官方批准证件,并且办理货物进口和从第三国过境运输所需的一切海关手续。

> **想一想**　CFR 术语下,卖方订立运输合同,是否意味着要负责将货物安全运达指定目的港?

3. 运输合同和保险合同

(1) 卖方必须按照通常条件订立或取得运输合同,将货物运到合同约定的目的港。

(2) 卖方对买方无订立保险合同的义务。但应买方的要求,并在买方承担风险和费用的情况下,卖方必须向买方提供其办理保险所需的信息。

4. 主要费用的划分

（1）卖方承担交货前所涉及的各项费用,包括需要办理出口手续时所应缴纳的关税和其他费用。卖方还要支付从装运港到目的港的运费和相关费用。

（2）买方承担交货后所涉及的各项费用,包括办理进口手续时所应缴纳的关税和其他费用。

（二）使用 CFR 术语应注意的问题

1. 卖方应及时发出装船通知

在以 CFR 术语达成的交易中,卖方仅负责办理货物的出口运输,不负责办理货物自装运港至目的港的货运保险,而货物在装运港装上船之后,风险即归买方负担。因此,卖方应在装船后及时向买方发出装船通知,以便买方及时投保。按有关法律及惯例的规定,如货物在运输途中受损,而卖方未及时发出装船通知导致买方漏保,那么卖方不能以风险在船舷转移为由免除责任。

议一议　某进出口公司按 CFR 条件与法国一进口商签订一批抽纱台布出口合同,价值 8 万美元,即期付款交单。货物于 1 月 8 日上午装船完毕,业务员因当天工作较忙忘记向买方发装船通知(Shipping Advice),1 月 11 日上班时才想起并发出装船通知。法商收到装船通知后立即向当地保险公司投保,不料该保险公司已获悉装载该货的轮船已于 9 日凌晨在海上遇难而拒绝承保。法方即来电称"由于你方晚发装船通知,以致我方无法投保,因货轮已罹难,货物损失应由你方负担并应赔偿我方利润及费用损失 8 000 美元"。不久我方通过银行寄去的全套货运单证被退回。请问:法商的要求合理吗?我方应不应该赔偿?

2. CFR 的变形

CFR 贸易术语的变形是指在 CFR 术语后添加词句,用来说明在程租船运输下卸货费用由谁负担的问题。

在按 CFR 条件成交时,货物采用班轮运输时,其在装运港的装货费用和在目的港的卸货费用均包含在班轮运费中,由支付运费的卖方负担。而大宗货物通常采用程租船运输,船方通常按照"不负担装卸费用"(Free In and Out)条件出租船舶,卸货费不包括在运费中,买卖双方必须在合同中明确卸货费由谁负担,这在实践中是通过 CFR 贸易术语变形来说明的。

（1）CFR Liner Terms(CFR 班轮条件),是指卸货费用按班轮办法处理,由支付运费的一方承担,即卖方负担卸货费。

（2）CFR Landed(CFR 卸到岸上),是指由卖方负担卸货费,包括因船不能靠岸,需将货物用驳船运至岸上而支出的驳运费在内。

（3）CFR Under Tackle(CFR 吊钩下交货),是指卖方负责将货物从船舱吊起卸到船舶吊钩所及之处(码头上或驳船上)的费用。在船舶不能靠岸的情况下,租用驳船的费用和货物从驳船卸到岸上的费用,概由买方负担。

（4）CFR Ex Ship's Hold(CFR 舱底交货),是指货物运到目的港后,由买方自行启舱,并负担货物从舱底卸到码头的费用。

传统的观点认为,CFR 的变形仅用来说明卸货费用的负担,不影响买卖双方交货地点和风险界限的划分。为避免因理解不同而导致的争执,买卖双方应在销售合同中明确规定贸易术语的变形仅限于费用的划分。

CFR 与 FOB 的异同点

三、CIF 术语

CIF 的全文是 Cost,Insurance and Freight(... named port of destination),即成本、保险费加运费(……指定目的港)。CIF 通常被称作运费保险费在内价,也是国际贸易中常用的贸易术语之一。

根据《2020 通则》,“成本、保险费加运费”是指卖方在船上交货或以取得已经这样交付的货物方式交货。货物灭失或损坏的风险在货物交到船上时转移(见图 2-3)。卖方必须签订合同,并支付必要的成本和运费,以将货物运至指定的目的港。

> **想一想**
>
> CIF 的卖方比 CFR 的卖方多了哪些责任?

卖方还必须办理买方货物在运输途中灭失或损坏风险的海运保险。因此,由卖方订立保险合同并支付保险费。买方应注意到,CIF 术语只要求卖方投保最低限度的保险险别。如买方需要更高的保险险别,则需要与卖方明确地达成协议,或者自行做出额外的保险安排。

CIF 术语要求卖方办理货物出口清关手续,该术语仅适用于海运和内河水运。

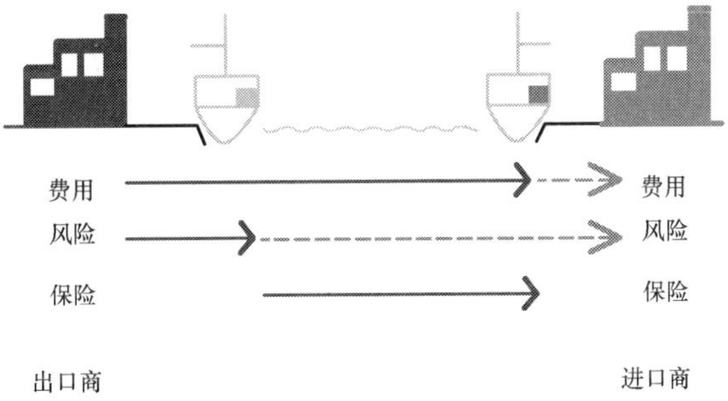

图 2-3　CIF 的风险、责任和费用转移界限

(一) 买卖双方的义务

采用这一术语时,买卖双方各自承担的基本义务概括如下:

1. 风险转移问题

卖方在装运港完成其交货义务时,货物损坏或灭失的风险由卖方转移给买方。

2. 通关手续问题

(1) 卖方自负风险和费用,取得出口许可证或其他官方批准证件,并且办理货物出口所需的一切海关手续。

(2) 买方自负风险和费用,取得进口许可证或其他官方批准证件,并且办理货物进口和从第三国过境运输所需的一切海关手续。

3. 运输合同和保险合同

（1）卖方必须按照通常条件订立或取得运输合同，将货物运到合同约定的目的港。

（2）卖方对买方有义务签订保险合同。保险合同应与信誉良好的保险公司订立，使买方或其他对货物有可保利益者有权直接向保险人索赔。

议一议

CIF 术语下，卖方不承担装上船后的风险与负责办理货物运输保险是不是矛盾？

4. 主要费用的划分

（1）卖方承担交货前所涉及的各项费用，包括需要办理出口手续时所应缴纳的关税和其他费用。卖方还要支付从装运港到目的港的运费和相关费用，并且承担办理水上运输保险的费用。

（2）买方承担交货后所涉及的各项费用，包括办理进口手续时所应缴纳的关税和其他费用。

（二）使用 CIF 术语应注意的问题

1. 象征性交货

交货方式有两种：实际交货和象征性交货。实际交货（Physical Delivery）是指卖方要在规定的时间，将符合合同规定的货物交给买方或其指定人。象征性交货（Symbolic Delivery）是针对实际交货而言，指卖方只要按期在约定地点完成装运，并向买方提交包括物权证书在内的有关单证，就算完成了交货义务，而无须保证到货。

CIF 是一个典型的象征性交货术语。在这种交货方式下，卖方凭单交货，买方凭单付款。只要卖方如期向买方提交了合同规定的全套单据（种类、名称、内容、份数相符），即使货物在运输途中损坏或灭失，买方也必须履行付款义务。反之，如果卖方提交的单据不符合要求，即使货物完好无损地到达目的地，买方仍有权拒付货款。

CIF 术语的这一性质，使得 CIF 合同成为一种"单据买卖"合同。卖方必须保证所提交的单据完全符合合同的要求，否则，将无法顺利收回货款。但是，只提交了符合合同的单据并不意味着就可以顺利地得到货款，卖方的基本义务是交付与合同相符的货物，在此基础上，再向买方交付规定的单据，才算完成交货义务。如果卖方提交的货物不符合要求，即使买方已经付款，仍然可以根据合同的规定向卖方提出索赔。

但在实践中，有可能发生通过贸易合同的条款规定而改变 CIF 象征性交货性质的问题。因此，在同买方签订 CIF 合同时，一定要对"货到付款"或要求卖方保证货物在某一期限到达等限制性条款进行充分考虑，以免带来不必要的风险损失。

想一想

我某公司按 CIF 条件向欧洲某国进口商出口一批草编制品。合同中规定由我方向中国人民保险公司投保了一切险，并采用信用证方式支付。我出口公司在规定的期限、指定的装运港装船完毕，船公司签发了提单，然后在中国银行议付了款项。第二天，出口公司接到客户来电，称：装货海轮在海上失火，草编制品全部烧毁。要求我公司出面向保险公司提出索赔，否则要求我公司退回全部货款。如果你是业务员，你会同意对方的要求吗？为什么？

议一议 某出口公司以 CIF 条件向加拿大某进口商出口一批货物，价值 240 万加元，合同中规定装运期不得晚于 10 月 31 日，货物应于 11 月 30 日前到达目的地魁北克，若晚于 11 月 30 日到达，买方有权拒收货物。我方于 10 月 5 日装船完毕，达到魁北克已是 11 月 25 日，此时魁北克开始结冰。承运人担心船进港后开不出来，便指示船长将货物全部改卸哈利法克斯港，再装火车运往魁北克，到达时已是 12 月 2 日。进口商以货物晚到为由拒收货物，几经交涉，最终以我方降价 15%、损失 36 万加元了结此案。

请问：

1. 进口商以货物晚到为由拒收货物的理由充分不充分？
2. 本合同中出口商能不能以象征性交货为由不承担货物晚到的责任？
3. 这还是象征性交货吗？
4. 这个案例对你有什么启示？

2. 卖方办理保险的责任

按 CIF 术语成交，一般在签订买卖合同时，应明确规定保险险别、保险金额等内容，卖方按合同规定办理投保。如果合同中未就保险险别等问题做出具体规定，就要按照有关惯例来处理。涉及 CIF 术语的国际贸易惯例有国际商会的《2020 通则》《1990 年美国对外贸易定义修订本》和《1932 年华沙—牛津规则》。

按照《2020 通则》对 CIF 的解释，“该保险需符合《协会货物保险条款》的 C 款（Clause C）或任何适于货物运输方式的类似条款”。但在买方要求时，并由买方承担费用的情况下，可加保任何附加险别。按照《1990 年美国对外贸易定义修订本》解释，“对于保险险别，双方应共同明确是投保水渍险或平安险以及属于特定行业应保的其他险别，或是买方需要获得单独保障的险别。”关于战争险，是在买方负担费用的情况下，由卖方代为投保，或经卖方同意，由买方自行投保。根据《1932 年华沙—牛津规则》的规定，卖方应“按照特定行业惯例或在规定航线上应投保的一切风险”办理投保手续。一般情况下，卖方不负责投保战争险，除非合同中有投保战争险的规定，或者买方有要求，并由买方承担费用时，卖方才可加保战争险。

3. CIF 贸易术语的变形

CIF 的变形与 CFR 的变形完全相同，是为了解决在程租船运输中的卸货费负担问题而产生的。主要有：CIF Liner Terms、CIF Landed、CIF Ex Tackle、CIF EX Ship's Hold 四种。具体含义与 CFR 的变形相同。

按照《2020 通则》，FOB、CFR、CIF 三种术语仅适用于海运和内河水运方式，即是指港至港的运输。如果出口方处于内陆，采用这三种贸易术语进行交易，他就必须承担货物从其所在地运至装运港的风险和费用。即使出口公司位处港口，在使用集装箱运输、多式联运和滚装运输时，“交到船上为界”的风险划分标准已没有实际意义。尤其是集装箱运输已成为国际贸易中主要的运输方式，当出口方将货物（整箱货或拼箱货）交给承运人时，他对从此时起的货物风险就已失去控制，要求他承担货物装上船前的风险，显然是不适当的。因此，在这种情况下，不适合采用以装运港交到船上为界划分风险的 FOB、CFR、CIF 三种术语。

为了适应国际货物运输中集装箱运输和多式联运的发展，如合同当事人无意采用装运港船上交货，可相应地采用 FCA、CPT、CIP 术语取代 FOB、CFR、CIF 术语。

比一比

FOB、CFR、CIF 的联系与区别

相同点

1.适用的运输方式	只适用于海运或内河水运
2.交货地点	在装运港船上完成交货
3.风险划分界限	以货物交到船上划分风险

不同点

1. 责任

FOB	卖方只负责在装运港交货
CFR	卖方负责办理货物出口运输
CIF	卖方负责办理货物出口运输

2. 费用

FOB	卖方不负担出口运费、保险费
CFR	卖方负担出口运费
CIF	卖方负担出口运费、保险费

3. 价格构成

FOB	成本价
CFR	成本加运费
CIF	成本、保险费加运费

想一想

我西北某出口公司向日本出口 30 公吨甘草膏，共 1 200 箱，FOB 新港条件成交，货值 54 000 美元，装运期为 12 月 25 日前，货物装集装箱。该出口公司在天津设有办事处，于是在 12 月上旬将货物运到天津，由天津办事处负责订箱装船。不料货物在天津存仓后的第三天，即因火灾全部被焚。办事处立即通知内地公司赶快补发 30 公吨货物，怎奈货源不足，只好请求日本商人将信用证有效期和装运期各延长 15 天。本案中货物被焚毁的风险应由谁承担？出口公司采用 FOB 术语出口合适吗？

四、FAS 术语

FAS 的全文是 Free Alongside Ship(... named port of ship)，即船边交货(……指定装运港)，通常称为装运港船边交货。

根据《2020 通则》,“船边交货”是指卖方在指定的装运港将货物交到船边(例如,置于码头或驳船上)时,即完成交货。货物灭失或损坏的风险在货物交到船边时发生转移,同时买方承担自那时起货物灭失或损坏的一切风险(见图 2-4)。

想一想　FAS 术语与 FOB 术语有什么区别?

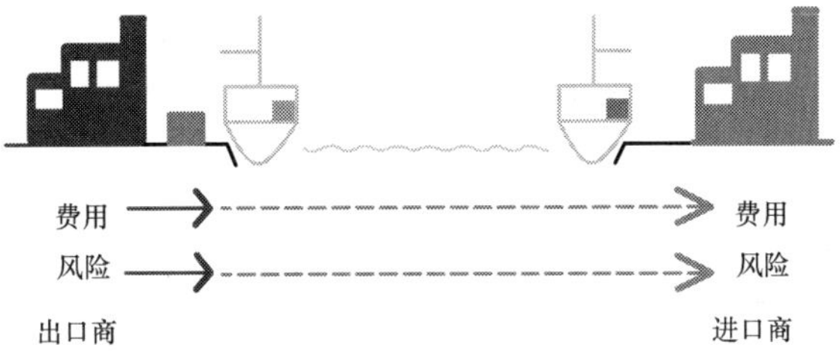

图 2-4　FAS 的风险、责任和费用转移界限

FAS 术语要求卖方办理出口清关手续。但是,如当事人希望买方办理出口手续,需要在销售合同中明确写明。该术语仅适用于海运或内河水运。

根据《2020 通则》的解释,FAS 术语只适用于包括海运在内的水上运输方式,交货地点只能是装运港。但是,按照《1990 年美国对外贸易定义修订本》的解释,FAS 是 Free Along Side 的缩写,即指交到运输工具的旁边,并不一定是在装运港的船边。因此,在同北美国家的交易中使用 FAS 术语时,应在 FAS 后面加上“Vessel”字样,以明确表示“船边交货”。

另外,在选择 FAS 术语时,当事人应考虑到具体交易中采用的运输包装方式。按照《2020 通则》的解释,如果货物采用的是集装箱运输方式,通常是由卖方将该货物运到集装箱货运站,交给买方指定的承运人,而不是交到装运港船边。所以,在采用集装箱运输的情况下,不适宜选用 FAS 术语,而应选用 FCA 贸易术语。

小知识　远离沿海口岸的内地出口应怎样选用贸易术语?

随着西部大开发战略的稳步推进,中西部内陆地区的经济发展迅速。目前国内外集装箱越来越发达,货运量越来越大,中远公司(COSCO)和中外运(SINOTRANS)都在一些内陆省份的交通干线上设立由集装箱中转站,既可接受整箱托运,也可接受拼箱托运。许多沿海港口争取“把口岸办到内地”,发展内地到沿海口岸的集装箱直通式运输。

从 FCA、CPT、CIP 术语与 FOB、CFR、CIF 的比较来看,内陆出口(包括采用集装箱运输、多式联运)采用 FCA、CPT、CIP 术语,有如下的好处:

1.适用范围广

出口方可以任意采用适合的运输方式,而不一定采用海运。如兰州出口货物,可采用陆海联运将货物运到美国、东南亚地区,采用陆运(新亚欧大陆桥)运到兰州。

2. 风险转移时间提前

采用这三种贸易术语，当出口方将货物交给承运人接管时，有关货物的风险就转移给买方承担。这使出口方对装船前可能发生的内陆运输的货损、延迟装船、仓储费用等不负责任，从而减小了卖方的风险。

3. 承担的费用降低

采用传统的装运港交货术语时，内陆至港口的运费往往占货价较大的比例，如新疆、甘肃、青海等地出口货物时，在装运港前发生的内陆运费高的可占货价的20%。而采用货交承运人的三种术语，出口方（特别是内陆出口方）只负责将货物交至指定的承运人处后就完成交货义务，不负担货物运至装运港的费用。

4. 收汇时间提前

出口方将货物交给承运人后，即可凭其签发的运输单据（陆运运单、空运单、内河运单、多式联运单据等）在当地交单结汇，而不必等到货物装船后取得海运提单。这样缩短了结汇时间，有利于出口方的资金周转。

第三节　适用于各种运输方式的贸易术语

按照国际商会的《2020 通则》的解释，在 11 种贸易术语中，适用于各种运输方式的术语有 7 种，它们分别为：EXW、FCA、CPT、CIP、DAP、DPU 和 DDP。这些术语在风险、责任和费用的划分方面，各有不同的特点。

一、EXW 术语

在《2020 通则》中，“工厂交货（……指定交货地点）”是指当卖方在其所在地或指定的地点（如工场、工厂或仓库等）将货物交给买方处置时，即完成交货。卖方不需要将货物装上任何前来接货的运输工具，需要办理清关时，卖方也无须办理出口清关手续（见图 2-5）。

EXW 是卖方承担责任最小的术语，买方必须承担在卖方所在地受领货物的全部费用和风险。该术语适用于任何运输方式，也可以适用于多种运输方式。

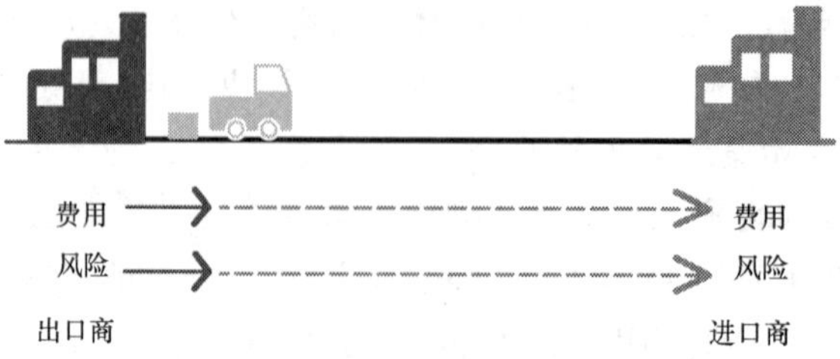

图 2-5　EXW 的风险、责任和费用转移界限

EXW 不是国际贸易中的常用术语，但由于按这一术语成交时价格最低，因而对于买方具有一定的吸引力。近年来，按 EXW 条件达成的交易有所增加。在业务中选用这一术语时，应注意下列问题。

（一）关于货物的交接问题

买卖双方在订约时，一般要对交货的时间和地点做出规定。为了做好货物的交接，卖方在货物备妥后，还应就货物将在什么时间和地点交给买方支配的问题，向买方发出通知。如果双方约定，买方有权确定在一个规定的时间或地点受领货物时，买方应及时通知卖方，以免延误交货或引起其他差错。如果买方没有能够在规定的时间、地点受领货物，或者在他有权确定受领货物的时间、地点时，没有及时给予适当通知，那么，只要货物已被特定化为本合同项下的货物，买方就要承担由此产生的费用和风险。

（二）关于办理出口手续的问题

在工厂交货条件下，如果货物是用于出口的，办理货物出口手续所涉及的如出口/过境/进口许可，安检、清关，装运前检验以及其他官方授权等，其责任也在买方，而非卖方。尽管有时可要求卖方代办，但货物被禁止出口的风险还是由买方承担。因此，在成交之前，买方应了解出口国政府的有关规定，例如，是否允许在该国无常驻机构的当事人在该国办理出口结关手续。当买方无法做到直接或间接办理货物的出境手续时，则不应采用这一贸易术语成交。在这种情况下，按照《2020 通则》的解释，最好采用 FCA 术语。

二、FCA 术语

FCA 的全文是 Free Carrier(... named place of delivery)，即货交承运人（……指定交货地点）。

根据《2020 通则》，“货交承运人（……指定交货地点）”是指卖方只要将货物在指定的地点交给由买方指定的承运人，并办理了出口清关手续，即完成交货。需要说明的是，交货地点的选择对于在该地点装货和卸货的义务会产生影响。若卖方在其所在地交货，则卖方应负责装货，若卖方在任何其他地点交货，卖方不负责卸货。

该术语可用于任何运输方式，也可适用于多种运输方式。

“承运人”是指签约承担运输责任的一方，在运输合同中承诺通过铁路、公路、空运、海运、内河运输或上述运输的联合方式履行运输或由他人履行运输。

若买方指定承运人以外的人领取货物，则当卖方将货物交给此人时，即视为已履行了交货义务。

（一）买卖双方的义务

采用这一术语，买卖双方各自承担的基本义务概括如下：

1. 风险转移问题

卖方承担将货物交给承运人控制之前货物灭失或损坏的风险，买方承担将货物交给承运人控制之后的风险（见图 2-6）。

2. 通关手续问题

（1）卖方自负风险和费用，取得出口许可证或其他官方批准证件，并且办理货物出口所需的一切海关手续。如适用，卖方应买方请求，并由买方承担风险和费用的前提下，卖方必须协助买方取得过境国/进口国要求的与所有与过境/进口清关手续有关的任何单据及/或信息。

（2）如适用，买方自负风险和费用，取得进口许可证或其他官方批准证件，并且办理货物进口以及通过第三国过境所需的一切海关手续。买方应卖方请求，并由卖方承担风险和费用的前提下，买方必须协助卖方取得出口国要求的与所有与出口清关手续有关的任何单据及/或信息。

3. 运输合同和保险合同

（1）卖方对买方无订立运输合同的义务。然而，应买方要求并由其承担风险和费用的情况下，卖方必须向买方提供卖方拥有的买方为了安排运输所需要的任何信息，包括与运输有关的安全要求。如有约定，卖方必须按照通常条件订立运输合同，由买方承担风险和费用。直至交货之时，卖方必须遵守任何与运输有关的安全要求。

> 想一想　“西北某市出口甘草膏”的例子，如采用FCA术语，货物被焚毁的风险应由谁承担？

（2）卖方对买方无订立保险合同的义务。但应买方的要求，并在由其承担风险和费用的情况下，卖方必须向买方提供其办理保险所需的信息。

4. 主要费用的划分

（1）卖方承担在交货地点交货前所涉及的各项费用，包括办理货物出口所应缴纳的关税和其他费用。

（2）买方承担在交货地点交货后所涉及的各项费用，包括办理货物进口所涉及的关税和其他费用。此外，买方要负责签订从指定地点承运货物的合同，支付有关的运费。

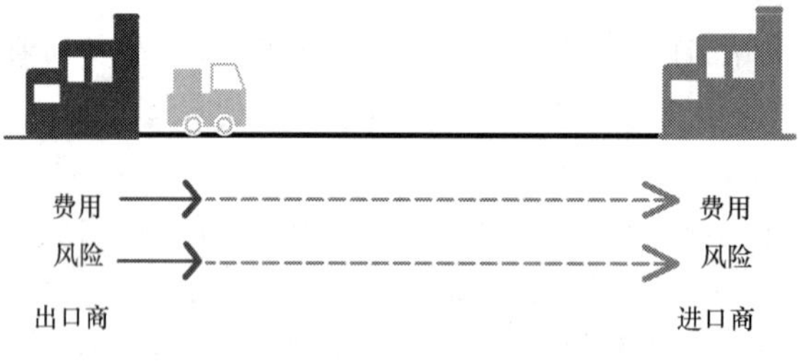

图 2-6　FCA 的风险、责任和费用转移界限

（二）使用 FCA 术语时应注意的问题

（1）交货地点。采用 FCA 术语，合同中交货地点的规定影响装卸货义务的承担。

① 如在卖方所在处所交货，卖方负责装货。即当卖方将货物装上由买方指定的承运人或代表他行事的另一人提供的运输工具上时，完成交货义务。

② 如在卖方所在地以外的其他地方交货，卖方不负责卸货。即当卖方将装载于运输工具上未卸下的货物交由买方指定的承运人或另一人处置之下时，完成交货义务。

《2020 通则》特别建议交易双方尽可能清楚地写明指定交货地内的交付点。如果在约定地点没有明确具体的交货点，或者有几个交货点可供选择，卖方可以从中选择为完成交货义务最适宜的交货点。

（2）安排运输。FCA 术语适用于任何运输方式，包括多式联运。由买方负责指定承运人，订立自装运地至目的地的运输合同。但《2020 通则》同时又规定，如果买方请求，或如果这是一种商业惯例以及买方未在合适的时间内给予相反的指示，只要买方承担风险和费用，卖方可按通常条件订立运输合同。但这并非是卖方的义务，在任何一种情况下，卖方可以拒绝订立运输合同，如果拒绝，必须立即通知买方，以便买方另作安排。

（3）FCA 与 FOB。FCA 是在 FOB 术语的基础上发展起来的适用于各种运输方式的贸易术语，买卖双方义务划分的原则是完全相同的，卖方都以将经出口清关的货物交给买方指定的承运人（在 FOB 术语下是海运承运人——船方）完成交货义务。因此，FOB 术语可以视作 FCA 术语的一个特例。由于 FOB 术语仅适用于海运和内河水运，并以货物交到船上划分买卖双方承担的风险，其适用范围非常有限。采用非海运或内河航运的贸易，或采用如集装箱运输、滚装运输、多式联运等运输方式的贸易，均不适宜使用 FOB 术语，应采用 FCA 术语。

三、CPT 术语

CPT 的全文是 Carriage Paid to(... named place of destination)，即运费付至（……指定目的地）。

根据《2020 通则》，“运费付至（……指定目的地）”是指卖方向其指定的承运人交货，但卖方还必须支付将货物运至目的地的运费，亦即买方承担交货之后的一切风险和其他费用。

CPT 术语要求卖方办理出口清关手续。该术语可用于任何运输方式，也可适用于多种运输方式。

（一）买卖双方的义务

采用这一术语，买卖双方各自承担的基本义务概括如下：

1. 风险转移问题

卖方承担将货物交给承运人控制之前的风险，买方承担将货物交给承运人控制之后的风险（见图 2-7）。

2. 通关手续问题

（1）如适用，卖方自负风险和费用，取得出口许可证或其他官方批准证件，并且办理货物出口所需的一切海关手续。

（2）如适用，买方自负风险和费用，取得进口许可证或其他官方批准证件，并且办理货物进口及通过第三国过境所需的一切海关手续。

3. 运输合同和保险合同

（1）卖方有义务按照通常条件订立运输合同，将货物从交货地点运送到约定的目的地。

（2）卖方对买方无订立保险合同的义务。但应买方的要求，并在其承担风险和费用的情况下，卖方必须向买方提供其办理保险所需的信息。

4. 主要费用的划分

（1）卖方承担在交货地点交货前所涉及的各项费用，包括需要办理出口手续时所应缴纳的关税和其他费用。此外，卖方要支付将货物运至指定地点的运费以及根据合同规定由卖方支付的装货费和在目的地的卸货费。

（2）买方承担在交货地点交货后与货物相关的除运费之外的各项费用，包括办理进口手续时所应缴纳的关税和其他费用。

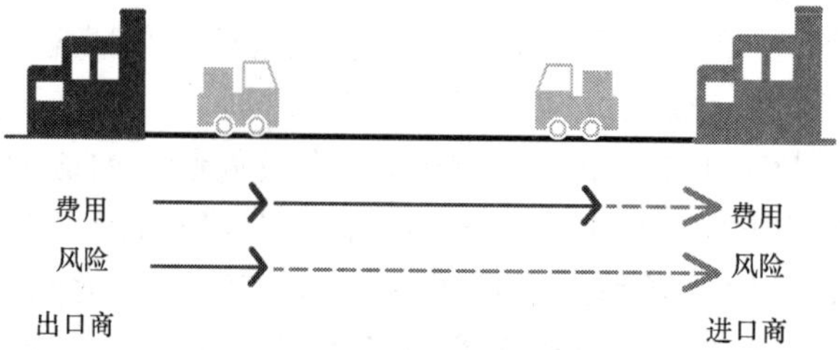

图 2-7　CPT 的风险、责任和费用转移界限

（二）使用 CPT 术语时应注意的问题

（1）风险划分。CPT 术语虽然要求卖方负责办理货物的运输并支付运费，但并不要求卖方负担运输途中的风险和由此产生的额外费用。卖方只承担货物交给承运人控制之前的风险，在多式联运情况下，承担货物交给第一承运人之前的风险。

（2）装运通知。采用 CPT 术语时，买卖双方要在合同中规定装运期和目的地，以便于卖方选定承运人，订立将货物运至目的地的运输合同。卖方将货物交给承运人后，应及时向买方发出货已交付的通知，以便于买方及时为货物投保，以及在目的地受领货物。

四、CIP 术语

CIP 的全文是 Carriage and Insurance Paid to (... named place of destination)，即运费和保险费付至(……指定目的地)。

根据《2020 通则》，"运费和保险费付至(……指定目的地)"是指卖方向其指定的承运人交货，但卖方还必须支付将货物运至目的地的运费和保险费，亦即买方承担卖方交货之后的一切风险和额外费用。然而，按照 CIP 术语，卖方还必须办理买方货物运输途中灭失或损坏风险的保险。因此，由卖方订立保险合同并支付保险费。

买方应注意到，CIP 术语只要求卖方投保最低限度的保险险别。如买方需要更高的保险险别，则需要与卖方明确地达成协议，或者自行做出额外的保险安排。

（一）买方双方的义务

1. 风险转移问题

卖方承担将货物交给承运人控制之前的风险，买方承担将货物交给承运人控制之后的风险(见图 2-8)。

2. 通关手续问题

（1）如适用，卖方自负风险和费用，取得出口许可证或其他官方批准证件，并且办理货物出口所需的一切海关手续。

（2）如适用，买方自负风险和费用，取得进口许可证或其他官方批准证件，并且办理货物进口及通过第三国过境所需的一切海关手续。

3. 运输合同和保险合同

（1）卖方有义务按照通常条件订立运输合同，将货物从交货地点运送到约定的目的地。

（2）卖方对买方无订立保险合同的义务。但应买方的要求，并在其承担风险和费用的情况下，卖方必须向买方提供其办理保险所需的信息。

4. 主要费用的划分

（1）卖方承担在交货地点交货前所涉及的各项费用，包括需要办理出口手续时所应缴纳的关税和其他费用。此外，卖方要支付将货物运至指定地点的运费以及根据合同规定由卖方支付的装货费和在目的地的卸货费。

（2）买方承担在交货地点交货后与货物相关的除运费之外的各项费用，包括办理进口手续时所应缴纳的关税和其他费用。

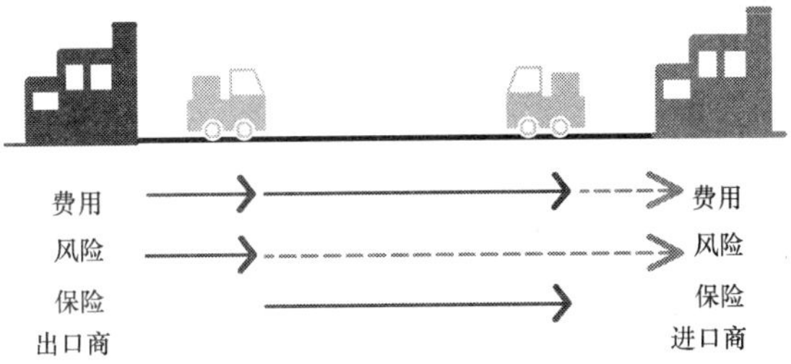

图 2-8　CIP 的风险、责任和费用转移界限

（二）使用 CIP 术语时应注意的问题

（1）保险险别。按 CIP 术语成交的合同，卖方要办理货运保险并支付保险费，但货物从交货地点运往目的地的运输途中的风险由买方承担，所以卖方的投保属于代办性质。根据《2010 通则》，卖方要按双方协商确定的险别投保，如买卖双方未约定具体投保险别，则按惯例卖方投保最低险别即可，保险金额为 CIP 价格基础上加成 10%。但《2020 通则》对 CIP 中的保险条款进行了修改，CIP 使用《伦敦保险协会货物保险条款》（A），即卖家需要承担一切险，相应的保费也会更高。也就是说，在《2020 通则》中，使用 CIP 术语，卖方承担的保险义务变大，而买方的利益会得到更多保障。

（2）价格的确定。按价格构成看，CIP 价＝CPT 价＋保险费＝FCA 价＋运费＋保险费；因此，卖方对外报价时，要认真核算运费和保险费，并要预计运价和保险费的变动趋势等情况，以免价格报低，造成损失。

五、DAP 术语

DAP 的全文是 Delivered At Place（... named port of destination），即目的地交货（……指定目的地）。

根据《2020 通则》，“目的地交货（……指定目的地）”是指卖方在指定目的地将处于抵达的运输工具之上，且已做好卸货准备的货物交由买方处置，即完成交货。卖方承担将货物运送到指定地点的一切风险（见图 2-9）。该术语适用于任何运输方式或多种运输方式。

DAP 的交货地点既可以是在两国的边境指定地点，也可以是在目的港的船上，还可以是在进口国国内的某一地点。所以，它的应用范围很宽。需要注意的是，即使是在进口国的目的港或最终目的地交货，若没有相反的规定，卖方也不负担卸货费用和进口通关的费用及关税。

为了避免纠纷,《2020 通则》建议在采用 DAP 术语成交时,“如果卖方按照运输合同在目的地发生了卸货费用,除非双方另有约定,卖方无权向买方要求偿付。”

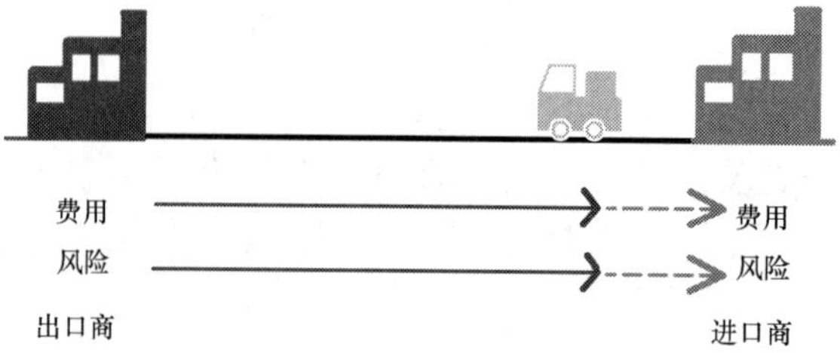

图 2-9　DAP 的风险、责任和费用转移界限

比一比

DAP 与 CIP 的异同点

根据《2020 通则》的解释,CIP 条件下,卖方要将合同规定的货物运到目的地的指定地点,这个地点可以是在两国的边境指定地点,也可以是在目的港的船上,还可以是在进口国内的某一地点。看起来这与 DAP 条件十分相似,但要注意,两者的交货地点并不相同。采用 CIP 时,卖方只是承担责任和费用,将货物运到目的地指定地点,风险却是在将货物交给承运人即转移给买方。而采用 DAP 时,卖方的交货地点即在目的地的约定地点,卖方承担的风险也是在该地点实际交货时才转移给买方。另外,采用 CIP 时,卖方有义务按合同的约定自负风险和费用,办理货物运输保险。而采用 DAP 时,货运途中的风险是由卖方自己承担,保险是为了自己的利益。

六、DPU 术语

DPU 的全文是 Delivered at Place Unloaded (…named place of destination),即目的地卸货后交货(……指定目的地)。

根据《2020 通则》规定,“目的地卸货后交货(……指定目的地)”是指卖方在合同中约定的日期或期限内将货物运到合同规定的港口或目的地的约定地点,并将货物从抵达的载货运输工具上卸下,交给买方处置时即完成交货(见图 2-10)。另外,卖方要提交商业发票以及合同要求的其他单证。提交的形式与前述术语的规定相同。

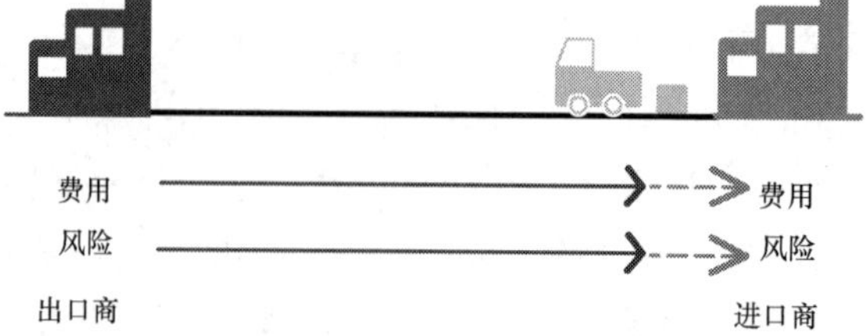

图 2-10　DPU 的风险、责任和费用转移界限

DPU 术语在使用时应注意如下问题：

1. 明确规定目的地的交货点

《2020 通则》建议交易双方尽可能清楚地约定目的地的交货点。因为按照惯例的规定，卖方采用 DPU 术语成交时有义务签订运输合同将货物运往约定目的地的交货地点，其所承担的风险和费用均在此交货时转移给买方。如果对具体的交货点没有做出明确的约定，则由卖方自己选择合适的交货点，这就有可能给双方带来不必要的麻烦。

2. 注意卖方责任的限度

DPU 的产生旨在替代《2010 通则》中的 DAT 术语。而 DAT 术语又是在《2000 通则》中的 DEQ 的基础上修改产生的。采用 DEQ 术语成交，卖方在目的港码头交货，卖方承担的责任仅限于将货物运至目的港，并卸至码头，而不负责再将货物由码头搬运到其他地方。采用 DAT 术语时交货地点不再受码头的限制，但卖方承担的责任仍只是将货物交到合同规定的运输终端，卸货后完成交货。在这一点上，DPU 与 DAT 基本相同。如果双方希望由卖方再将货物从卸货地点搬运到进口国内的另外的地点，并承担期间的风险和费用，则应当使用后面要讲到的 DDP 术语。

七、DDP 术语

DDP 的全文是 Delivered Duty Paid（...named place of destination），即完税后交货（……指定目的地）。

根据《2020 通则》规定，“完税后交货（……指定目的地）”是指卖方在指定的目的地，将仍处于抵达的办理交货运输工具上，但已经完成清关，且已做好卸货准备的货物交买方处置时，完成交货。卖方必须承担将货物运至目的地的一切风险和费用，并且有义务完成货物出口和进口清关，支付所有出口和进口关税和办理所有海关手续（见图 2-11）。

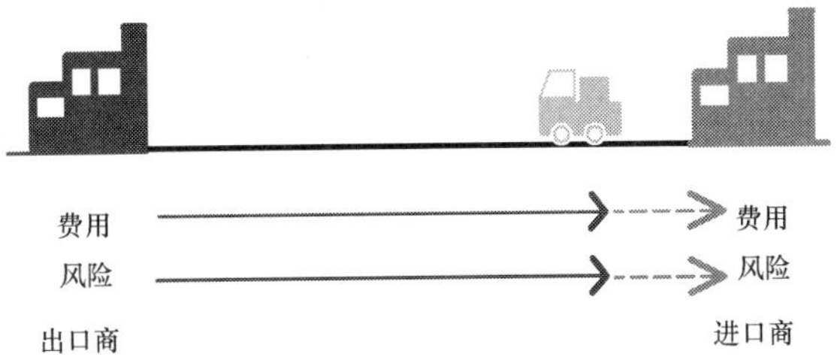

图 2-11　DDP 的风险、责任和费用转移界限

DDP 是《2020 通则》中包含的 11 种贸易术语中卖方承担风险、责任和费用最大的一种术语。按照这一术语成交，卖方要负责将货物从起运地一直运到合同规定的进口国内的指定目的地，把货物实际交到买方手中，才算完成交货。

> **想一想**　DDP 术语下，在目的地的卸货费用由谁负担？

在 DDP 交货条件下，卖方是在办理了进口结关手续后在指定目的地交货，这实际上是卖方已将货物运进了进口方的国内市场。如果卖方直接办理进口手续有困难，也可要求买方协助办理。如果卖方不能直接或间接地取得进口许可证，则不应使用 DDP 术语。

小知识

选用贸易术语时应考虑的主要因素：

1. 考虑运输方式

《2020 通则》将贸易术语按照运输方式进行了分类，例如：FOB、CFR 和 CIF 术语只适用海洋运输和内河运输，而不适用于空运、铁路和公路运输。如果买卖双方拟使用空运、铁路和公路运输，则应选用 FCA、CPT 和 CIP 术语。在我国，随着使用集装箱运输和多式联运方式的不断扩大和发展，为适应这种发展趋势，可以适当扩大使用 FCA、CPT 和 CIP 术语。

2. 考虑运费、保险费

各种贸易术语的价格构成各不相同，运费、保险费是构成价格的一部分，因此，在选用贸易术语时，应考虑运费、保险费的因素。一般来说，在出口贸易中，我方应争取选用 CIF 和 CFR 术语。在进口贸易中，应争取选用 FOB 术语。对 FCA、CPT 和 CIP 术语的选用也应按上述原则掌握。这样有利于节省运费和保险费的外汇支出，并有利于促进我国对外运输事业和保险事业的发展。

3. 考虑货物的特点

在国际贸易中，进出口货物的品种繁多，不同类别的货物具有不同的特点，对运输方面的要求各不相同，运费开支的大小也有差异。有些货物价值较低，但运费占货价的比重较大，对这类货物，出口应选用 FOB 术语，进口选用 CIF 或 CFR 术语。此外，成交量的大小，也涉及运输安排的难易和经济核算的问题。

4. 考虑实际需要，灵活掌握

选用贸易术语时，也要根据实际需要，做到灵活掌握。例如，有些国家为了支持本国保险事业的发展，规定在进口时，须由本国办理保险，我方为表示与其合作的意向，出口也可采用 FOB 或 CFR 术语。又如，我国在出口大宗商品时，国外买方为了争取到运费和保险费的优惠，要求自行办理租船订舱和保险，为了发展双方贸易，也可采用 FOB 术语。在进口贸易中，如果进口货物的数量不大，也可采用 CIF 贸易术语。

第四节　进出口价格的掌握

一、作价原则

（一）我国进出口商品的作价原则

我国进出口商品的作价原则是：在贯彻平等互利的原则下，根据国际市场价格水平，结合国别（地区）政策，并按照购销意图确定适当的价格。

国际贸易中的商品价格是受多种因素影响的，进出口作价除了应遵循上述基本的作价原则外，还应考虑下列因素：

（1）商品的质量和档次。

（2）运输距离。

（3）交货地点和交货条件（贸易术语）。

（4）季节性需求的变化。

（5）成交数量。

（6）支付条件和汇率变动的风险。

（7）国际市场价格动态。

此外，交货期的远近、市场销售习惯和消费者爱好的不同、产品所处生命周期的不同阶段，均对价格的确定有不同程度的影响。

想一想　你能分别举例说明商品的品质差价、季节差价、数量差价吗？

（二）成本核算

为了实现企业的经济效益，避免不计成本、不计盈亏、单纯追求成交量的倾向，应对每笔进出口交易进行成本核算。尤其是我们的出口业务，为了确保盈利，应该在对外成交前将出口总成本、出口外汇净收入、出口人民币净收入等数据一一确定，进行盈亏核算。

出口总成本是指出口企业为出口商品支付的国内总成本，包括两部分：购货成本和国内费用（出口前的一切费用和税金）。

购货成本即出口商品购进价，其中包含增值税。如企业自营出口，购货成本即其生产成本。

国内费用通常由各企业按进货成本的 5%～10% 不等的定额费率自行核定。

出口总成本＝购货成本（含增值税）+定额费用－出口退税收入

出口退税收入＝购货成本（含增值税）÷（1+增值税率）×退税率

出口成本价格是指以出口总成本为基础计算出来的单位成本价格。它不涉及任何国外费用，是出口定价的基础。

出口外汇净收入是指出口外汇总收入中扣除劳务费用如运费、保险费、佣金等非贸易外汇后的外汇收入，即以 FOB 价成交所得的外汇收入。如以 CFR 或 CIF 术语成交，价格中扣除国外运费、保险费后，为出口外汇净收入。以含佣价成交的，还要扣除佣金。

出口人民币净收入是指出口外汇净收入按当时外汇牌价折算的人民币数额。

根据出口商品的这些数据，可以计算出出口商品盈亏率、出口换汇成本。

1. 出口换汇成本

出口换汇成本是指出口商品净收入 1 单位外汇所需的人民币成本。在我国，出口换汇成本一般是指出口商品每净收入 1 美元所耗费的人民币成本，即用多少元人民币换回 1 美元。其计算公式如下：

$$\text{出口换汇成本}=\frac{\text{出口总成本（人民币）}}{\text{出口外汇净收入（美元）}}$$

［例 2-1］出口某商品 1 000 件，每件 17.30 美元 CIF 纽约，总价为 17 300 美元，其中运费 2 060 美元，保险费 112 美元。购进价每件人民币 117 元，共计 117 000 元（含增值税 13%），费用定额率为 10%，出口退税率为 9%。当时银行美元买入价为 6.56 元。求该笔业务的出口换汇成本。

解：

$$出口换汇成本=\frac{出口总成本(人民币)}{出口外汇净收入(美元)}$$

$$=\frac{购货成本+定额费用-出口退税收入}{FOB出口外汇净收入}$$

$$=\frac{117\ 000+(117\ 000\times10\%)-117\ 000\div(1+13\%)\times9\%}{17\ 300-2\ 060-112}$$

$$=7.89(元人民币/美元)$$

答：该笔业务的出口换汇成本是 7.89 元人民币/美元。

小知识

出口换汇成本是衡量外贸企业和进出口盈亏的重要指标，与外汇牌价相比较能直接反映出商品出口是否盈利。换汇成本如高于银行外汇牌价，说明出口为亏损；换汇成本低于银行外汇牌价，则说明出口盈利。如上例，出口换汇成本为 7.89 元人民币换 1 美元，比当时银行外汇牌价高 1.33 元人民币，表明该商品每出口 1 美元能遭受损失 1.33 元人民币亏损，这笔出口业务总的亏损额为 23 009 元人民币。

2. 出口盈亏率

出口所得人民币净收入扣除出口总成本，即为出口盈亏额。出口盈亏率是指出口盈亏额与出口总成本的比例，用百分比表示。它是衡量出口盈亏程度的重要指标，其计算公式为：

$$出口盈亏率=\frac{出口盈亏额}{出口总成本}\times100\%$$

$$=\frac{出口人民币净收入-出口总成本}{出口总成本}\times100\%$$

［**例 2-2**］某商品出口总价为 91 017 美元 FOB 上海。商品购进价为 574 980 元人民币（含增值税 13%），费用定额率为 6%，出口退税率为 9%，当时银行汇价美元买入价为 6.56 元人民币。求该笔业务出口盈亏率。

解：

$$出口盈亏额=出口人民币净收入-出口总成本$$

$$=91\ 017\times6.56-[574\ 980+574\ 980\times6\%-574\ 980\div(1+13\%)\times9\%]$$

$$=597\ 071.52-563\ 683.93$$

$$=33\ 387.59(元人民币)$$

$$出口盈亏率=\frac{出口盈亏额}{出口总成本}\times100\%=\frac{33\ 387.59}{563\ 683.93}\times100\%=5.92\%$$

答：该笔业务的出口盈亏率为 5.92%。

在实际定价时，必须以出口成交价为基础，认真核算出口换汇成本和出口盈亏率，在确保盈利的前提下达成交易，纠正不计成本、不算盈亏和不讲效益的做法。片面强调出口数量，不计成本，削价竞销，不仅自身效益下降甚至亏损，而且会使一些国家借此对我国出口产品采取限制措施，使我国失去了一些传统出口市场。

二、作价方法

作价方法是在掌握作价原则的前提下，在合同中规定价格的方法。国际贸易中的商品种类成千上万，行情变化各自不一，有的商品行情变化剧烈，从双方签约到履约，价格往往波动较大，而有的商品行情平稳，从订约到履约这段期限，商品价格少有变化。针对商品行情变化的不同特点，采用不同的作价方法，也是外贸人员必备的技能。

进出口商品的作价方法主要有以下几种。

（一）固定价格

买卖双方明确约定成交价格，履约时按此价格结算货款。这是我国进出口贸易中最常见的作价方法，也是国际上常用的方法。

采用固定价格，买卖双方在协商一致的基础上明确规定货物的价格，一般是货物的单价，例如：

每公吨 300 美元 CIF 纽约。

USD300 per metric ton CIF New York.

这种定价，即双方履约时必须遵守的价格，即使在订约后市价发生重大变化，任何一方也不得擅自变更原定价格。有的合同甚至对此做出明确规定，例如：

合同成立后，不得提高（调整）价格。

No price increase (adjustment) shall be allowed after conclusion of this contract.

（二）非固定价格

非固定价格是指买卖双方订约时不明确规定价格，即一般业务上所说的“活价”，适用于行情频繁变动、价格涨落不定且交货期较长的合同，可以使买卖双方避免承担市价变动的风险。从我国进出口合同的实际做法看，主要有以下几种做法。

1. 具体价格待定

这种作价方法又可分为：

（1）在价格条款中明确规定定价时间和定价方法。例如“在装船月份前 45 天，参照当地及国际市场价格水平，协商议定正式价格”或“按提单日期的国际市场价格计算”。

（2）在价格条款中只规定定价时间而不规定定价方法。例如“由双方在××年××月××日协商议定价格”。这种方式一般只应用于双方有长期交往，已形成比较固定的交易习惯的合同。

2. 暂定价格

暂定价格是指在合同中先订立一个初步价格，作为开立信用证和初步付款的依据，在双方确定最后价格后再进行清算。在我出口贸易中，有时与信用可靠、业务关系密切的客户洽商大宗货物的远期交易时，可以采用暂定价格。例如，在合同中规定：

每件 5 000 港元 CIF 香港

备注：上列价格为暂定价，于装运月份前 15 天由买卖双方另行协商确定价格。

HKD5,000 per piece CIF Hong Kong

Remarks: The above is a provisional price, which shall be determined through negotiation between the buyer and the seller 15 days before the month of shipment.

（三）部分固定价格，部分非固定价格

为了照顾买卖双方的利益，解决在定价方法上可能存在的分歧，可以采用部分固定价格，部分非固定价格的方法。尤其是分期交货的合同，可以在订约时将交货期近的价格固定下来，其余的在交货前一定期限内由双方议定价格。

比一比

固定价格和非固定价格的优缺点

固定价格：

优点：明确、具体、肯定、便于核算。

缺点：交易者要承担从订约到交货付款以至转售时价格变动的风险，当行情变动剧烈时，信用不好的商人可能寻找借口撕毁合同从而影响合同的履行。

非固定价格：

优点：可暂时解决交易双方在价格方面的分歧。

可解除客户对价格问题的顾虑。

可使交易双方排除价格风险。

缺点：先订约后定价的做法易导致合同的不稳定性。如双方在作价时无法达成一致意见，合同就会面临无法履行的风险。

三、佣金和折扣

在实际业务中，磋商和确定价格时，往往要涉及佣金和折扣的规定。正确掌握和运用佣金和折扣，有利于灵活掌握价格，调动外商经营出口商品的积极性，增强出口商品在国外市场的竞争力。

（一）佣金

佣金（Commission）是指代理人或经纪人为委托人服务而收取的报酬。在国际贸易中，有些交易是通过中间代理商进行的，中间商因介绍生意或代买代卖而需收取一定的佣金。例如，出口商支付佣金给销售代理人，进口商支付佣金给采购代理人。因此，凡是进出口商同代理人或佣金商订立的合同，通常都会涉及佣金的支付。

1. 佣金的表示方法

凡成交价格中含有需支付给中间商佣金的价格，即为含佣价。不含佣金的价格为净价（Net Price）。佣金可以明确表示在价格条款中（明佣），也可以不在合同中表示出来，由当事人按约定另行私下交付（暗佣）。国外的一些中间商或买主，为了赚取“双头佣”（从买卖双方都获取佣金），或为了达到逃汇或逃税的目的，往往提出使用“暗佣”。

资料卡

佣金的规定方法

1. 规定佣金率

如：每公吨 1 000 美元 CIF 香港包括佣金 3%。

USD1, 000 per metric ton CIF Hong Kong including 3% commission.

也可以在贸易术语后直接加注佣金的英文缩写“C”并注明百分比，如：

每公吨 1 000 美元 CIFC3% 香港。

USD1, 000 per metric ton CIFC3% Hong Kong.

2. 以绝对数表示佣金。

如：每公吨支付佣金 30 美元。

在实践中，规定佣金率的做法比较常见。给予中间商佣金会提高其与我方成交的积极性，但也意味着出口方费用的增加，因此佣金率的高低影响着商品的成交价格，应该合理规定，一般掌握在 1%～5%之间。

2. 佣金的计算方法

在国际贸易中，佣金的计算方法是各不一致的。主要体现在以佣金率的方法规定佣金时，计算佣金的基数怎样确定。常用的方法是将成交金额（发票金额）作为计佣基数，例如按 CIFC3% 成交，发票金额为 10 000 美元，则应付佣金为 10 000×3% = 300 美元。也有人认为价格中的运费、保险费不属于出口商本身收益，不应该作为计佣的基数，应按 FOB 价值计算佣金。如果按这种方法计算佣金，在以 CIF、CFR 等术语成交时，要将其中的运费、保险费扣除，求得 FOB 价之后计算佣金。

在实际业务中，按交易金额（发票金额）还是 FOB 价作为计佣基数，并没有统一的规定，而是由买卖双方协商决定。但前者因计算方便，操作上比较简便，实践中使用较多。

佣金的计算公式：

$$单位货物佣金额=含佣价\times佣金率$$

$$净价=含佣价-单位货物佣金额$$

$$=含佣价\times(1-佣金率)$$

$$含佣价=\frac{净价}{1-佣金率}$$

[例 2-3] 某出口公司对外报价某商品每公吨 2 000 美元 CIF 纽约，外商要求 4% 佣金。在保持我方净收入不变情况下，应该报含佣价为：

$$\text{CIFC4\%}=\frac{\text{CIF 净价}}{1-4\%}=\frac{2\ 000}{1-4\%}=2\ 083.33(\text{美元})$$

[例 2-4] 对外报价为每公吨 2 000 美元 CIFC2% 纽约，外商要求将佣金率提高至 4%。在保持我方净收入不变的情况下，应报价：

$$\text{CIFC4\%}=\frac{\text{CIF 净价}}{1-4\%}=\frac{2\ 000\times(1-2\%)}{1-4\%}=2\ 041.67(\text{美元})$$

3. 佣金的支付

佣金的支付要按中间商提供服务的性质和内容而定，有以下做法：

（1）出口企业收到全部货款后将佣金另行支付给中间商或代理商。这种做法有利于合同的圆满履行。因为中间商为了取得佣金，不仅会尽力促成交易，还会负责联系、督促实际买主履约，协助解决履约过程中可能发生的问题，使合同得以顺利履行。但为了避免中间商的误解，应在与其确立业务关系时就明确这种做法，并最好达成书面协议。

（2）中间商在付款时直接从货价中扣除佣金。即出口企业收到的是除去佣金后的价款。采用这种做法，应注意防止重复付佣。

（3）有的中间商要求出口企业在交易达成后就支付佣金。这种做法不能保证交易的顺利履行，因而一般不能接受。

我国出口业务中常用的是第一种方法，即收到全部货款后再另行支付佣金。可以在合同履行后逐笔支付，也可以与中间商或代理商签订协议，按月、按季、按半年甚至一年汇总支付。为了发挥佣金的作用，充分调动外商的积极性，应按约支付佣金，防止错付、漏付。

（二）折扣

折扣（Discount，Rebate，Allowance）是指卖方给予买方一定的价格减让，即在原价基础上给予适当的优惠。在我国对外贸易中，使用折扣主要是为了照顾老客户，确保销售渠道，扩大对外销售等目的。在实际业务中应根据具体情况，针对不同客户，灵活运用各种折扣方式，如为了扩大销售而使用数量折扣，为发展客户关系而使用特别折扣等。

1. 折扣的表示方法

折扣一般在合同的价格条款中明确规定（明扣），也有双方私下就折扣问题达成协议而不在合同中表示出来的（暗扣或回扣）。

资料卡

折扣的表示方法

1. 用百分比表示折扣比例

如：每公吨 1 000 美元 CIF 香港折扣 2%。

USD1, 000 per metric ton CIF Hong Kong including 2% discount.

或写成：

每公吨 1 000 美元 CIF 香港减 2% 折扣。

USD1, 000 per metric ton CIF Hong Kong less 2% discount.

2. 用绝对数表示折扣

如：每公吨折扣 10 美元。

2. 折扣的计算与支付

折扣通常是以成交额或发票金额为基础计算出来的。计算公式为：

单位货物折扣额=原价(或含折扣价)×折扣率

卖方实际净收入=原价(含折扣价)-折扣额

折扣一般可在买方支付货款时预先扣除。如是暗扣,在合同中并不表示出来,而按双方私下达成的协议,由卖方另行支付给买方。

算一算　出口报价每公吨1 000美元CIF香港,折扣2%。求单位货物折扣额和卖方实际净收入。

四、价格换算

如果欲向国外客户出口某商品,以FOB条件报价,客户却来电要求报CFR或CIF价,怎样才能既迅速又准确地报出客户要求的价格呢?在国际贸易中,不同的贸易术语表示的价格构成因素不同,如FOB价不包括从装运港至目的港的运费和保险费;CFR价包括从装运港至目的港的运费但不包括保险费;CIF价包括从装运港至目的港的正常运费和保险费等。当一方按某种贸易术语报价,而另一方要求按别的贸易术语报价,如将FOB价改报CFR价或CIF价,这就涉及价格的换算问题。作为外贸业务人员,一定要熟练掌握每种贸易术语代表的价格构成及不同价格的换算方法。

(一) 商品的价格构成

各种贸易术语所代表的价格构成都包括三部分:购货成本、费用和净利润。

购货成本是出口商品购进价。实际计算中应扣除出口退税收入。

费用是价格构成中最复杂的部分,通常包括国内费用和国外费用两部分。

资料卡

国内费用和国外费用的构成

1. 国内费用主要有:

(1) 加工整理费用;

(2) 包装费用;

(3) 保管费(包括仓租、火险等);

(4) 国内运输费用(仓至码头、车站、空港、集装箱货运站、集装箱堆场);

(5) 装船费(装船、起吊费和驳船费等)——采用FOB、CFR、CIF装运港交货术语时;拼箱费(如果货物构不成一整集装箱)——采用FCA、CPT、CIP货交承运人术语时;

(6) 证件费(包括商检费、公证费、领事签证费、产地证费、许可证费、报关单费等);

(7) 银行费用(贴现利息、手续费等);

(8) 预计损耗(耗损、短损、漏损、破损、变质等);

(9) 邮电费(电报、电传、邮件等费用)。

2. 国外费用主要有:

(1) 国外运费(自装运港至目的港的海上运输费用——装运港交货术语,自出口国起运地至国外目的地的运输费用——货交承运人术语);

(2) 国外保险费;

(3) 如果以含佣价成交,还应包括付给中间商的佣金。

想一想

国外费用的高低取决于什么？

净利润的大小往往根据商品、行业、市场需求以及企业的价格策略等因素来决定。与保险费、银行费用和佣金的计算不同，利润作为企业自己的收入，其核算的方法由企业自行决定，通常采用一定的百分比作为经营的利润率来核算。计算利润的基数，一般是出口成本，也有采用成交价格计算的。

1. FOB、CFR、CIF 三种贸易术语的价格构成

FOB 价＝购货成本价＋国内费用＋预期利润

CFR 价＝购货成本价＋国内费用＋国外运费＋预期利润

CIF 价＝购货成本价＋国内费用＋国外运费＋国外保险费＋预期利润

［例 2-5］某公司出口某种商品，购货成本为每台 165 元，出口各项费用共计每台 12.8 元，公司所定的利润率为 10%（出口成本为基础），对外报出的 FOB 价应为多少美元？（1 美元折 6.56 元人民币）

解：

FOB 价＝购货成本＋国内费用＋预期利润

$$=\frac{165+12.8+(165+12.8)\times 10\%}{6.56}$$

＝29.81（美元）

答：出口公司应报 FOB 价为每台 29.81 美元。

2. FCA、CPT、CIP 三种术语的价格构成

FCA、CPT、CIP 三种贸易术语，因采用的运输方式不同，所包含的费用也有所不同。

三种术语的价格构成：

FCA 价＝购货成本价＋国内费用＋预期利润

CPT 价＝购货成本价＋国内费用＋国外运费＋预期利润

CIP 价＝购货成本价＋国内费用＋国外运费＋国外保险费＋预期利润

（二）主要贸易术语的价格换算

从以上各种贸易术语的价格构成可知：

1. CIF 价

CIF 价＝CFR 价＋国外保险费（I）

＝FOB 价＋国外运费（F）＋国外保险费（I）

三种价格之间的换算为：

（1）已知 FOB 价时：

CFR 价＝FOB 价＋国外运费

$$\text{CIF 价}=\frac{\text{FOB 价}+\text{国外运费}}{1-\text{投保加成}\times\text{保险费率}}$$

（2）已知 CFR 价时：

FOB 价＝CFR 价－国外运费

$$\text{CIF 价}=\frac{\text{CFR}}{1-\text{投保加成}\times\text{保险费率}}$$

（3）已知 CIF 价时：

FOB 价=CIF 价×(1-投保加成×保险费率)-国外运费

CFR 价=CIF 价×(1-投保加成×保险费率)

资料卡

投保加成和投保加成率

保险金额（又称投保金额）是货物发生保险范围内的损失时，保险公司向被保险人赔付的最高金额。按保险市场的习惯做法，保险金额一般是按照 CIF 或 CIP 价值的 110% 计算，即在 CIF 或 CIP 金额上再加 10%。这 10%（一成）被称为“保险加成率”，主要作为买方的预期利润。110% 即所谓的“投保加成”。

[**例 2-6**] 我某公司出口货物 1 000 公吨，出口价格为每公吨 2 000 美元 CIF 纽约，现客户要求改报 FOB 上海价。已知该种货物每公吨出口运费为 150 美元，原报 CIF 价中，投保险别为一切险，保险费率为 1%，按 CIF 价的 110% 投保。求应报的 FOB 上海价。

FOB 价=CIF 价×(1-投保加成×保险费率)-运费

=2 000×(1-110%×1%)-150

=1 828(美元)

应报 FOB 上海价为每公吨 1 828 美元。

2. CIP 价

CIP 价=CPT 价+国外保险费

=FCA 价+国外运费+国外保险费

三种价格之间的换算为：

（1）已知 FCA 价时：

CPT 价=FCA 价+国外运费

$$\text{CIP 价}=\frac{\text{FCA 价}+\text{国外运费}}{1-\text{投保加成}\times\text{保险费率}}$$

（2）已知 CPT 价时：

FCA 价=CPT 价-国外运费

$$\text{CIP 价}=\frac{\text{CPT 价}}{1-\text{投保加成}\times\text{保险费率}}$$

（3）已知 CIP 价时：

FCA 价=CIP 价×(1-投保加成×保险费率)-国外运费

CPT 价=CIP 价×(1-投保加成×保险费率)

五、国际货物买卖合同中的价格条款及举例

国际货物买卖合同中的价格条款，一般包括单价和总值两部分。

(一) 国际货物买卖合同中的价格条款举例

1. 净价条款

例如:

单价:每公吨 97 英镑 CIF 哥本哈根

总值:14 550 英镑

Unit Price: at GBP 97 per metric ton CIF Copenhagen

Total Value: GBP 14,550 (Say Pounds Sterling Fourteen Thousand Five Hundred and Fifty Only)

2. 含佣价条款

例如:

(1) 单价:每箱 0.70 美元 FOB 天津含 2%佣金

总值:14 850 美元

Unit Price: at USD 0.70 per case FOB Tianjin including 2% commission

Total Value: USD 14,850 (Say US Dollars Fourteen Thousand Eight Hundred and Fifty Only)

(2) 单价:每公吨 1 000 元人民币 CIFC3%新加坡

总值:50 000 元人民币

Unit Price: at RMB(CNY)1,000 per M/T CIFC3% Singapore

Total Value: RMB(CNY)50,000

3. 含折扣价条款

例如:

(1) 单价:每件 45 美元 CIF 汉堡折扣 2%

总值:45 000 美元

Unit Price: at USD 45 per piece CIF Hamburg less 2% discount

Total Value: USD 45,000(Say US Dollars Forty-five Thousand Only)

(2) 单价:每码 1 000 日元 FOB 上海减 2%折扣

总值:556 000 日元

Unit Price: at JPY 1,000 per yard FOB Shanghai including 2% discount

Total Value: JPY 556,000(Say Japanese Yen Five Hundredand Fifty-Six Thousand Only)

(二) 规定价格条款时应注意的问题

(1) 合理确定商品的单价,防止偏高或偏低。

(2) 根据经营意图和实际情况,在权衡利弊的基础上选用适当的贸易术语。

(3) 争取选择有利的计价货币,以免遭受币值变动带来的风险。如采用了对我不利的计价货币,应争取订立外汇保值条款。

(4) 灵活运用各种不同的作价办法,以避免价格变动的风险。

(5) 参照国际贸易的习惯做法,注意佣金和折扣的运用。

(6) 如果货物品质和数量约定有一定的机动幅度,则对机动部分的作价也应一并规定。

(7) 如果包装材料和包装费用另行计算,对其计价方法也应一并规定。

(8) 单价中涉及的计价数量单位、计价货币、装卸地名称等必须书写正确、清楚,以利合同的履行。

复习与思考

一、问答题

1. 什么是贸易术语? 有什么作用?

2.《国际贸易术语解释通则 2020》是如何对贸易术语进行分类的?

3. 什么是象征性交货?

4. 什么是贸易术语的变形?

5.《国际贸易术语解释通则 2020》中 FOB、CFR、CIF 三种术语与 FCA、CPT、CIP 三种术语有什么异同?

6. 我国进出口作价的基本原则是什么?

二、做一做

(一) 判断题

1. 按 CIF Ex Ship's Hold 术语成交,买方应负担从装运港到目的港为止的费用和风险。(　　)

2. 在按 FOB 术语签订进口合同时,为了避免货物中途转船延误时间,造成货损货差,合同中应争取订明"不准转船"条款。(　　)

3. FCA、CPT、CIP 三种术语不仅适用于各种单一的运输方式,而且适用于多式联运。(　　)

4. 按 CIF/CIP 贸易术语成交,尽管价格中包括至指定目的港/目的地的运费和保险费,但卖方不承担货物必然到达目的港/目的地的责任。(　　)

5. 出口采用 FOB 或 CFR 贸易术语成交,即使买方已经向某保险公司投保一切险,但该保险公司对从出口企业仓库到装运港码头这一段的风险不予负责。(　　)

6. 采用 FOB、CFR、CIF 三种贸易术语成交时,货物在装运港装上船以后,风险即告转移。因此,当货物到达目的港后,买方如发现到货品质、数量或包装有任何与合同规定不符的情况,卖方概不负责。(　　)

7. 以 FCA 条件成交,卖方将货物交给承运人后,即履行完交货义务,出口报关等手续由买方办理。(　　)

8. 固定价格的作价方法明确具体,易于履行,因此在进出口业务中应争取采用固定作价。(　　)

9. 给予中间商佣金能提高其经营我方出口商品的积极性,佣金率越高效果越好,所以应尽量满足中间商对佣金率的要求。(　　)

10. 一日商和一美商同时向我某公司询购某商品，为体现公平原则，应对他们报同样的价格。（　　）

（二）选择题

1. CIF Landed 是指（　　）。

A. 卖方负担将货物卸到目的港岸上的费用

B. 买方负担将货物卸到目的港岸上的费用

C. 卖方负担将货物从舱底吊至船边卸离吊钩为止的费用

D. 卖方负担将货物卸到目的港岸上的风险

2. 卖方采用 CIF 出口散装小麦，卖方不愿承担任何卸货费用，则可采用（　　）。

A. CIF Ex Ship's Hold

B. CIF Landed

C. CIF Liner Terms

D. CIF Under Ship's Tackle

3. 就出口方承担的风险而言（　　）。

A. CIF 比 CFR 大

B. CFR 比 CIF 大

C. 两者相同

D. 两者不同

4. 以 CIF 汉堡条件成交，卖方应负担货物风险直到（　　）。

A. 船到汉堡港为止

B. 在汉堡港卸下货为止

C. 货物在装运港越过船舷为止

D. 货物在装运港装上船为止

5. 根据《国际贸易术语解释通则 2020》，表述错误的是（　　）。

A.《国际贸易术语解释通则 2020》将术语 DPU 修改为术语 DAT

B.《国际贸易术语解释通则 2020》将贸易术语分为两类，即适用于各种运输方式的术语和仅适用于水上运输方式的术语

C.《国际贸易术语解释通则 2020》也适用于国内运输

D.《国际贸易术语解释通则 2020》对 11 种贸易术语进行了解释

（三）算一算

1. 某外贸企业与英商达成一笔交易，合同规定我方出口某商品 500 公吨，每公吨 450 美元 CFRC2% 利物浦，海运运费每公吨 29 美元，出口收汇后出口企业向该英商汇付佣金，计算：

（1）该出口企业向中国银行购买支付佣金的美元共需多少人民币？

（2）该出口企业的外汇净收入为多少美元？

（1 美元＝6.4 元人民币）

2. 某出口公司向英国某进口商出口商品，对外报价为 FOBC2% 上海每箱 800 英镑，客户要求将佣金增至 5%。出口公司考虑后同意，但为使净收入不减少，价格应改报多少？

3. 某出口公司向新加坡某公司出售一批货物，出口总价为 10 万美元 CIF 新加坡，其中从

青岛港至新加坡的海运运费为 4 000 美元,保险按 CIF 总价的 110% 投保一切险,保险费率为 1%。这批货物的出口总成本为 72 万元人民币。结汇时,银行外汇买入价为 1 美元折合人民币 6.56 元。试计算这笔交易的换汇成本和盈亏率。

4. 出口箱装货物一批,报价为每箱 35 美元 FOB 青岛,客户要求改报 CIF 伦敦价。已知该货至伦敦的海运费为每箱 5 美元,按 CIF 金额的 110% 投保海运一切险,费率为 0.8%。求应报的 CIF 价。

(四) 操作题

1. 下列我方出口单价的写法是否准确? 如有错误或不完整,请更正或补充。

(1) 每码 3.50 元 CIF 香港;

(2) 每箱 500 英镑 CFR 英国;

(3) 每吨 1 000 美元 FOB 伦敦;

(4) 每打 100 法国法郎 CFR 净价含 2% 佣金;

(5) 1 000 美元 CIF 上海减 1% 折扣;

(6) 每桶 50 英镑 CFR 维也纳。

2. 试草拟合同中的价格条款各一则:

(1) 净价;

(2) 含佣价;

(3) 含折扣价。

3. 山东某市乡镇企业宏发公司与韩国一进口商订立了长期供应某种蘑菇的合同,合同中规定,每到交货时间,由进口方指派的承运人前来该企业所在地收取货物,宏发公司只负责在规定时间按规定方式将蘑菇包装好即可。该种蘑菇每箱价格为 50 元人民币,请你为该企业拟一则单价条款。

4. 某公司以 CFR 条件向国外出口一批货物,程租船运输。国外买方所在的目的港(维多利亚港)费用较高,我方不愿承担卸货费用。已知该批出口货物每公吨 CFR 价格 500 美元,请代该公司拟一单价条款。

三、案例分析

1. CIF 合同性质争议案

【案情】2019 年 1 月,我国某一进口商与东南亚某国以 CIF 条件签订合同进口香米,由于考虑到海上运输距离较近,且运输时间段海上一般风平浪静,于是卖方在没有办理海上货运保险的情况下将货物运至我国某一目的港口,适逢国内香米价格下跌,我国进口商便以出口方没有办理货运保险,卖方提交的单据不全为由,拒收货物和拒付货款。

【问题】请问我方的要求是否合理,此案应如何处理?

2. FCA 交货是否延迟争议案

【案情】我国某出口企业按 FCA Shanghai Airport 条件向印度某进口商出口手表一批,货价 5 万美元,交货期为 8 月,自上海空运至孟买。支付条件为:买方凭航空公司空运到货通知即期全额电汇货款。我国出口企业于 8 月 31 日将货物运至机场交由航空公司收货并出具了航空运单。我方随即向印度买方发去装运通知。航空公司于 9 月 2 日将货空运至孟买,并将到货通知等有关单据送至孟买某银行,该银行立即通知印商前来收取单据并电汇货款。此时,国际市场手表价格下跌,印商以我方交货延迟为由拒绝付款提货。我方则坚持对方必须立即付款。双方争执不下。

【问题】我出口企业交货是否延迟？买方应否付款？为什么？

3. FOB 租船订舱争议案

【案情】我方进口商以 FOB 条件从巴西进口橡胶，但是我方由于租船困难，不能在合同规定的时间内到装运港接运货物，从而出现了较长时期的货等船现象，于是巴西方面要求撤销合同并向我方进口商提出赔偿损失的要求。

案例解析

【问题】巴西出口商的做法是否合理？说明理由。

四、活动建议

1. 将学生分为两组，一组为卖方，另一组为买方，给出基本的成本、出口运费、出口保险费等条件，让两组学生运用不同的贸易术语，在不同的条件下进行讨价还价练习（条件设置尽量多变化，如出口地点的变化、行情变化、货币汇率变化和数量变化等）。

2. 浏览中华人民共和国商务部商品价格网（http://price.mofcom.gov.cn），了解国际市场主要商品价格并关注商品的行情变化。

第三章

国际货物运输

【导读】

国际货物运输是随着国际贸易的发展而发展的，它是国际贸易的一个重要组成部分。国际货物运输不同于国内运输，它具有线长面广、中间环节多、情况复杂多变和风险大等特点。为了多快好省地完成进出口货物运输任务，买卖双方在订立国际货物买卖合同时，必须合理地选用运输方式，订好买卖合同中的各项条款，正确缮制和运用单据，并掌握与此有关的运输基本知识。树立全球观，遵守国际货物运输的国际公约、惯例和相关法律规范。居安思危，增强风险意识，采取有效措施防范国际货物运输风险，抵御国际货物运输中欺诈行为。

本章的学习要求：

1. 了解国际货物运输的种类及特点；
2. 掌握提单的种类及作用；
3. 了解海洋运输的形式；
4. 掌握合同中装运条款的主要内容及规定方法；
5. 能正确计算运费。

第一节　海洋运输

一、海洋运输的特点

在国际货物运输中，运用最广泛的是海洋运输（Ocean Transport），其运量在国际货物运输总量中占有80%以上。海洋运输之所以被如此广泛采用，是因为它与其他国际货物运输方式相比，主要特点如下：

（1）通过能力大。海洋运输可以利用四通八达的天然航道，它不像火车、汽车受轨道和道路的限制。

（2）运量大。海洋运输船舶的运载能力，远远大于铁路运输车辆和公路运输车辆。如一艘万吨船舶的载重量，一般相当于250~300个车皮的载重量。

（3）运费低。海运运量大，航程远，分摊于每货运吨的运输成本较少。

海洋运输也存在不足之处。如易受气候和自然条件的影响，风险较大，运输的速度相对较慢。

海洋运输按照船舶经营方式的不同，可分为班轮运输（Liner Transport）和租船运输（Charter Transport）。

二、班轮运输

（一）班轮运输的定义和特点

班轮运输又称定期船运输，是指船舶在特定的航线上和固定的港口之间按事先公布的船期表和运费率往返航行，从事客货运输业务的一种运输方式。

班轮运输的特点如下：

（1）“四固定”。固定的船期表（Sailing Schedule）、固定的航线、固定的港口和相对固定的运费率。

（2）由船方负责配载装卸，装卸费包括在运费中，货方不再另付装卸费，船货双方也不计算滞期费和速遣费。

（3）船货双方权利、义务与责任豁免，以船方签发的提单条款为依据。

小知识

班轮承运货物的品种、数量比较灵活，货运质量较有保证。因此，少量货物或杂货，通常使用班轮运输。

（二）班轮运费的计收标准

班轮运费（Freight）是指班轮承运人完成货物运输后，从托运人那里取得的报酬。

班轮运费的计收标准，根据不同商品，通常采用下列几种：

（1）按毛重计收运费，被称为重量吨（Weight Ton），并以公吨作为运费计算单位，运价表内用“W”表示。

（2）按货物的体积/容积计收，被称为尺码吨（Measurement Ton），并以立方米作为运费的计算单位，运价表中用“M”表示。

（3）按重量或体积计收，由船公司选择其中收费较高的作为计费标准，运价表中以“W/M”表示。按此计价时，应以积载系数确定其是重货还是轻货，积载系数是用货物的毛重与体积的比例数来确定的。若积载系数大于1的为重货，将按重量计收；反之，则为轻货，将按体积计收。

（4）按商品价格计收，被称为从价运费，运价表内用“A. V”或“Ad.Val”表示。从价运费一般按货物的FOB价格的百分之几收取。

（5）按货物的件数计收，一般只对包装固定、包装内的数量和重量、体积也是固定不变的货物，按每箱、每捆或每件等特定的运费额计收。

（6）货主和船公司临时议定，这种方法通常是在承运粮食、豆类、矿石、煤炭等运量大、货价较低、装卸容易、装卸速度快的农副产品和矿产品时采用。

（三）班轮运费的计算

班轮运费由基本运费和附加费构成。

基本运费是指班轮公司为一般货物在航线上各基本港口间进行运输所规定的运价。基本运费是全程运费的主要部分。

附加费是指班轮公司承运一些需要特殊处理的货物，或者由于燃油、货物及港口等原因收取的附加运费。班轮运费中的附加费名目繁多，其中常见的包括：超长附加费、超重附加费、选择卸货港附加费、转船附加费和直航附加费等。上述基本运费和各种附加费，均按班轮运价表计算。

班轮运费的计算公式：

运费=基本运费+附加费=运费吨×基本运费率×（1+附加费率）

［例 3-1］ 从我国大连运往某港口一批货物，计收运费标准 W/M 共 200 箱，每箱毛重 25 千克，每箱长 49 厘米、宽 32 厘米、高 19 厘米，基本运费为每运费吨 60 美元，特殊燃油附加费率为 5%，港口拥挤费率为 10%，试计算 200 箱应付多少运费？

解：W=25 千克=0.025 运费吨

M=0.49×0.32×0.19 立方米=0.029 792 运费吨

因为 M>W

所以采用 M 计费

运费=基本运费×（1+附加费率）×运费吨

=60×（1+5%+10%）×（200×0.029 792）

= 60×115%×5.958 4

=411（美元）

答：200 箱应付运费 411 美元。

三、租船运输

（一）租船运输的定义和特点

租船运输又称为不定期船运输，是指船舶所有人为了赚取运费，把船舶按照事先商定的条件，租给租船人，租船人支付租金，以完成特定的海上货运任务。它与班轮运输不同：没有预订的船期表，航线和固定的停靠港口。须依据船舶所有人和承租人双方签订的租船合同安排船舶就航的航线。因此船舶就航的航线、运输货物的种类、航行时间等都按承租人的要求，由船舶所有人确认而定，运费或租金也由双方根据租船市场在租船合同中加以约定。租船运输通常适用于大宗货物的运输。

（二）租船运输的方式

1. 定程租船（Voyage Charter）

定程租船又称航次租船，是指由船舶所有人负责提供船舶，在指定港口之间进行一个航次或数个航次，承运指定货物的租船运输。

2. 定期租船(Time Charter)

定期租船是指船舶所有人将船舶出租给承租人，供其使用一定时期的租船运输，承租人也可将此船充作班轮或程租船使用。

3. 光船租船(Bareboat Charter)

光船租船是指船舶所有人将空船出租给承租人，供其使用一定时期的租船运输。承租人必须自己任命船长，配备船员，负责船上给养和船的营运管理。承租人也可将此船充作班轮或程租船使用。

> **小知识**
>
> 租船运输通常适用于大宗货物的运输，因此，我国大宗货物的进出口通常采用租船运输方式。使用较多的租船方式是定程租船。定程租船的运费计算方式与支付时间及装卸费用的负担，均由货方与船方在租船合同中约定。在定程租船合同中，有关货物装卸费用的负担，通常有下列五种规定方法：
>
> A. 船方不管装费，管卸费。F. I. (Free In)。
>
> B. 船方不管卸费，管装费。F. O. (Free Out)。
>
> C. 船方不管装卸费。F. I. O. (Free In & Out)。
>
> D. 船方不管装卸费、理舱费和平舱费。F. I. O. S. T. (Free In & Out, Stowed & Trimmed)。
>
> E. 船方负担装卸费用，与班轮一样，故也可称班轮条件(Liner Terms)。

（三）海运的主要航线和港口

1. 海运航线

海运航线即船舶的运输路线，按船舶的营运方式不同可分为定期航线和不定期航线，按航程远近不同可分为远洋航线、近洋航线和沿海航线。国际贸易中，各国的货物运输所使用的主要海上航线有：

(1) 北大西洋航线。北大西洋航线是北美与西欧间的航线，因横跨大西洋北部而得名，该航线西起北美的东部海岸，北经由纽芬兰横跨大西洋英吉利海峡至西欧，其支线散布于欧、美两岸。该航线连接世界两个工业最发达的地区（美国、西欧），是世界上最繁忙的货运航线之一。

(2) 北太平洋航线。北太平洋航线是北美西海岸与远东、东南亚之间的航线，因横跨太平洋北部而得名。航线的东端为北美港口，南起美国的圣地亚哥港，北至加拿大的鲁伯特太子港；航线西端为亚洲港口，北起日本的横滨港，中经中国上海港，南至菲律宾的马尼拉港。由于该航线西端地区经济的迅速发展，两岸之间的贸易往来不断增长，货运量显著增加。该航线经由巴拿马运河，可与美洲东岸各港口乃至西欧的北大西洋航线相接。

(3) 苏伊士运河航线。苏伊士运河航线是连接亚洲与欧洲的航线，因通过苏伊士运河而得名，又称为亚欧航线。该航线西起西欧、南欧各港，经直布罗陀海峡入地中海，通过苏伊士运河入红海，再进入印度洋，分为两路。东至远东各港口，为欧、亚间的主要航线；南至澳大利亚各港口，为欧、澳间的主要航线。苏伊士运河位于埃及的东北部，是世界少有的无闸运河，也是世界第一大运河，1869 年通航，全长 161. 6 千米，大大缩短了欧洲至亚洲的航程。

(4) 巴拿马运河航线。巴拿马运河航线是连接太平洋与大西洋之间各港口的航线。巴拿马运河位于巴拿马共和国中部地区，也是世界第二大运河，1914 年通航。全长 81. 3 千米。运河的通航大大缩短了太平洋与大西洋之间的航程，每年通过运河的船舶约 1. 5 万艘次，货运量约 1. 8 亿吨。

(5) 基尔运河航线。基尔运河航线是沟通北海和波罗的海的航线，基尔运河位于德国东北部的日德兰半岛南部，东起波罗的海的基尔湾，西至北海的易北河口，1895 年通航，全长 98.7 千米，大大缩短了波罗的海沿岸港口至北海之间的距离。

（6）南非航线。南非航线是由西欧、北美经好望角至印度洋，乃至远东或澳新地区的航线，是最早联系东西方的航线，也是世界上最古老的航线之一。该航线曾因苏伊士运河通航而运量大减，后因非洲各国在第二次世界大战后纷纷独立，开发腹地，发展经济，加之大型油轮的出现，使之仍为来自中东大型油轮的主要航线。

（7）南大西洋航线。南大西洋航线是连接南美东海岸至欧洲的航线。

（8）南太平洋航线。南太平洋航线是北美西海岸各港口跨越太平洋至澳大利亚、新西兰的航线。

（9）加勒比海航线。加勒比海航线是环行于墨西哥湾与加勒比海的航线。

我国地域辽阔，海岸线较长，优良港较多，对外贸易的货物 80% 以上使用海上运输方式。我国对外贸易货物运输所使用的主要航线有 26 条，其中远洋地区有 12 条，近洋地区有 14 条。

（1）远洋航线。① 阿尔巴尼亚航线；② 罗马尼亚航线；③ 东非航线，包括自索马里以南的非洲东岸和马达加斯加、毛里求斯各港口；④ 西非航线，包括直布罗陀以南的非洲西海岸各港口；⑤ 红海航线，包括自亚丁和吉布提以西至苏伊士港的红海沿岸各港口；⑥ 地中海航线，包括除阿尔巴尼亚、罗马尼亚以外的地中海、黑海沿岸和马耳他、塞浦路斯各港口；⑦ 西北欧航线，包括自直布罗陀以北的欧洲大西洋沿岸和英国、爱尔兰及冰岛等各港口；⑧ 中南美航线，包括自墨西哥以南的中、南美洲各港口；⑨ 加拿大西岸航线；⑩ 加拿大东岸航线；⑪ 美国东岸航线；⑫ 美国西岸航线。

（2）近洋航线。① 俄罗斯航线，指俄罗斯远东地区航线；② 朝鲜航线；③ 日本航线；④ 港澳航线；⑤ 越南航线；⑥ 暹罗湾航线，包括泰国、柬埔寨各港口；⑦ 菲律宾航线；⑧ 新马航线，包括新加坡、马来西亚各港口；⑨ 印度尼西亚航线；⑩ 北加里曼丹航线，包括沙加、沙捞越、文莱各港口；⑪ 斯里兰卡航线；⑫ 澳大利亚、新西兰航线，包括澳大利亚、新西兰、巴布亚新几内亚和大洋洲各岛屿的港口；⑬ 孟加拉湾航线，包括印度东海岸、孟加拉国和缅甸各港口；⑭ 波斯湾航线（又称阿拉伯湾航线），包括巴基斯坦、印度西海岸和波斯湾沿岸各港口。

2. 主要的港口

港口是货物进出口的门户，是海陆交通最重要的枢纽。

在世界众多的港口中，用于国际贸易的港口约有 2 500 多个。港口的规模是用吞吐量衡量的，年吞吐量曾超过 1 亿吨（不含石油输出港）的港口有鹿特丹、安特卫普、马赛、纽约、新奥尔良、新加坡、千叶、神户、横滨、名古屋、香港、高雄、上海、广州、宁波、大连等。年吞吐量曾超过 1 000 万吨的港口约 100 多个，其中的 80% 以上集中在发达国家，以输出工业品和进口原料、燃料为主。发展中国家的港口多以输出原料、燃料和输入工业品为主。从航运的区域来看，各航区的主要港口有：

（1）大西洋航区的主要港口。大西洋航区的主要港口有：圣彼得堡（俄），赫尔辛基（芬），斯德哥尔摩、哥德堡（瑞典），格但斯克（波），哥本哈根（丹），奥斯陆（挪），罗斯托克、汉堡、不来梅（德），鹿特丹、阿姆斯特丹（荷），安特卫普（比），伦敦、利物浦（英），敦刻尔克、勒阿弗尔（法），毕尔巴鄂（西），里斯本（葡），达尔贝达（摩），达喀尔（塞内加尔），蒙多维亚（利比里亚），拉格斯（尼日利亚），黑角（刚），开普敦（南非），马拉开波（委），坦皮科、韦腊克鲁斯（墨），哈瓦那(古),金斯敦(牙),科隆(巴拿马),桑托斯、里约热内卢(巴西),蒙得维的亚(乌),布宜诺斯艾利斯(阿根廷),休斯敦、新奥尔良、巴尔的摩、费城、纽约、波士顿(美),蒙特利尔、魁北克和哈利法克斯(加)等。

(2) 太平洋航区的主要港口。太平洋航区的主要港口有:神户、千叶、横滨、名古屋、川崎、大阪、东京、北九州(日),纳霍德卡、东方港(俄),清津(朝),釜山、仁川(韩),上海、秦皇岛、大连、天津、广州、高雄、基隆、香港(中),新加坡(新),曼谷(泰),马尼拉(菲),丹戎不录、苏腊巴亚(印尼),悉尼、布里斯班、弗里曼特尔、墨尔本(澳),惠灵顿、奥克兰(新),苏瓦(斐),帕皮提(社会群岛),关岛、火奴鲁鲁、洛杉矶、长滩、旧金山、奥克兰、西雅图(美),温哥华、鲁珀特港(加),马萨特兰(墨),卡亚俄(秘),瓦尔帕莱索(智)等。

(3) 印度洋航区的主要港口。印度洋航区的主要港口有:卡拉奇(巴),孟买、加尔各答、马德拉斯(印),吉大港(孟),科伦坡(斯),路易港(毛),亚丁(也),阿巴丹、哈尔克(伊),巴士拉(伊拉克),艾哈迈迪(科),拉斯坦努拉、吉达(沙特),迪拜(阿联酋),苏丹港(苏),吉布提港(吉),摩加迪沙(索),蒙巴萨(肯),达累斯萨拉姆(坦),马普托(莫),德班(南非)等。

(4) 地中海、黑海沿岸的主要港口。地中海、黑海沿岸的主要港口有:伊斯坦布尔(土),敖德萨(乌),康斯坦察(罗),瓦尔纳(保),比雷埃夫斯(希),里耶卡(克罗地亚),的里雅斯特、威尼斯、那不勒斯、热那亚(意),马赛(法),巴塞罗那(西),阿尔及尔(阿),的黎波里(利),亚历山大、塞得港(埃)等。

(5) 北冰洋航线的主要港口。北冰洋的主要港口有摩尔曼斯克(俄)和雷克雅未克(冰)等。

(6) 波斯湾战略要地的重要港口。波斯湾咽喉附近具有重要战略意义的港口是瓜达尔港,该港口位于巴基斯坦西南俾路兹斯坦省瓜德尔市,是深水港。瓜达尔港东距巴基斯坦第一大城市卡拉奇约460千米,西距巴基斯坦—伊朗边境约120千米,南临印度洋的阿拉伯海,距离全球石油供应的主要通道——霍尔木兹海峡大约400千米。

瓜达尔港是巴基斯坦第三大港口,可以作为东亚国家转口贸易及中亚内陆国家出海口。该港口紧扼从非洲、欧洲经红海、霍尔木兹海峡、波斯湾通往东亚、太平洋地区数条海上重要航线的咽喉,是波斯湾的战略要地。

3. 中国的主要港口

(1) 2020年,中国大陆港口货物吞吐量排名前十位的港口依次是宁波舟山港、唐山港、上海港、广州港、青岛港、苏州港、天津港、日照港、烟台港、镇江港。

(2) 2020年,中国大陆港口集装箱货运吞吐量排名前十位的港口依次是上海港、宁波舟山港、深圳港、广州港、青岛港、天津港、厦门港、苏州港、营口港和大连港。

第二节　其他运输方式

在国际贸易货物运输中,涉及的运输方式很多,除了海洋运输,还有铁路运输、航空运输、邮包运输以及各种运输方式组成的联合运输等。现将我国常用的几种方式简略介绍。

一、铁路运输

铁路运输是指利用铁路进行进出口货物运输的一种方式，货运量仅次于海洋运输方式。铁路运输一般不受气候条件的影响，运量大、速度快，有高度的连续性，运转过程中可能遭受的风险小，货运手续比较简单。

> **看世界**
>
> 目前，我国对朝鲜、独联体国家的大部分进出口货物及东欧、西欧一些国家的小部分进出口货物都是利用国际铁路联运的方式运送的。在1992年，东起我国连云港，途经陇海、兰新、北疆铁路进入独联体直达荷兰鹿特丹的新亚欧大陆桥运输的正式营运，更进一步加快了货运速度，节省了运杂费用，进一步促进了我国对外贸易的发展。

铁路运输按营运方式不同，分为国际铁路联运和国内铁路运输两种。

（一）国际铁路货物联运

国际铁路货物联运是指凡是使用一份统一的国际联运票据，由铁路负责经过两国或两国以上铁路的全程运送，由一国铁路向另一国铁路移交货物时，无须发货人和收货人参加的运输方式。

采用国际铁路货物联运，有关当事国事先必须要有书面约定。《国际铁路货物运送公约》（下文简称《国际货约》）和《国际铁路货物联运协定》（下文简称《国际货协》）是有关国际铁路货物联运的两大公约。参加《国际货约》的国家有：德国、奥地利、比利时、丹麦、西班牙、法国、希腊、意大利、列支敦士登、卢森堡、挪威、荷兰、葡萄牙、英国、瑞典、瑞士、土耳其、保加利亚、匈牙利、波兰、罗马尼亚、前捷克斯洛伐克和南斯拉夫等。参加《国际货协》的主要国家有：中国、朝鲜、蒙古国、越南、苏联等。参加《国际货协》国家的进出口货物，可以通过铁路转送到参加《国际货约》的国家。

（二）国内铁路运输

国内铁路运输是指仅在本国范围内按国内铁路货物运输规程的规定办理的货物运输。我国出口货物经铁路运至港口装船及进口货物卸船后经铁路运往各地，均属国内铁路运输的范畴。

对港澳地区的铁路运输

二、航空运输

航空运输（Air Transport）是一种现代化的运输方式，具有运输速度快、货运质量高、不受地面条件的限制等优点。因此，它最适宜运送急需物资、鲜活商品、精密仪器和贵重物品。近年来，采用空运方式日趋普遍。目前，我国的进出口商品按不同的需要，主要采用下述几种空运方式。

（一）班机运输

班机是指在固定时间、固定航线、固定始发站和目的站运输的飞机。班机一般采用客货混合型飞机。一些大的航空公司有的会开辟定期全货机航班。班机因有定时、定航线、定站等特点，适用于运送急需物品、鲜活商品以及时令性商品。

(二)包机运输

包机是指租整架飞机或由几个发货人或航空货运代理公司联合包租一架飞机来运送货物。因此,包机又分为整包机和部分包机两种形式。前者适用于运送数量较大的商品;后者适用于多个发货人,但货物到达站又是同一地点的货物运输。

(三)集中托运

集中托运是指航空货运公司把若干单独发运的货物(每一位货主货物要出具一份航空运单)组成一整批货物,用一份总运单(附分运单)整批发运到预定目的地,由航空货运公司在那里的代理人收货、报送、分拨后交给实际收货人。集中托运的运价比国际空运协会公布的班机运价要低一些。因此发货人比较愿意将货物交给航空货运公司安排。

(四)急件专递

急件专递是目前航空运输中最快捷的方式,它由专门经营此项业务的部门和航空公司合作,以最迅速的方式传送急件。如急需药品、图纸资料、货样单证以及文件合同等小物品。

三、邮包运输

邮包运输(Parcel Post Transport)是一种较简便的运输方式。各国邮政部门之间订有协定和公约,通过这些协定和公约,各国的邮件包裹可以相互传递,从而形成国际邮包运输网。由于国际邮包运输具有国际多式联运和“门到门”运输的性质,手续简便,费用不高,现已成为国际贸易中普遍采用的运输方式之一。

小知识

邮包运输包括普通邮包和航空邮包两种。国际邮包运输,对邮包的重量和体积均有限制,如每包裹重不超过20千克,长度不得超过1米。因此,邮包运输只适用于量轻、体小的货物,如精密仪器、机器零部件、药品、金银首饰、样品等零星物品。

四、集装箱运输

集装箱运输(Container Transport)是以集装箱作为运输单位进行货物运输的现代化运输方式,是成组运输的一种高级运输形式,也是国际贸易货物运输高度发展的必然产物。目前已成为国际上普遍采用的一种重要的运输方式。集装箱运输(Container Transport)是以集装箱为运输单位进行运输的一种现代化的先进的运输方式,它可适用于各种运输方式的单独运输和不同运输方式的联合运输。

集装箱货物托运单

集装箱原本是货物运输的一种辅助设备。按照国际标准化组织104技术委员会(International Organization for Standardization Technical Committee 104, IOS/TC 104)的规定,集装箱应具备下列条件:

(1)能长期反复使用,具有足够的强度。

(2)途中转运,不动容器内的货物,可直接换装。

(3)能快速装卸,并能从一种运输工具直接和方便地换装到另一种运输工具。

(4)便于货物的装满和卸空。

(5)具有1立方米及其以上的容积。

为了适应不同货物的需要，集装箱可设计成各种不同类型，如干货集装箱、冷藏集装箱、挂式集装箱、开盖集装箱、框架集装箱、牲畜集装箱、罐状集装箱和平台集装箱等。目前，各国采用的集装箱规格，大多以国际标准化组织所制定的规格为依据，该组织在1970年制定的通用标准规格共有13种，其中应用最广的有4种，即8′×8.8′×40′（英尺）、8′×8′×40′、8′×8′×20′和8′×8.6′×20′。集装箱运输的货物有整箱货（Full Container Load，FCL）和拼箱货（Less than Container Load，LCL）两种装箱方式。整箱货可由发货人在工厂或仓库自行装箱，也可由承运人代为装箱，直接送往集装箱堆场（Container Yard，CY）等待装运。承运人也可在内陆货运站（Inland Depot）接箱。拼箱货则由发货人将货物送交集装箱货运站（Container Freight Station，CFS）或港口外的内陆货运站，由承运人负责装箱。运到目的港后，整箱货由收货人直接提走，拼箱货则由承运人在目的港的集装箱货运站或港口外的内陆货运站开箱后分拨给各收货人。

集装箱运输货物的交接，可以在起运港和目的港之间进行，即采用“港到港”（Port to Port）方式；也可以在发货人和收货人的工厂和仓库之间进行，即采用“门到门”（Door to Door）方式。

集装箱运输的优点很多，主要是加速货物装卸，提高港口吞吐能力，加速船舶周转，减少货损货差，节省包装材料，减少运杂费用，降低营运成本，简化货运手续和便利货物运输等。集装箱运输是运输方式上的一大革命，它的出现和被广泛运用，不仅改变了传统的运输方式，而且对贸易做法以至国际贸易惯例都产生了影响。

集装箱运输的海运运费由船舶运费和有关杂费组成，其计收方法基本上有两种：一是按件杂货基本费率加附加费计算，即按每运费吨为计费单位再加收一定的附加费；二是按包箱费率，即按每个集装箱作为一个计费单位。包箱费率因不同的船公司和航线等因素而不同，在包箱费率中有的不规定货种和箱容利用程度，有的则规定最低的箱容数，有的还规定所装货物的等级线，超过规定等级的，按实际等级计费。有的轮船公司还有最低运费的规定。对拼箱货的最低运费规定与班轮运输中的规定基本相同；对整箱货，如由货主自行装箱而箱内所装货物未达规定最低计费标准时，其亏舱损失由货主负担。因此，在实际操作时，提高积载技术，充分利用箱容空间，至关重要。

五、国际多式联运

国际多式联运（International Multimodal Transport）是指在集装箱运输的基础上产生和发展起来的一种综合性的连贯运输方式。它一般是以集装箱为媒介，把海、陆、空各种传统的单一运输方式有机地结合起来，组成一种国际间的连贯运输。这种联合运输方式根据《联合国国际货物多式联运公约》规定，需具备下列几个条件：

（1）必须有一个多式联运合同。

（2）必须使用一份包括全程的多式联运单据。

（3）必须是国际间的货物运输。

（4）必须至少是两种不同运输方式的连贯运输。

（5）必须由一个联运经营人对全程运输负责。

（6）必须是全程单一的运费费率。

> **小知识**
>
> 开展国际多式联运是实现“门到门”运输的有效途径，它简化了手续，减少了中间环节，加快了货运速度，降低了运输成本，并提高了货运质量。

六、陆桥运输

（一）大陆桥运输

大陆桥运输（Land Bridge Transport）是指使用横贯大陆的铁路或公路运输系统作为中间桥梁，把大陆两端的海洋运输连接起来的连贯运输方式。即在海洋运输的全过程中，插入一段横贯大陆的运输，从形式上看，是海—陆—海的连贯运输。

目前世界上最主要的大陆桥有美国大陆桥、加拿大大陆桥，这两条是平行的，统称为北美大陆桥，另一条是连接太平洋和大西洋、波罗的海以及黑海的西伯利亚大陆桥，因地跨欧亚两洲又称为欧亚大陆桥。此外，1992 年，东起我国连云港，途经陇海、兰新、北疆铁路进入独联体直达荷兰鹿特丹的第二条亚欧大陆桥运输正式开通。大陆桥的使用，节省了运杂费，加快了货运速度，促进了我国对外贸易的发展。

（二）小陆桥运输

小陆桥运输是在美国大陆桥运输开始萎缩后产生的，其具体做法是把货物由远东运至美国西海岸港口，再以铁路或公路运至美国东海岸港口或墨西哥湾靠近最后目的地的港口，卸车后再转运至目的地。这种运输由于不必通过巴拿马运河，所以可缩短运输时间。小陆桥运输全程使用一张海运提单，由海运承运人支付陆上运费，由美国东海岸或墨西哥湾港口转运至目的地的运费由收货人负担。

（三）微型陆桥运输

微型陆桥运输是在小陆桥运输的基础上派生出来的，其运输路线较之小陆桥运输又有缩短。其具体路线是把从远东各地到美国中部内陆城市的货物，先装船运至美国西海岸港口，卸船后以陆运方式直接运至美国内陆城市。它比小陆桥运输方式费用更省，运输时间更短。微型陆桥运输全程也使用一张海运提单，铁路运费也由海运承运人支付。微型陆桥运输与小陆桥运输的区别在于铁路运费，包括由东岸港口或墨西哥湾至最终目的地的运费由承运人负责，而后者对由港口或墨西哥湾至最终目的地的运费由收货人承担。

七、OCP 运输

OCP 是 Overland Common Points 的缩写，是指享受优惠费率并通过陆运可抵达的内陆地区。根据美国运费率规定，内陆地区是以美国西部 9 个州为界，也就是以落基山脉为界，其以东地区为内陆地区范围。按 OCP 运输条款达成的交易，出口商不仅可享受美国内陆运输的优惠费率，而且也可以享受 OCP 海运的优惠费率。加拿大受美国的影响也划有 OCP 地区和类似的运费优惠办法，因此，对美国和加拿大贸易中，采用 OCP 运输条款，对进出口双方均有利。不过，在采用时必须注意：

OCP 运输是一种特殊的国际运输方式。它虽然由海运、陆运两种运输形式来完成，但它并不是也不属于国际多式联运。国际多式联运是由一个承运人负责的自始至终的全程运输；而 OCP 运输，海运、陆运段分别由两个承运人签发单据，运输与责任风险也是分段负责。

在使用 OCP 运输时，须注意：

（1）在成交时应在运输条款中明确“自×××（装运港）至×××（美国或加拿大西部港口）OCP×××（内陆地点）”（Shipment from ××× to ××× OCP×××）。

(2) 在装货单和提单的卸货港一栏中须注明“OCP”字样,并在货物内容一栏内标明内陆地点。例如卸货港:温哥华(Vancouver),在货物一栏内打上“转至蒙特利尔”(Intransit to Montreal)。

(3) 在货物包装的运输唛头中也应在卸货港一项内刷注“OCP”字样,并将卸货港和最终目的地同时列明。例如“温哥华 OCP 蒙特利尔”(Vancouver OCP Montreal)。

想一想 一加拿大商人欲以价格每公吨 800 加元 CIF 魁北克,12 月装船,即期信用证付款的条件购买我方某商品。对此条件应如何考虑并回复?

八、中欧班列

中欧班列(China Railway Express,CR Express)是由中国铁路总公司组织,按照固定车次、线路、班期和全程运行时刻开行,运行于中国与欧洲以及“一带一路”沿线国家间的集装箱国际铁路联运列车。中欧班列运距短、速度快、安全快捷、绿色环保、受自然环境影响小,是国际陆路运输的重要方式。

(一)中欧班列发展历程

中欧班列自 2011 年 3 月 19 日开始运行,首列中欧班列由重庆开往德国杜伊斯堡,当时称作“渝新欧”国际铁路,但是推进过程很艰难。2013 年中国提出“一带一路”倡议后,沿线各国才真正联通起来。截至 2014 年 8 月 13 日,国内各城市共开行中欧班列 249 列,其中 2014 年共开行 110 列。

中国铁路总公司 2014 年 8 月 14 日在重庆举行了首届中欧班列国内协调会议,会议颁布了《中欧班列组织管理暂行办法》,签署了《关于建立中欧班列国内运输协调会备忘录》,明确了下一步做好铺划全程运行图、开展全程优惠价格谈判、做好回程货源组织、推动国际联运运输邮政专用品等事宜。2014 年 12 月 16 日,由中国铁路集装箱总公司主办的中欧班列第二次国内运输协调会在郑州召开,就中欧班列的开通运行、量价捆绑、中转集结等问题展开深入探讨。两次协调会议推进了中欧班列快速发展。

2016 年,中欧班列统一品牌,开行数量迅速增长,开行质量不断提升;2017 年开行 3 673 列,同比增长 116%,超过过去 6 年的总和;2018 年开行 6 300 列,超过此前 6 年累计开行数量的总和;2019 年的开行总量是 8 225 列;2020 年中欧班列安全顺畅稳定运行,全年开行中欧班列 1.24 万列、发送 113.5 万标箱,同比分别增长 50%、56%,综合重箱率达 98.4%,年度开行数量首次突破 1 万列,单月开行均稳定在 1 000 列以上。

(二)中欧班列运行线路

在“一带一路”倡议下,为了开展与沿线国家的经贸合作,我国铺划了中欧班列运行西、中、东三条通道。西部通道由我国中西部地区经以下途径:一是由新疆阿拉山口(霍尔果斯)口岸出境,经哈萨克斯坦与俄罗斯西伯利亚铁路相连,途经白俄罗斯、波兰、德国等,通达欧洲其他各国;二是由新疆阿拉山口(霍尔果斯)口岸出境,经哈萨克斯坦、土库曼斯坦、伊朗、土耳其等国,或经哈萨克斯坦跨里海,进入阿塞拜疆、格鲁吉亚、保加利亚等国,通达欧洲各国;三是由吐尔尕特(伊尔克什坦),与规划中的中吉乌铁路等连接,通向吉尔吉斯斯坦、乌兹别克斯坦、土库曼斯坦、伊朗、土耳其等国，通达欧洲各国。中部通道由我国华北地区经内蒙古二连浩特口岸出境，途经蒙古国与俄罗斯西伯利亚铁路相连，通达欧洲各国。东部通道由我国东南部沿海地区经满洲里（绥芬河）口岸出境，接入俄罗斯西伯利亚铁路，通达欧洲各国。

目前，在西、中、东三条通道中，中欧班列运行线路包括：中欧班列重庆—杜伊斯堡、成都—罗兹、郑州—汉堡、苏州—华沙、武汉—捷克和波兰、长沙—杜伊斯堡、义乌—马德里、哈尔滨—俄罗斯、哈尔滨—汉堡、兰州—汉堡、保定—白俄罗斯明斯克、西宁—安特卫普、广州—莫斯科、青岛—莫斯科、长春—汉堡、南昌—莫斯科、唐山—比利时、成都—维也纳、武汉—汉堡、内蒙古—伊朗巴姆、乌鲁木齐—德国杜伊斯堡、景德镇—莫斯科、郑州—比利时列日、武汉—伊尔库茨克、连云港—伊斯坦布尔、成都—波兰弗罗茨瓦夫、义乌—比利时、徐州—莫斯科。

（三）中欧班列开通意义

1. 中欧班列是国际陆路运输重要方式

中欧班列运距短、速度快，具有安全快捷、绿色环保、受自然环境影响小等优势。中国已有60多个城市开行了中欧班列，其中稳定开行的城市已经达到20多个。中欧班列物流组织日趋成熟，运营商服务模式和服务范围不断创新，沿途国家经贸交往日趋活跃，国家间铁路、口岸、海关等部门的合作日趋密切。这些有利条件，使其成为国际物流中陆路运输的重要方式，在“一带一路”从“商贸路”发展成为产业和人口集聚的“经济带”中起到重要作用。

2. 中欧班列是国际铁路货物联运运输品牌

为适应日益增长的中欧班列沿线各国间国际联运货物运输需要，进一步提高运输质量和效益，我国铁路部门按照“六统一”（统一品牌标识、统一运输组织、统一全程价格、统一服务标准、统一经营团队、统一协调平台），强化机制和装备保障的原则，积极打造“快捷准时、安全稳定、绿色环保”的铁路国际联运货物运输品牌。中欧班列不断拓展运行线路，持续提升运输能力，畅通了中国与“一带一路”沿线国家的运输通道。

3. 中欧班列是丝绸之路经济带发展的重要引擎

开通中欧班列，初衷是对接国家西进战略，而中欧班列的兴起，缘于“一带一路”倡议。2014年，国家主席习近平前往欧盟进行访问时提出，中欧双方应该把简单买卖型贸易合作，提升为各领域联动的复合型经贸合作，力争早日实现年贸易额1万亿美元的目标。2013年，中欧的贸易额为5 591亿美元。2020年中欧双边贸易额达5 860亿欧元，约合7 156亿美元。2021年1月28日，中欧班列运营十周年，十年里，中欧班列已经从一条物流干线快速成长为丝绸之路经济带发展的重要引擎。

九、海铁联运

海铁联运是进出口货物由铁路运到沿海海港直接由船舶运出，或是货物由船舶运输到达沿海海港之后，由铁路运出的只需“一次申报、一次查验、一次放行”，就可以完成整个运输过程的一种运输方式。

海铁联运既要依靠设施设备的无缝对接，又离不开高效率的运输管理。相对于公路运输，铁路运输具有降低运输成本、减少石油消耗、减少污染气体排放、缓解港城交通拥堵等优势，经济效益和社会效益兼备。

海铁联运是一个综合性的系统工程，既涉及海关、商品检验、卫生检验、动植物检疫机构等行政性的政府部门，也涉及铁路、港口、短途公路运输、堆场、电子数据交换（EDI）网络管理等企业性质的合作部门。

在整个运输过程中，海铁联运运营人对全程负责，作为总承办方，需要分别同铁路运输公司和船公司或其代理分别签署分包合同，并做好有关衔接安排，保证货物及时运到海铁联运提单列明的交货地点。由于在海铁联运中，铁路运输公司和船公司分别是分包方，两个公司在一票海铁联运货中并没有直接关系，因此，需要海铁联运经营人在两个运输区段的衔接处给予特别的关注，确保装货后的重箱在经铁路运抵港区后，能够及时、完好地进入船公司指定堆场。如果发生运输过失，海铁联运经营人将首先向买卖双方承担全部责任，然后向铁路运输公司或船公司进行追偿。

近年来，我国海铁联运发展迅速，尤其是“一带一路”倡议提出以后，海铁联运优势进一步凸显。铁路不但是陆路丝绸之路的主通道，也为海上丝绸之路的扩展和延伸提供了支持。铁路和海上丝绸之路的连接共同构成亚欧大陆一体化经济带的整体物流网络。

第三节　合同中的装运条款

在合同中正确地规定装运条款，是保证进出口合同履行的重要前提。合同的装运条款主要包括装运时间、装运港、目的港、是否允许部分发运、分期发运和转运、装运通知以及滞期速遣条款等。

一、装运期

装运期是指卖方装运货物的期限，它是买卖合同的主要条件，如果卖方违反该条件，买方有权撤销合同，并要求卖方赔偿其损失。

（一）装运时间的规定方法

1. 明确规定具体装运时间

在合同中订明某年某月装运或某年跨月度装运；或某年某季度装运；或跨年度、跨季度、跨月度装运等。装运时间一般不确定在某一个日期上，而是确定在一段时间内。这种规定方法，期限具体，含义明确，在国际货物买卖合同中采用较为普遍。

2. 规定在收到信用证后若干天或若干月装运

这种方法主要适用于特殊情况，如按买方要求的花色、品种和规格或专为某一地区某企业生产的商品，或者是一旦买方拒绝履行难以转售的商品；在一些外汇管制较严，或实行进口许可证或进出口配额制的国家；对某些信用较差的客户，促使其按时开证等。

> **资料卡**
>
> 根据 UCP600，除非确需在单据中使用，银行对诸如“迅速”“立即”“尽快”之类的词语不与置理。

（二）规定装运时间应注意的问题

（1）应考虑货源和船源的实际情况。从货源和船源的实际情况出发来确定装运期，有利于按期装运和履行约定的交货义务。

（2）装运期限应当适度。装运期限的长短，应视不同商品和租船订舱的实际情况而定，装运期过短，势必给船货安排带来困难；装运期过长会造成买方积压资金，影响资金周转，从而反过来影响卖方的售价。

（3）在规定装运期的同时，应考虑开证日期的规定是否明确合理。装运期与开证日期应相互衔接。

（4）规定装运期时，还应考虑装运港的条件和特殊情况。

二、装运港和目的港

装运港（Port of Shipment）是指货物起始装运的港口。目的港（Port of Destination）是指最终卸货的港口。

（一）装运港和目的港的规定方法

（1）在一般情况下，规定一个装运港和一个目的港。

（2）有时按实际业务需要，也可规定两个或两个以上。

（3）在磋商交易时，如明确规定一个或几个装卸港有困难，可以采用选择港（Optional Ports）办法。规定选择港有两种方式：一种是在两个或两个以上港口中选择一个，如 CIF 伦敦，选择港汉堡或鹿特丹，或者 CIF 伦敦/汉堡/鹿特丹；另一种是笼统规定某一航区为装运港或目的港，如"地中海主要港口""西欧主要港口"等。

（二）规定装运港和目的港应注意的问题

（1）不能接受我国政策不允许往来的港口为装卸港口。

（2）不能接受内陆城市为装卸港口，因为，接受这一条件，我方要承担从港口到内陆城市这段路程的运费和风险。

（3）应注意国外港口有无重名问题。世界各国港口重名很多，如维多利亚港，世界有 12 个之多。

（4）对国外装卸港的规定应力求具体明确。

（5）必须注意装卸港的具体条件，如：有无直达班轮航线，港口设施、装卸条件以及运费和附加费水平如何等。

三、部分发运、分期发运和转运

（一）部分发运（Partial Shipment）

部分发运是指同一合同项下的成交货物，分若干部分完成装运。出现部分发运的原因很多，例如运输工具的限制、港口的装卸能力、卖方的生产能力和买方一定时间内某种货物的市场容量等。

UCP600 对部分发运规定如下：（1）允许部分发运。（2）表明使用同一运输工具并经由同次航程运输的数套运输单据在同一次提交时，只要显示相同目的地，将不视为部分发运，即使运输单据上标明的发运日期不同或装货港、接管地或发送地点不同。如果交单由数套运输单据构成，其中最晚的一个发运日将被视为发运日。（3）含有一套或数套运输单据的交单，如果表明在同一种运输方式下经由数件运输工具运输，即使运输工具在同一天出发运往同一目的地的，仍将被视为部分发运。（4）含有一份以上快递收据、邮政收据或投邮证明的交单，如果单据看似由同一快递或邮政机构在同一地点和日期加盖印戳或签字并且表明同一目的地的，将不视为部分发运。

例如，我国 A 公司于 2019 年 4 月以 CIF 条件与法国沃登公司签订一份出售东北大豆的贸易合同。成交货物数量为 1 000 公吨，允许分批装运。对方开来信用证中有关装运条款规定：1 000 公吨东北大豆，装运港：大连，允许分二批装运。500 公吨于 2019 年 9 月 30 日前至马赛，500 公吨于 2019 年 10 月 31 日前至波尔多。

A 公司于 9 月 5 日在大连港装 300 公吨至马赛，计划在 9 月末再继续装 200 公吨至马赛，10 月再装 500 公吨至波尔多。第一批 300 公吨装完后即备单办理议付，但单据寄到国外，开证行提出单证不符，即装运港和部分发运条款不符信用证规定。

本案例中，开证行所提出的异议是正确的，A 公司违反了部分发运的有关规定应赔偿对方由此而造成的损失。本案的关键是部分发运问题，这是装运条款的主要内容之一。

（二）分期发运（Instalment Shipment）

分期发运是指一笔成交货物，分若干期装运。根据 UCP600 的规定，如信用证规定在指定的时间段内分期发运，任何一期未按信用证规定期限发运时，信用证对该期及以后各期均告失效。例如合同和信用证中明确规定了 3—6 月分 4 批每月平均装运，则卖方应严格履行约定的分期发运条款，只要其中任何一批没有按时、按量装运，则本批及以后各批均告失效。

（三）转运（Transhipment）

根据 UCP600 的规定，“转运”一词在不同运输方式下有不同的含义：在海运情况下，是指在信用证规定的装货港到卸货港之间的运输过程中，将货物从一船卸下并再装上另一船的行为；在航空运输的情况下，是指在信用证规定的起飞机场到目的地机场的运输过程中，将货物从一飞机卸下再装上另一飞机的行为；在公路、铁路或内河运输情况下，是指在信用证规定的发运、发送或运送的地点到目的地之间的运输过程中，在同一运输方式中从一运输工具卸下再装上另一运输工具的行为；在至少两种不同运输方式下，是指货物在信用证中规定的发运、接管或者发运地点到最终目的地的运输过程中，从某一运输工具上卸下货物并装上另一运输工具的行为（无论其是否为不同运输方式）。

> **想一想**　我对澳大利亚出口 1 000 公吨大豆，国外来证规定：不准许部分装运。结果我在规定的期限内分别在大连、新港各装 500 公吨于同一航次的同一船只上，提单上也注明了不同的装货港和不同的装船日期。问这是否违约？

UCP600 对转运的规定总结如下：（1）运输单据可以注明货物将要或可能被转运，只要全程运输由同一运输单据涵盖。（2）即使信用证禁止转运，注明将要或者可能发生转运的运输单据仍可接受，只要运输单据证实货物由集装箱、拖车或子船运输。因此，在国际贸易中，为了明确责任和便于安排装运，买卖双方是否同意转运以及有关转运的办法和转运费的负担等问题，应在买卖合同中订明。

四、滞期、速遣条款

国际贸易中的大宗商品多使用程租船运输，有关货物的装卸时间、装卸率、滞期和速遣等内容应在程租船合同中明确规定，以约束租船人。然而，实际业务中的货物不一定是租船人负责装卸，而是买卖合同中的一方当事人。因此，在买卖合同中也应规定装卸时间、装卸率和滞期、速遣条款。

（一）装卸时间

装卸时间（Lay Time）是指允许完成装卸任务所约定的时间，它一般以天或小时数来表示。它的规定方法很多，其中主要有下列几种：

（1）按日或连续日。从装货或卸货开始，到装货或卸货结束，整个经过的天数，就是总的装货或卸货时间。在此期间，不管是雨天，还是星期日或节假日，都应计为装卸时间。这种规定，对租船人很不利。

（2）按工作日。即按港口习惯属于正常工作的日子，星期日和节假日除外。

（3）按好天气工作日。即按正常工作日，星期日和节假日以及因天气不能进行装卸作业的不计算在工作日内。

（4）连续 24 小时好天气工作日。这是指在好天气情况下，连续作业 24 小时算一个工作日，如中间因坏天气影响而不能作业的时间应予扣除。我国一般采用此种规定办法。

（二）装卸率

装卸率是指每日装卸货物的数量。装卸率的具体确定，一般按照港口习惯的正常装卸速度，掌握实事求是的原则。装卸率的高低，关系到完成装卸任务的时间和运费水平，装卸率规定过高或过低都不合适。规定过高，完不成装卸任务，要付滞期费（Demurrage）；反之，规定过低，虽能提前完成装卸任务，可得到船方的速遣费（Dispatch Money），但船方会因装卸率低，船舶在港时间长而增加运费，使租船人得不偿失。因此，装卸率的规定应当适当。

（三）滞期费和速遣费

滞期费是指如果在约定的允许装卸时间内未能将货物装卸完，致使船舶在港内停泊时间延长，给船方造成经济损失，则延迟期间的损失，应按约定每天若干金额支付给船方补偿金，这种补偿金就是滞期费。速遣费是指如按约定的装卸时间和装卸率，提前完成装卸任务，使船方节省了船舶在港的费用开支，船方将其获取利益的一部分给租船人作为奖金，这种奖金叫速遣费。按惯例，速遣费一般为滞期费的一半。滞期费和速遣费通常约定为每天若干金额，不足一天的，按比例计算。

五、装运通知

装运通知(Shipping Advice)是在采用租船运输大宗进出口货物的情况下,在合同中加以约定的条款。规定这个条款的目的在于明确买卖双方的责任,促使买卖双方互相配合,共同做好船货衔接工作。

> **小知识**
>
> 在按 FOB 条件成交时,卖方应在约定的装运期开始以前,一般是 30 天或 45 天,向买方发出货物备妥通知,以便买方及时派船接货。买方接到卖方发出的备货通知后,应按约定的时间,将船名、船舶到港受载日期等通知卖方,以便卖方及时安排货物出运和准备装船。
>
> 此外,在货物装船后,卖方应在约定时间通常是 48 小时之内,将合同号、货物的品名、件数、重量、发票金额、船名及装船日期等内容,电告买方,以便买方办理保险并做好接卸货物的准备,及时办理进口报关等手续。

第四节　运输单据

运输单据是承运人收到承运货物后签发给出口商的证明文件,它是交接货物、处理索赔、向银行结算货款或进行议付的重要单据。在国际货物运输中,运输单据的种类很多,其中包括海运提单、铁路运单、承运货物收据、航空运单和邮包收据等。

一、海运提单

海运提单(Ocean Bill of Lading),简称提单(Bill of Lading,B/L),是指货物承运人或其代理人收到货物后,签发给托运人的一种证明,它具体规定了货物运输有关当事人,如承运人、托运人和收货人之间的权利和义务。

(一)海运提单的性质和作用

1. 货物收据

提单是承运人或其代理人签发给托运人的货物收据,证明承运人已按提单所列内容收到货物。

2. 物权凭证

提单是代表货物所有权的凭证,提单的合法持有人可以凭提单在目的港向承运人提取货物,也可以通过背书转让的方式实现货物所有权的转移。

3. 运输契约的证明

海运提单本身并不是运输契约,它只是托运人与承运人之间订立的运输契约的证明。海运提单条款中明确规定了承运人、托运人双方之间的权利与义务、责任与豁免,它是处理托运人与承运人之间争议的法律依据。

(二)海运提单的格式和内容

提单的格式很多,每个船公司都有自己的提单格式,但基本内容大致相同,通常包括提单正面内容和提单背面提款。

1. 提单正面的内容

提单正面的记载事项，分别由托运人和承运人或其代理人填写，通常包括下列事项：

（1）托运人（Shipper）；

（2）收货人（Consignee）；

（3）被通知人（Notify Party）；

（4）收货地或装货港（Place of Receipt or Port of Loading）；

（5）目的地或卸货港（Destination or Port of Discharge）；

（6）船名及航次（Vessel's Name & Voyage Number）；

（7）唛头及件号（Shipping Marks & Numbers）；

（8）货名及件数（Description of Goods & Numbers of Package）；

（9）重量和体积（Weight & Measurement）；

（10）运费预付或运费到付（Freight Prepaid or Freight to Collect）；

（11）正本提单的张数（Number of Original B/L）；

（12）承运人、船长或具名代理、代表的签章（Name & Signature of the Carrier）；

（13）签发提单的地点及日期（Place & Date of Issue）。

2. 提单背面的条款

在提单背面，通常都有印就的运输条款，这些条款是作为确定承运人与托运人之间以及承运人与收货人及提单持有人之间的权利和义务的主要依据。国际上为了统一提单背面条款内容，曾先后签署了三个有关提单的国际公约。

（1）《海牙规则》（The Hague Rules）全称为《关于统一提单的若干法律规则的国际公约》，是关于提单法律规定的第一部国际公约，于 1931 年生效，共 16 条。《海牙规则》无论是对承运人义务的规定，还是免责事项，索赔诉讼，责任限制，均是体现着承运方的利益，而对货主的保护则相对较少。

（2）《维斯比规则》（The Visby Rules）是《修改统一提单若干法律规定的国际公约议定书》（Protocol to Amend the International Convention for the Unification of Certain Rules of Law Relating to Bills of Lading）的简称，于 1968 年 2 月 23 日在布鲁塞尔外交会议上通过，自 1977 年 6 月 23 日生效。因该议定书是《海牙规则》的修改和补充，故常与《海牙规则》一起被称为《海牙—维斯比规则》。

（3）《汉堡规则》（The Hamburg Rules）是《联合国海上货物运输公约》（United Nations Convention on the Carriage of Goods by Sea）的简称，于 1992 年生效。《汉堡规则》比较倾向于货主的利益。但其成员国绝大多数为发展中国家，占全球外贸船舶吨位数 90% 的国家都未承认该规则。

由于以上三项国际公约的内容和适用范围不同，各国对这些公约所持有的态度也不相同。因此，船公司签发的提单背面条款也存在着很大的差异。

（三）海运提单的种类

随着国际航运业务的不断发展，海运提单的种类也日益增多，目前常见的有以下几种。

1. 根据货物是否已装船，可分为已装船提单和备运提单

（1）已装船提单（On Board B/L；Shipped B/L）。已装船提单是指承运人已将货物装上信用证所规定的装货港的指定船舶后所签发的提单，其特点是提单上必须以文字表明货物已经装某某船上，并载有装船日期，同时还应由承运人、船长或其代理人签字。根据 UCP600 的规定，如信用证要求海运提单作为运输单据，银行将接受表明货物已在信用证规定的装货港装上具名船只的提单。所以，在国际贸易中，一般都要求卖方提供已装船提单。

（2）备运提单（Received for Shipment B/L）。备运提单又称收讫待运提单，是指承运人已收到托运货物等待装运期间所签发的提单。在签发备运提单情况下，发货人可在货物装船后凭以调换已装船提单；也可经承运人或其代理人在备运提单上批注货物已装上某具名船舶及装船日期，并签署后使之成为已装船提单。

2. 根据提单上对货物外表状况有无不良批注，可分为清洁提单和不清洁提单

（1）清洁提单（Clean B/L）。清洁提单是指货物在装船时"表面状况良好"，承运人在签发的提单上未载有明确宣称货物或包装有缺陷的条款或批注的提单。根据 UCP600 的规定，银行只接受清洁运输单据，"清洁"一词并不需要在运输单据上出现，即使信用证要求运输单据为"清洁已装船"的。在国际贸易中，清洁提单也是提单转让时所必备的条件。

（2）不清洁提单（Unclean B/L；Foul B/L）。不清洁提单是指承运人在签发的提单上载有明确宣称货物或包装有缺陷的条款或批注的提单。

比一比

提单抬头	是否背书	能否转让
记名提单	不需背书	不能转让
不记名提单	不需背书	可任意转让
指示提单 Order To Order To Order of Shipper	由发货人背书 （亦即卖方背书）	需经背书后方能转让
To Order of Consignee	由收货人背书	
To Order of Banker	由银行背书	

3. 根据提单收货人抬头的不同，可分为记名提单、不记名提单和指示提单

（1）记名提单（Straight B/L）。记名提单是指提单上的收货人栏内填明特定收货人名称，只能由该特定收货人提货，由于这种提单不能通过背书方式转让给第三方，不能流通，故其在国际贸易中很少使用。

（2）不记名提单（Bearer B/L）。不记名提单是指提单收货人栏内没有指明任何收货人，只注明提单持有人（Bearer）字样，承运人应将货物交给提单持有人。谁持有提单，谁就可以提货。承运人交货，只凭单，不凭人。不记名提单无须背书转让，流通性极强，采用这种提单风险大，故其在国际贸易中很少使用。

（3）指示提单（Order B/L）。指示提单是指提单上的收货人栏填写"凭指定"（To Order）或"凭某某人指定"（To Order of...）字样。这种提单必须经过背书才可转让，故其在国际贸易

中被广泛使用。背书是指提单的所有人在提单的背面签字盖章,表示转移提单所有权的一种法律行为。目前在实际业务中使用最多的是“空白抬头、空白背书”提单,该提单是指在收货人一栏内填写“凭指定”(To Order)字样,在提单的背面只写上背书人的名称。

4. 按运输方式的不同,可分为直运提单、转运提单和联运提单

(1) 直运提单(Direct B/L)。直运提单是指轮船中途不经过换船而驶往目的港所签发的提单。凡合同和信用证规定不准转运者,必须使用这种直运提单。

(2) 转运提单(Transhipment B/L)。转运提单是指从装运港装货的轮船,不直接驶往目的港,而需在中途换装另外船舶所签发的提单。在这种提单上要注明“转运”或“在××港转运”字样。

(3) 联运提单(Through B/L)。联运提单是指经过海运和其他运输方式联合运输时由第一程承运人所签发的包括全程运输的提单。它如同转运提单一样,货物在中途转换运输工具和进行交接,由第一程承运人或其代理人向下一程承运人办理。应当指出,联运提单虽包括全程运输,但签发联运提单的承运人一般都在提单中规定,只承担他负责运输的一段航程内的货损责任。

5. 从船舶营运方式的不同,可分为班轮提单和租船提单

(1) 班轮提单(Liner B/L)。班轮提单是指由××公司承运货物后所签发给托运人的提单。

(2) 租船提单(Charter Party B/L)。租船提单是指承运人根据租船合同而签发的提单。在这种提单上注明“一切条件、条款和免责事项按照××××年××月××日的租船合同”或批注“根据××租船合同出立”字样。这种提单受租船合同条款的约束,银行或买方在接受这种提单时,通常要求卖方提供租船合同的副本。

6. 根据提单内容的繁简,可分为全式提单和略式提单

(1) 全式提单(Long Form B/L)。全式提单是指提单背面列有承运人和托运人权利、义务的详细提单。

(2) 略式提单(Short Form B/L)。略式提单是指提单背面无条款,而只列出提单正面的必须记载事项。这种提单一般都列有“本提单货物的收受、保管、运输和运费等项,均按本公司提单上的条款办理”字样。在实务中,租船提单通常是略式提单,在这种提单上应注明:“所有条件根据××××年××月××日签订的租船合同”。这种略式提单与全式提单在法律上具有同等效力。但租船提单,除非信用证另有规定,银行一般不予接受。

7. 根据提单使用效力,可分为正本提单和副本提单

(1) 正本提单(Original B/L)。正本提单是指提单上有承运人、船长或其代理人签章并注明发运日期的提单。这种提单在法律上是有效的单据。正本提单上必须标明“正本”(Original)字样。正本提单一般签发一式两份或三份,凭其中的任何一份提货后,其余的即作废。买方与银行通常要求卖方提供承运人签发的全部正本提单,即所谓“全套”(Full Set)提单。根据UCP600的规定,银行接受仅有一份的正本提单,如签发多份正本提单,应包括全套正本提单。

(2) 副本提单(Copy B/L)。副本提单是指提单上没有承运人、船长或其代理人签字盖章,而仅供工作上参考之用的提单。在副本提单上一般都标明“Copy”或“Non-negotiable”(不作流通转让)字样,以示与正本提单有别。

8. 其他种类提单

（1）集装箱提单（Container B/L）。集装箱提单是指由负责集装箱运输的经营人或其代理人，在收到货物后签发给托运人的提单。集装箱提单与传统的海运提单有所不同，如集装箱联运提单（Combined Transport B/L，CTB/L）等。

（2）舱面提单（On Deck B/L）。舱面提单是指货物装在船舶甲板上承运人所签发的提单，故又称为甲板货提单。由于货物装在甲板上风险较大，故托运人一般都向保险公司加保甲板险。承运人在签发此种提单时必须加批"On Deck"字样。根据UCP600的规定，运输单据不得表明货物装于或者将装于舱面。声明货物可能被装于舱面的运输单据可以接受。

（3）过期提单（Stale B/L）。过期提单是指错过规定的交单日期或者晚于货物到达目的港日期的提单。前者，是指卖方超过提单装运日期后21天才交到银行议付的提单，根据UCP600的规定，如信用证无特殊规定，银行将拒绝接受在运输单据装运日期21天后提交的单据；后者，是在近洋运输时容易出现的情况，故在近洋国家间的贸易合同中，一般都订有"过期提单可以接受"（Stale B/L is acceptable）的条款。

此外，在实际业务中有时还会碰到"倒签提单"和"预借提单"，它们不是属于提单种类范畴之内的概念，而属于具体做法。倒签提单是指承运人应托运人的要求，签发提单的日期早于实际装船日期的提单。预借提单是指货物正处于发货人仓库或正处于装船期间，应托运人要求而开立的已装船提单。根据国际贸易惯例的规定，倒签提单和预借提单都是违法的。

二、电子提单

电子提单（Electronic Bill of Lading）是指通过电子传送的有关海上货物运输合同的数据（Data）。与传统提单不同，电子提单不再是纸面运输单据，而是一系列按特定规则组成的电子数据，这些数据由电子计算机及网络进行传送。

由于电子提单采用电子计算机和电子通信技术，传输速度很快，可以有效地解决提单比船舶晚到目的港的问题。电子提单以密码进行传输，能有效地防止航运单证欺诈。但是，电子提单是个新生事物，目前尚未普遍使用。

（一）电子提单的流转程序

电子提单的流转是通过电子数据交换（Electronic Data Interchange，EDI）实现的。电子提单的流转，首先需将承运人、承运人的代理人、托运人、收货人和银行等与提单流转各有关方面的电子计算机连成网络。电子计算机将货物运输合同中的数字、文字、条款等，按特定的规则转换为电讯（Electronic Message），通过电子通信设备，从一台计算机传送至另一台计算机。

电子提单的具体流转程序是：

（1）托运人通过订舱电讯向承运人订舱。

（2）承运人如果同意接受订舱，向托运人发送电讯确认运输合同条款。

（3）托运人按照承运人要求，将货物交给承运人或其代理人。承运人或其代理人收到货物后，向托运人发送收货电讯，其内容包括：托运人名称、货物说明、货物外表状况、收货时间与地点、船名、航次、装卸港口，以及此后与托运人进行通信密码。托运人一经确认，对货物具有支配权。

（4）承运人在货物装船后，发送电讯通知托运人，并按托运人提供的电子通信地址抄送银行。

（5）托运人根据信用证到银行议付结汇后，发送电讯通知承运人，货物的支配权即转至银行，承运人便销毁与托运人的通信密码，并向银行确认和提供给银行一个新的密码。

（6）收货人向银行支付货款后，取得对货物的支配权。银行向承运人发送电讯，通知货物支配权已转移至收货人，承运人随即销毁与银行的通信密码。

（7）承运人向收货人发送电讯，确认控制着货物，并将货物的说明、船舶的情况等通知收货人，由收货人加以确认。

（8）承运人向目的港代理人发送电讯，说明货物和船舶情况以及收货人的名称，令其在货物到达之前电讯通知收货人到货情况。

（9）收货人根据到货通知电讯，凭其身份证明，到承运人的代理人处获取提货单提货。

（二）《国际海事委员会电子提单规则》

鉴于电子提单是个新生事物，为规范使用，1990 年 6 月在巴黎举行的国际海事委员会第 34 届大会通过了《国际海事委员会电子提单规则》。同《国际海事委员会海运单统一规则》一样，该规则是一个民间规则，没有强制力，须经运输合同双方协议适用才有效力。

资料卡

不可转让海运单

不可转让海运单是船方出具的货物收据，也是海上货物运输契约的证明，这两点与海运提单的作用相同。使用不可转让海运单有利于进口商及时提货，简化手续，节省费用，有助于减少欺诈现象。另外，由于 EDI 在国际贸易中的广泛应用，更适宜使用不可转让海运单，UCP600 对银行接受不可转让海运单的基本条件做了具体规定。

三、铁路运单

我国对外贸易铁路运输按经营方式不同分为国际铁路联运和国内铁路运输两种方式。前者使用国际货协运单；后者使用承运货物收据。

（一）国际货协运单

国际货协运单是指参加国际货协各国之间办理铁路联运时所使用的运输单据。它随同货物从始发站至终点站全程运送，最后交给收货人，它既是铁路承运货物的凭证，也是铁路向收货人交付货物和核收运费的依据。国际铁路货物联运运单副本在铁路加盖承运日期戳记后交给发货人，它可作为发货人据以结算货款的凭证。

（二）承运货物收据

我国经铁路运输通过深圳至香港的货物，多委托中国外贸运输公司承办，该公司将各出口公司委托发运的货物装上火车后即签发一份“承运货物收据”给托运人，供托运人办理结汇。“承运货物收据”既是承运人的货物收据，也是承运人与托运人的运输契约。

四、航空运单

航空运单（Air Waybill）是指承运人与托运人之间签订的运输契约，也是承运人或其代理人签发的货物收据。航空运单不是代表货物所有权的凭证,不能通过背书转让。在收货人栏内,必须详细填写收货人的名称和地址,而不能做成指示性抬头。航空运单分两种:一种是航空公司的运单,在航空货运界被称作总运单;另一种是供航空货运公司办理集中托运、联运及门到门运输时使用的运单,被称作分运单。

航空运单

(一)国际铁路联运运单

国际铁路货物联运所使用的运单是铁路与货主间缔结的运输契约。该运单从始发站随同货物附送至终点站并交给收货人,它不仅是铁路承运货物出具的凭证,也是铁路同货主交接货物、核收运杂费用和处理索赔与理赔的依据。国际铁路联运运单副本,在铁路加盖承运日期戳记后发还给发货人,它是卖方凭以向银行结算货款的主要证件之一。

我们通常使用的国际货协运单为一式五联。第一联是运单正本(给收货人);第二联是运行报单(给到达铁路);第三联是运单副本(给发货人);第四联是货物交付单(给到达路站),第五联是货物到达通知单(给收货人)。

铁路提单第一案

(二)承运货物收据

承运货物收据(Cargo Receipt)是在特定运输方式下所使用的一种运输单据,它既是承运人出具的货物收据,也是承运人与托运人签订的运输契约。我国内地通过铁路运往港、澳地区的出口货物,一般多委托中国对外贸易运输总公司及其分公司承办。当出口货物装车发运后,对外贸易运输总公司及其分公司即签发一份承运货物收据给托运人,作为对外办理结汇的凭证。

五、邮包收据

邮包收据(Parcel Post Receipt)是邮包运输的主要单据。它既是邮局收到寄件人的邮包后所签发的凭证,也是收件人凭以提取邮件的凭证。当邮包发生损坏灭失时,它还可以作为索赔和理赔的依据。邮包收据不是物权凭证。

六、多式联运单据

多式联运单据(Multimodal Transport Document,MTD)是指证明国际多式联运合同成立及证明多式联运经营人接管货物,并负责按照多式联运合同条款交付货物的单据。这种单据虽与海运中的联运提单有相似之处,但也有明显的区别。

联运提单与多式联运单据的区别:

(1)联运提单限于在由海运与其他运输方式所组成的联合运输时使用。多式联运单据的使用范围较联运提单广,它既可用于海运与其他运输方式的联运,也可用于不包括海运的其他运输方式的联运,但仍必须是至少两种不同运输方式的联运。

(2)联运提单由承运人或承运人的代理人签发。多式联运单据则由多式联运经营人或经他授权的人签发。

(3)联运提单的签发人仅对第一程运输负责,而多式联运单据的签发人要对全程运输负责。

复习与思考

一、问答题

1. 班轮运输有哪些特点？
2. 什么是租船运输？
3. 什么是国际多式联运，国际多式联运应具备哪些条件？
4. 买卖合同中的装运时间有几种规定方法？
5. 提单具有哪些性质和作用？
6. 什么叫记名提单？什么叫不记名提单？
7. 什么叫部分发运？UCP600 对部分发运有何规定？
8. 什么叫转运？

二、做一做

（一）选择题

1. 班轮运费（　　）。
   A. 包括装卸费，计算滞期费、速遣费
   B. 包括装卸费，不计滞期费、速遣费
   C. 不包括装卸费，仅计滞期费、速遣费
   D. 包括装船费，不包括卸货费
2. 提单日期是指（　　）。
   A. 开始装船的日期
   B. 装船完毕的日期
   C. 船舶开航的日期
   D. 装船开始至装船完毕的任何一天
3. 必须经过背书才能转让的提单是（　　）。
   A. 记名提单　B. 不记名提单　C. 指示提单　D. 副本提单
4. 指示提单（To Order），应有（　　）背书。
   A. 发货人　B.收货人　C. 银行　D. 承运人
5. 在进出口业务中，能够作为物权凭证的运输单据是（　　）。
   A. 铁路运单　B.航空运单　C. 海运提单　D. 邮包运输

（二）判断题

1. 海运提单、铁路运单和航空运单都属物权凭证，均可通过背书进行转让。（　　）
2. 清洁提单是无任何批注的提单。（　　）
3. 根据 UCP600 的规定，信用证未明确禁止，可允许部分发运和转运。（　　）
4. 根据 UCP600 的规定，银行只接受清洁提单。因此，清洁提单上必须注明“清洁”一词。（　　）

5. 提单抬头为 to order of shipper,此提单应由收货人背书。(　　)

(三)算一算

出口某商品 100 公吨,报价每公吨 1 950 美元 FOB 上海,客户要求改报 CFR 伦敦价,已知该货为 5 级货,计费标准为 W,每运费吨运费 70 美元。若要保持外汇净收入不变,应如何报价?若还需征收燃油附加费 10%、港口附加费 10%,又如何计算?

三、案例分析

1. 倒签提单构成侵权遭巨额索赔案

【案情】我国某公司与瑞士某公司签订出售某农产品 3 500 公吨的合同,每公吨 CIF 鹿特丹 24 英镑,总值 84 000 英镑。装船日期为 2018 年 12 月—2019 年 1 月,对方以不可撤销的即期信用证进行支付。我国某公司在租船装运时,因原订货船临时损坏,在国外修理,不能在预定时间到达我国口岸装货,临时改派香港某公司期租船装运,但又因连日风雪,直到 2019 年 2 月 11 日才装完货,2 月 13 日开航。我某公司为了取得符合信用证所规定的装船日期(即 2018 年 12 月 1 日—2019 年 1 月 31 日)的提单,要求外轮代理公司按 2019 年 1 月 31 日签发提单,并以此提单向我银行办理议付。货物到达鹿特丹,买方聘请律师上船查阅航行日志,查出提单的签发日期是伪造的,立即凭证向当地法院起诉,并由法院发出扣船通知,船由外轮公司以 30 000 英镑担保放行。我方经 4 个月的谈判,共赔偿 20 000 英镑,买方才撤回上诉而结案。我方既损失了外汇,又对外造成了不良影响。

【问题】我方为什么要倒签提单?倒签提单有什么危害性?

2. 对信用证装运条款不同理解引起纠纷案

【案情】我外贸公司 A 与欧洲 B 商订立供应某商品 500 公吨的出口合同。合同规定 1—4 月由中国港口装货运往欧洲某港,允许卖方交货数量可增减 5%。B 商按时开来信用证的装运条款为 1 月 100 公吨、2 月 150 公吨、3 月 150 公吨、4 月 100 公吨,每月内不得分批装运。A 公司审查信用证后认为可以接受,遂于 1 月、2 月分别按信用证规定如期如数将货物装船并顺利收到货款。后由于货源不足,经协商得到船公司同意,于 3 月 18 日分别在烟台和青岛两港装运合计 145 公吨的货物。当议付行将单据寄到开证行索偿时,遭到开证行的拒付。理由是:信用证规定 3 月应装 150 公吨,不准分批装运。而实际装货 145 公吨,且分别在青岛和烟台两地装运,与信用证规定不符。

【问题】开证行拒付的理由是否合理?

3. 装运期规定不合理案

【案情】2019 年我国 A 公司与伊朗 B 公司成交尼龙线 180 600 磅。合同规定:6 月底前开立信用证,7 月装船。该商品是以销定产,故我方成交后立即接洽有关工厂安排生产以免耽误船期。但是直到 6 月底 B 公司仍未开立信用证。经我方一再催问,对方才回答需要更改规格后方能开证。这时候我方大部分货物均已备妥,无法更换。

案例解析

【问题】我方应吸取什么教训?

四、活动建议

1. 组织学生参观港口的装卸或集装箱场地的装卸或装箱。

2. 展示提单,让学生熟悉提单上的内容,组织学生模拟缮制提单。

第四章

国际货物运输保险

【导读】

在对外贸易中，由于买卖双方往往是远隔重洋，商品从卖方转到买方手中，通常需要长时间、远距离的运输，并且在整个运输过程中，又要经过多次装卸、存储、搬运，商品难免会遇到这样或那样的风险而遭受损失。为了保障货物遭到损失后能得到一定的经济补偿，买方或卖方一般都在货物装运之前向保险公司投保货物运输险。国际货物运输保险的种类很多，其中包括海运货物保险、陆运货物保险、空运货物保险和邮运货物保险，其中海运货物保险起源最早，历史最久。陆运、空运等货物保险都是在海运货物保险的基础上发展起来的。被保险人根据需要保障的责任范围不同，可以投保不同的保险险别。了解各国国情，遵守相关的国际贸易规则，降低国际货物运输中风险的不确定性，积极有效地控制风险。

本章的学习要求：

1. 了解国际货运保险的重要性；
2. 了解不同运输方式下的货运保险条款；
3. 了解风险、损失、费用的内涵；
4. 掌握海洋运输保险的基本知识、我国海运货物保险条款的主要内容及其与英国协会货物保险条款的主要区别、进出口合同中保险条款的主要内容及我国外贸企业办理货物运输保险的基本做法；
5. 能正确计算保险费。

第一节　海洋货物运输保险的风险与损失

进出口货物在海洋货物运输中常常会遇到各种风险而导致损失或灭失，但保险公司并非对任何风险都给予承保，也不是对什么损失都给予赔偿。要深入了解和掌握海运保险知识，必须首先熟悉海洋货物运输保险的风险与损失。

一、风险

海上货物运输保险中的风险可按图 4-1 进行分类。

- 风险
  - 海上风险
    - 自然灾害
    - 意外事故
  - 外来风险
    - 一般外来风险
    - 特殊外来风险

图 4-1 海上货物运输保险中的风险的分类

（一）海上风险(Perils of the Sea)

海上风险是指海上发生的自然灾害和意外事故,但并不包括海上的一切危险。

(1) 自然灾害(Natural Calamities)。自然灾害是指由于自然界力量造成的灾害,但在海运保险业中,它并不是泛指一切由于自然力量造成的灾害,而是仅指恶劣气候、雷电、地震、海啸或火山爆发等人力不可抗拒的自然力量造成的灾害。

(2) 意外事故(Fortuitous Accidents)。意外事故是指由于偶然的、非意料的原因所造成的事故。但意外事故并不是泛指海上所有的意外事故,而仅指运输工具搁浅、触礁、沉没、船舶与流冰或其他物体碰撞以及失踪、失火、爆炸等。

> **议一议**
>
> 该如何理解"海上风险并不包括一切在海上发生的风险,又不局限于航海中所产生的风险"这句话?

（二）外来风险(Extraneous Risks)

外来风险是指由于自然灾害和意外事故以外的其他外来原因造成的风险,但不包括货物的自然损耗和本质缺陷。

依风险的性质可分为一般外来风险和特殊外来风险两类:

(1) 一般外来风险是指由于一般外来原因所造成的风险,主要包括偷窃、渗漏、短量、碰损、钩损、生锈、雨淋、受热受潮等;

(2) 特殊外来风险是指由于社会政治原因所造成的风险,主要包括战争、罢工、拒收以及交货不到等。

二、损失

有风险就会有损失,不但有货物本身的损失,而且也有遭遇风险施救货物而支出的费用损失。损失分为两大类:海上损失和其他损失。

（一）海上损失

海上损失是指被保险货物在运输途中,因遭遇海上风险所造成的各种损失。按照各国海运保险业务习惯,海上损失包括与海运连接的陆上运输和内河运输过程中所遇到的自然灾害和意外事故所致的损坏或灭失。

海洋运输货物保险业务中,海上损失可按损失的程度进行分类(见图 4-2)。

- 海上损失
  - 全部损失
    - 实际全损
    - 推定全损
  - 部分损失
    - 共同海损
    - 单独海损

图 4-2　海上损失的分类

1. 全部损失(Total Loss)

全部损失简称全损。全损有实际全损和推定全损之分。

(1) 实际全损(Actual Total Loss)。实际全损是指货物完全灭失或变质而失去原有用途,即货物完全损失已经发生或者不可避免。主要有以下四种情况。

① 被保险货物完全灭失。如:整船货物沉入海底。

② 被保险货物完全遭受严重损害已丧失原有用途,已不具有任何使用价值。如:水泥遭水泡后结成硬块,茶叶串味后不能饮用。

③ 被保险货物丧失已无法挽回。如:船、货被海盗劫去或被敌对国扣押,虽然船、货并未遭到损失,但被保险人已失去这些财产。

④ 船舶失踪,达到一定时期,仍无音讯。

想一想

被保险货物用驳船运离海轮的途中,其中一艘驳船遇险沉没,此驳船上货物的损失属于全损吗?

(2) 推定全损(Constructive Total Loss)。推定全损是指被保险货物虽未完全灭失,但对被保险人而言已没有什么用途或价值。凡有下列情况之一者即为推定全损:

① 被保险货物遭受严重损害,完全灭失已不可避免;

② 被保险货物受损害后,修理费用估计要超过货物修复后的价值;

③ 被保险货物遭受严重损害之后,继续运抵目的地的运费已超过残存货物的价值;

④ 被保险货物遭受责任范围内的事故,使被保险人失去被保险货物所有权,而收回这一所有权,其所需费用将超过收回被保险货物的价值。

被保险货物发生推定全损时,被保险人可以要求保险人按照部分损失赔偿,也可以要求按全部损失赔偿。如果要求按全部损失赔偿,被保险人必须向保险人发出委付。委付是指被保险人将保险货物的一切权利转让给保险人,并要求保险人按全损给予赔偿的行为。委付必须经过保险人同意方为有效,委付一经保险人接受,不得撤回。

比一比

实际全损与推定全损的区别

实际全损和推定全损虽然都名为全损,但两者有区别:实际全损时,被保险货物确实已经或不可避免地完全丧失,被保险人自然可以向保险人要求全部赔偿,而不需要办理委付手续;推定全损,则是被保险货物受损后并未完全丧失,是可以修复或者可以收回的,只是所支出的费用将超过被保险货物的保险价值或者收回的希望很小,因此,被保险人可以向保险人办理委付,要求保险人按全损赔偿,也可以不办理委付,由保险人按部分损失进行赔偿。

2. 部分损失(Partial Loss)

部分损失是指被保险货物没有达到全部损失的程度。部分损失又分为共同海损与单独海损两种。

(1) 共同海损(General Average, G.A.)。共同海损是指载货船舶在海运途中遇到危难，船长为了维护船舶和所有货物的共同安全或使航程得以继续完成，而采取的有意并且合理的行为所产生的某些特殊牺牲或支出的特殊费用。

根据《海商法》的规定，共同海损，是指在同一海上航程中，船舶、货物和其他财产遭遇共同危险，为了共同安全，有意地合理地采取措施所直接造成的特殊牺牲、支付的特殊费用。无论在航程中或者在航程结束后发生的船舶或者货物因迟延所造成的损失，包括船期损失和行市损失以及其他间接损失，均不得列入共同海损。

“长赐”轮事件

根据《约克—安特卫普规则》的规定：所谓共同海损行为，只限于在共同海上航行时遭遇危难，为共同安全以保存船货为目的，故意而合理做出的任何非常牺牲和费用。

共同海损的成立，主要具备下列条件：

① 船方在采取紧急措施时，必须确有危及船、货共同安全的危险存在，不能主观臆测可能有危险发生。

② 船方所采取的措施必须是有意的、合理的，是为了船货的共同安全。有意的，是指共同海损的发生必须是人为的、有意行为的结果，而不是一种意外的损失。合理的，是指在采用共同海损行为时，须符合当时实际情况的需要，把损失减到最低限度。

议一议

看下列哪种情况造成的损失属于共同海损？

A

船舱着火，船长和船员忙着救火，致使部分货物受潮造成损失。

B

机舱外烟雾弥漫，船长误认为船舱着火，号召大家救火，致使部分货物受潮造成损失。

③ 所做出的牺牲具有特殊性，支出的费用是额外的，都是在非常情形下产生的。非常情形，是指这种牺牲或费用不是通常业务中必然会遇到或支出的，是在正常营运之外产生的牺牲以及支出的费用。

④ 构成共同海损的牺牲和费用支出，最终还必须是有效的，也就是说，经过采取某种措施后，船舶和货物的全部或一部分安全抵达航程的终点或目的港，避免了船货同归于尽。

想一想

指出下列损失是共同海损的依据

A	B	C
船因故搁浅,船长为脱浅,将部分货物抛入海中,以卸载。此部分货物的损失→G.A.	船在航行中推进器失灵,以致船舶失控,船长向附近港口呼救,要求派拖轮。拖轮费用→G.A.	船搁浅,船壳钢板出现裂缝,需要修船,为修船必须将货卸至岸上,在卸货过程中部分货物遭到损坏。此损失→G.A.

共同海损的牺牲和费用要由船、货、运费三方共同承担责任,即在最后获救价值的基础上按比例分摊,这种分摊叫作共同海损分摊。

凡是在保险承保范围内的风险引起的共同海损的牺牲费用,保险人按共同海损分摊方法,就各方承担的损失额赔偿给被保险人,同时被保险人在共同海损中的权利由保险人"代位",但代位的金额不得超过保险人原来赔出的金额。

议一议

共同海损为何要由船、货、运费三方共同承担?

资料卡

什么是代位追偿权?

代位追偿权是指当保险标的物发生了由第三者责任造成的保险责任范围内的损失,保险人按照合同的规定向被保险人履行了损失赔偿的责任后,有权获得被保险人在该项损失中向第三者责任方索赔的权利。

资料卡

共同海损理算规则

1860年,由英国社会科学促进会发起,并联合欧洲各海运国家的航运、保险和理算等各界人士,在英国的格拉斯哥城举行会议。会议综合了各国关于共同海损的立法和习惯中的相同之处,通过了一个包括11条内容的《格拉斯哥决议》。后来,又于1864年和1877年,先后对原决议进行修改和补充,又增加了一项内容,正式定名《1877年约克—安特卫普规则》,此规则在国际海运保险业普遍使用。

我国已在1975年由中国国际贸易促进委员会海事理算处制定了共同海损索赔、理赔的《北京理算规则》,本规则以《约克—安特卫普规则》为蓝本。

(2) 单独海损(Particular Average)。单独海损是指除共同海损以外的,由海上风险直接导致的船舶或货物的部分损失。这种损失只属于特定利益方,而不属于所有其他的货主或船方,由受损方单独承担。例如:在整船运输中,有面粉、机器设备、钢材三种货物,途中遇到暴风雨,海水进入船舱,海水浸泡了部分面粉,使其变质。面粉的损失只是使面粉货主的利益遭受影响,跟同船所装的其他货物的货主和船东利益无关,因而属于单独海损。

比一比

单独海损与共同海损的区别

1. 损失的构成不同。单独海损一般是指货物本身的损失,不包括费用损失,而共同海损既包括货物损失,又包括因采取共同海损行为而引起的费用损失。

2. 造成海损的原因不同。单独海损是海上风险直接导致的货物损失,而共同海损是为了解除或减轻船、货、运费三方共同危险而人为造成的损失。

3. 损失的承担者不同。单独海损由受损方自行承担损失,而共同海损则由船、货、运费三方按获救财产价值大小的比例分摊。

(二) 其他损失

其他损失是指外来风险造成的被保险货物的损失。一般外来风险所造成的损失就称一般外来风险损失,特殊外来风险所造成的损失就称特殊外来风险损失。前者如偷窃、雨淋、短量等风险所造成的被保险货物的损失,后者如战争、罢工等风险所造成的被保险货物的损失。

三、费用

保险公司除对货物损失进行经济赔偿外,还要支付由于损失而产生的费用,主要包括施救费用和救助费用两种。

(一) 施救费用(Sue and Labour Expenses)

施救费用是指在遭遇保险责任范围内的灾害事故时,被保险人或他的代理人、雇用人员和保险单受让人等为抢救被保险货物(指船舶或货物),以防止其损失扩大而采取措施所支出的费用。保险人对这种施救费用负责赔偿。

(二) 救助费用(Salvage Charges)

救助费用是指被保险货物遭遇保险责任范围内的灾害事故时,由保险人和被保险人以外的第三者采取救助行为而向其支付的报酬费用。

第二节　海洋货物运输保险条款

世界上主要国家都有自己的保险条款,其中影响最大的是英国伦敦保险协会制定的《协会货物条款》(Institute Cargo Clause, ICC),目前世界上约有三分之二的国家在海运货物保险方面直接采用了该条款。我国为适应对外经济贸易发展的需要,中国人民保险公司(Peoples Insurance Company of China, PICC)根据我国保险业务的实际情况,制定了《中国保险条款》

(China Insurance Clause, CIC),它包括海洋、陆地、航空等多种运输方式的货物运输保险条款,其保险险别按照能否单独投保,分为基本险和附加险两类,基本险可以单独投保,而附加险不能独立投保,只有在投保基本险的基础上才能加保附加险。此条款自 1982 年起开始实施。其中,海洋货物运输保险是 CIC 条款的重要内容。

一、中国海运货物保险条款

根据中国人民保险公司《海洋运输货物保险条款》规定,海洋运输货物保险包括基本险、附加险的责任范围、除外责任及保险责任起讫等内容。

(一) 基本险

1. 基本险的责任范围

基本险是指可以独立投保的险别,依据承保的不同责任范围,又分为平安险、水渍险和一切险三种。

(1) 平安险(Free from Particular Average, F.P.A.)。其英文原意是"单独海损不赔"。但是,随着保险业的发展,早已名不副实。平安险的责任范围如下:

① 被保险货物在运输途中由于恶劣气候、雷电、海啸、地震、洪水等自然灾害造成的全部损失。

② 由于运输工具遭受搁浅、触礁、沉没、互撞、失火、爆炸等意外事故而造成的全部损失和部分损失。

③ 在运输工具发生搁浅、触礁、沉没、焚毁等意外事故之前或之后又在海上遭受恶劣气候、雷电、海啸等自然灾害而使货物造成部分损失。

④ 在装卸或转船过程中一件或数件货物落海造成的全部或部分损失。

⑤ 发生承保责任范围内的危险,被保险人对货物采取抢救、防止或减少货损的措施而支付的合理费用,但以不超过该货物的保险金额为限。

⑥ 运输工具遭遇海难后,在避难港由于卸货所引起的损失以及在中途港、避难港由于卸货、存仓以及运送货物所产生的特殊费用。

⑦ 共同海损的牺牲、分摊和救助费用。

⑧ 运输契约订有"船舶互撞责任"条款,根据该条款规定由货方偿还船方的损失。

平安险通常适用于大宗、低值粗糙的包装货物,如废钢材、木材、矿砂等。

(2) 水渍险(With Particular Average, W.P.A.; With Average, W.A.)。其英文原意是"负责单独海损",其承保责任范围包括:

① 平安险所承保的全部责任。

② 被保险货物在运输途中,由于恶劣气候、雷电、海啸、地震、洪水等自然灾害所造成的部分损失。

水渍险通常适用于不易损坏或易生锈但不影响使用的货物,如五金板、钢管、线材、旧机床、旧汽车等。

> **议一议**
>
> 我方向澳大利亚出口坯布 100 包。我方按合同规定加一成投保水渍险。货在海运输途中因舱内食用水管漏水,致使该批坯布中的 30 包浸有水渍。
>
> 请问:对此损失应向保险公司索赔还是向船公司索赔?

比一比

平安险与水渍险

平安险对由于自然灾害造成的全部损失负责赔偿。而水渍险不仅对由于自然灾害造成的全部损失负责赔偿,而且对所造成的部分损失也负责赔偿。但需注意的是,投保平安险,如果在运输途中运输工具发生过搁浅、触礁、沉没、焚毁等意外事故,则不论在事故发生之前或之后,由于自然灾害所造成的部分损失,平安险同样负责。

(3) 一切险(All Risks, A.R.)。其责任范围除包括平安险和水渍险的各项保险责任外,还包括被保险货物在运输过程中由于一般外来原因所造成的全部或部分损失。

一切险的承保责任范围是各种基本险中最广泛的一种,因而,比较适宜于价值较高、可能遭受损失因素较多的货物投保。

2. 基本险的除外责任

除外责任是指保险人不予赔偿的损失和费用。这是为了维护保险人的权益而对承保责任范围做进一步的明确和划分,这种除外责任,一般来说是非意外的,非偶然的,或比较特殊的风险,其责任范围包括:

(1) 被保险人的故意行为或过失所造成的损失。

(2) 由于发货人的包装不善等责任所引起的损失。

(3) 被保险货物在保险责任开始之前就已存在品质不良或数量短缺所形成的损失。

(4) 被保险货物的自然损耗、品质特性以及市价跌落、运输延迟所引起的损失和费用。

(5) 战争险、罢工险等特殊附加险条款所规定的责任范围和除外责任。

3. 基本险的责任起讫期限

保险的责任起讫,是指保险人对被保险货物承担保险责任的有效时间(见图4-3)。被保险货物如果在保险有效期内发生保险责任范围内的风险损失,被保险人有权进行索赔,否则就无权进行索赔。

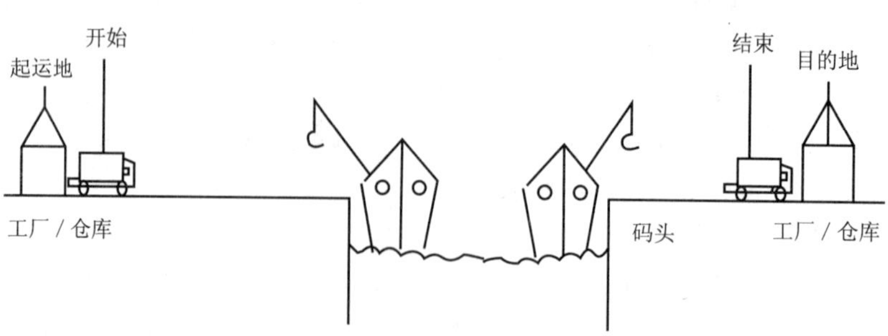

图4-3 基本险责任起讫示意图

基本险的责任起讫期限通常采用国际保险业惯用的“仓至仓”条款(Warehouse to Warehouse Clause, W/W),是指保险人的承保责任从被保险货物运离保险单所载明的起运地发货人仓库开始,直至该项货物被运抵保险单所载明的目的地收货人仓库为止。

但“仓至仓”责任不是绝对的，要受某些条件的限制：

（1）当货物从目的港卸离海轮时起满 60 天，不论货物是否进入收货人仓库，保险责任均告终止。

（2）如上述保险期限内被保险货物需要转交到非保险单所载明的目的地时，保险责任则以该项货物开始转交时终止。

（3）被保险货物在运至保险单所载明的目的港或目的地以后，在某一仓库发生分组、分派的情况，则该仓库就作为被保险人的最后仓库，保险责任也从货物运抵该仓库时终止。

（4）被保险人可以要求延长保险期限。如对某些内陆国家的出口货物，内陆运输距离长、时间长，在港口卸货后，无法在保险条款规定的期限（60 天）内运至目的地，可以向保险人申请延长，经保险公司同意后出立凭证予以延长，每日加收一定的保险费。

（5）当发生非正常运输情况，如运输迟延、绕道、被迫卸货、航程变更等，被保险人及时通知保险人，加交保险费，可按扩展条款办理。

资料卡

什么是海洋运输冷藏货物险？

这是海洋运输货物保险中的一种专门保险条款。其险别分为冷藏险和冷藏一切险两种，主要由保险公司承担冷藏货物因自然灾害、意外事故或外来原因所造成的损失责任。保险责任起讫按“仓至仓”条款负责，即货物到达目的港在 30 天内卸离海轮后，存入冷藏库，保险公司继续负责 10 天，如果货物卸离海轮后不存入冷藏库，保险责任至卸离海轮时终止。

什么是海洋运输散装桐油险？

这是海运保险中的一种专门保险条款。保险公司承担散装桐油不论何种原因造成的短少、渗漏、沾污和变质的责任。保险责任起讫按“仓至仓”条款负责，但是，如果被保险的散装桐油运抵目的港不及时卸载，则自海轮抵达目的港时起算满 15 天，保险责任即行终止。

（二）附加险

附加险是对基本险的补充和扩展，其承保范围是外来风险所造成的损失。附加险不能单独投保，只能在投保了基本险的基础上加保。根据损失的性质，附加险分为一般附加险和特殊附加险。

1. 一般附加险（General Additional Risk）

一般附加险承保一般外来风险所造成的损失，共有 11 种。

（1）偷窃、提货不着险（Theft, Pilferage and Non-delivery Risk, T.P.N.D.）。即对偷窃行为所致的损失和整体提货不着等损失，负责按保险价值赔偿。

（2）淡水雨淋险（Fresh Water and Rain Damage Risk）。即对直接遭受雨淋或淡水所致的损失负责赔偿。

（3）渗漏险（Leakage Risk）。即对因容器损坏而引起的渗漏损失，或用液体储藏的货物因液体渗漏而引起的货物腐蚀等损失负责赔偿。

（4）短量险(Shortage Risk)。即对因外包装破裂或散装货物发生数量损失和实际重量短缺的损失负责赔偿。

（5）混杂、沾污险(Intermixture and Contamination Risk)。即对在运输过程中因混进杂质或被玷污所致的损失负责赔偿。

（6）碰损、破碎险(Clash and Breakage Risk)。即对因震动、碰撞、受压所造成的破碎和碰撞损失负责赔偿。

（7）钩损险(Hook Damage Risk)。即对在装卸过程中因遭受钩损，以及对包装进行修补或调换所支付的费用，均负责赔偿。

（8）锈损险(Rust Risk)。即对运输过程中发生的锈损负责赔偿。

（9）串味险(Taint of Odour Risk)。即对于被保险的食品、中药材、化妆品原料等因受其他物品的影响而引起的串味损失负责赔偿。

（10）包装破裂险(Breakage of Packing Risk)。即对因运输或装卸不慎，包装破裂所造成的损失以及为继续安全运输的需要对包装进行修补或调换所支付的费用，均负责赔偿。

（11）受潮受热险(Sweat and Heating Risk)。即对因气温突然变化或由于船上通风设备失灵致使船舱内水汽凝结、受潮或受热所造成的损失负责赔偿。

上述11种附加险，只能在投保平安险和水渍险的基础上加保一种或数种险别，但若投保一切险时，因上述险别均包括在内，故毋需加保。

2. 特殊附加险(Special Additional Risk)

特殊附加险承保特殊外来风险所造成的损失，共有8种。

（1）交货不到险(Failure to Deliver Risk)。不论何种原因，从被保险货物装上船时开始，在6个月内不能运到原定目的地交货的，负责按全损赔偿。

（2）进口关税险(Import Duty Risk)。当货物遭受保险责任范围内的损失，而仍须按完好货物价值完税时，保险公司对损失部分货物的进口关税负责赔偿。

（3）舱面险(On Deck Risk)。当货物置于船舶甲板上时，保险公司除按保单所载条款负责外，还赔偿被抛弃或浪击落海的损失。

（4）黄曲霉素险(Aflatoxin Risk)。花生、谷物等易产生黄曲霉素，保险公司对黄曲霉素含量超过进口国限制标准而被拒绝进口、没收或强制改变用途所遭受的损失负责赔偿。

（5）拒收险(Rejection Risk)。保险公司对被保险货物在进口港被进口国政府或有关当局拒绝进口或没收按货物的保险价值负责赔偿。

（6）出口货物到香港（包括九龙在内）或澳门存仓火险责任扩展条款(Fire Risk Extension Clause for Storage of Cargo at Destination Hong Kong, Including Kowloon, or Macao, F.R.E.C.)。这是一种扩展存仓火险责任的保险，是指出口货物到达香港（包括九龙在内）或澳门等目的地，在卸离运输工具后，如直接存放在保险单所载明的过户银行所指定的仓库，保险责任自运输责任终止时开始，至银行收回押款解除货物的权益为止；或自运输责任终止时起，满30天为止。在此期间，对发生了火灾所造成的损失，保险公司负责赔偿。

（7）战争险（War Risk）。战争险是特殊附加险的主要险别之一，它虽然不能独立投保，但对其他附加险而言又有很强的独立性，其内容包括责任范围、除外责任、责任起讫等。

①战争险的责任范围：

A. 直接由于战争、类似战争行为、敌对行为、武装冲突或海盗等所造成运输货物的损失。

B. 由于上述原因所引起的捕获、拘留、扣留、禁制、扣押等所造成的运输货物的损失。

C. 各种常规武器，包括水雷、炸弹等所造成的运输货物的损失。

D. 由本险责任范围所引起的共同海损牺牲、分摊和救助费用。

②战争险的除外责任：

由于敌对行为使用原子或热核制造的武器导致被保险货物的损失和费用不负责赔偿。

议一议

我方按CIF条件出口大豆1 000公吨，计10 000包。合同规定投保一切险加战争险、罢工险。货物卸至目的港码头后，当地码头工人开始罢工。在工人与政府的武装力量对抗中，该批大豆有的被撒在地面，有的被当作掩体，有的丢失，总共损失近半。请问：这种损失保险公司是否负责赔偿？

③战争险的责任起讫：

战争险的责任起讫与基本险所采用的“仓至仓”条款不同，而是以“水上危险”为限，是指保险人的承保责任自货物装上保险单所载明的起运港的海轮或驳船开始，到卸离保险单所载明的目的港的海轮或驳船为止。如果货物不卸离海轮或驳船，则从海轮到达目的港当日午夜起算满15日之后责任自行终止；如果中途转船，不论货物在当地卸货与否，保险责任以海轮到达该港可卸货地点的当日午夜起算满15天为止，等再装上续运海轮时，保险责任才继续有效。

（8）罢工险（Strikes Risk）。凡因罢工、被迫停工所直接造成的损失、恐怖主义者或出于政治目的而采取行动的人所造成的损失以及任何人的恶意行为所造成的损失，都属承保范围，其除外责任与战争险相同，责任起讫采取“仓至仓”条款。按国际保险业惯例，已投保战争险后另加保罢工险，不另增收保险费。如仅要求加保罢工险，则按战争险费率收费。

上述8种险别，只能在投保了“平安险”“水渍险”或“一切险”的基础上加保。

二、伦敦保险协会货物保险条款与险别

伦敦保险协会于1912年制定了《协会货物条款》，后经几次修改，现使用的是2009年1月1日修订的最新版本，共设6种险别：

（1）协会货物（A）险条款，即ICC（A）；

（2）协会货物（B）险条款，即ICC（B）；

（3）协会货物（C）险条款，即ICC（C）；

（4）协会货物战争险条款；

（5）协会货物罢工险条款；

（6）恶意损害险条款（Malicious Damage Clause）。

以上6种险别中A、B、C 3种险别是基本险，类似于我国《海洋运输货物保险条款》中的一切险、水渍险和平安险。战争险、罢工险及恶意损害险是附加险别。但是，协会的战争险和罢

工险在需要时能单独投保，而恶意损害险则不能单独投保。由于恶意损害险的承保责任范围已被列入 ICC(A)险的承保风险，所以只有在投保 ICC(B)险和 ICC(C)险的情况下，才在需要时加保。

这里主要介绍 ICC(A)、ICC(B)、ICC(C)3 种险别。

ICC(A)险的承保责任范围是 3 种险别中最广的（见表 4-1），不便把全部承保风险一一列出，因此对承保风险的规定采用"一切风险减除外责任"的方式。ICC(A)险的除外责任有：(1) 一般除外责任。如因包装或准备不足或不当所造成的损失；使用原子或热核武器所造成的损失和费用。(2) 不适航、不适货除外责任。主要是指被保险人在被保险货物装船时已知船舶不适航以及船舶、运输工具、集装箱等不适货引起的损失。(3) 战争除外责任。(4) 罢工除外责任。

ICC(B)险与 ICC(C)险的承保责任范围均采用"列明风险"方式，其除外责任方面，除对"海盗行为"和恶意损害险不负责外，其余均与(A)险的除外责任相同。

表 4-1　　ICC(A)、ICC(B)、ICC(C)险别承保责任范围对照表

承保范围	A 险	B 险	C 险
火灾或爆炸	√	√	√
船舶或驳船搁浅、触礁、沉没或倾覆	√	√	√
陆上运输工具的倾覆或出轨	√	√	√
在避难港卸货	√	√	√
抛货	√	√	√
共同海损牺牲	√	√	√
船舶、驳船或运输工具同水以外的任何物体碰撞	√	√	√
地震、火山爆发或雷电	√	√	
浪击落海	√	√	
海水、湖水或河水进入船舶、驳船、运输工具、集装箱、大型海运箱或贮存处所	√	√	
货物在装卸时落海或跌落造成任何整件的全损	√	√	
被保险人以外的其他人的故意行为所致被保险货物的灭失和损失、海盗行为	√		
一般外来原因造成的损失	√		

说明："√"表示承保责任；空格表示免责或除外责任。

ICC(A)险、ICC(B)险、ICC(C)险条款的责任起讫也是"仓至仓"条款，但比我国相关条款规定得更为详细。

在我国进出口业务中，特别是以 CIF 条件出口时，有些国外商人如要求我出口公司按伦敦保险协会货物条款投保，我出口企业和中国人民保险公司也可接受。

第三节　陆、空、邮货物运输保险条款

一、陆上货物运输保险条款

中国人民保险公司 1981 年 1 月 1 日修订的《陆上运输货物保险条款》规定：陆上运输险分为陆运险和陆运一切险两种基本险别。

（一）陆运险的责任范围

陆运险（Overland Transportation Risks）的责任范围，是指保险公司负责赔偿被保险货物在运输途中遭受暴风、雷电、洪水、地震等自然灾害或由于运输工具遭受碰撞、倾覆、出轨或在驳运过程中因驳运工具遭受搁浅、触礁、沉没、碰撞，或由于遭受隧道坍塌、崖崩或失火、爆炸等意外事故所造成的全部或部分损失。由此可见，陆运险的承保责任范围与海洋运输货物保险条款中的“水渍险”相似。

（二）陆运一切险的责任范围

陆运一切险（Overland Transportation All Risks）的责任范围除上述陆运险的责任外，还包括运输途中，由外来原因造成的短少、短量、偷窃、渗漏、碰损、破碎、钩损、雨淋、生锈、受潮、受热、发霉、串味、沾污等全部或部分损失，这与海洋运输货物保险条款中的“一切险”相似。

（三）陆上货物运输保险的除外责任

（1）被保险人的故意行为或过失所造成的损失。

（2）属发货人责任范围的或被保险货物的自然消耗所引起的损失。

（3）由于战争、罢工或运输延迟所造成的损失。

（四）陆上货物运输保险责任起讫期限

陆上货运保险也采用“仓至仓”原则，即保险责任从被保险货物运离保险单所载明的起运地发货人的仓库或储存处所开始，包括正常陆运和有关水上驳运在内，直到该货物送交保险单所载明的目的地收货人仓库或储存处所，或者被保险人用作分配、分派或非正常运输的其他储存处所为止。如果没运抵保险单所载明的收货人的仓库或储存处所，则以到达最后卸载车站之后 60 天为限。如在中途转车，不论货物在当地卸车与否，保险责任从火车到达中途站的当日午夜起满 10 天为止。如果被保险货物在 10 天内重新装车续运，则保险责任继续生效。

在投保陆上货运保险时，还可加保一种或若干种附加险。如陆运战争险（火车），它是指承保直接由于战争、类似战争行为以及武装冲突所造成的损失，保险人的具体责任同海运战争险基本相似。加保陆运战争险时保险人的责任起讫期限为自货物装上火车时开始，到在目的地卸离火车为止。如果被保险货物不卸离火车，则以火车到达目的地当日午夜起算，满 48 小时为止。

此外，陆上货物运输罢工险也是一种陆运附加险，其保险手续的办理也与海运货物罢工险相同，即在加保战争险的同时加保罢工险，不另收费，若仅要求加保罢工险，则按战争险费率收费。

二、航空货物运输保险条款

中国人民保险公司 1981 年 1 月 1 日修订的《航空运输货物保险条款》规定：航空运输货物保险分为航空运输险和航空运输一切险两种基本险别。

（一）航空运输险的责任范围

航空运输险（Air Transportation Risks）的责任范围与海洋货物运输保险条款中的“水渍险”相似，包括被保险货物在运输中遭受雷电、火灾、爆炸或由于飞机遭受恶劣气候或其他危难事故而被抛弃，或由于飞机遭受碰撞、倾覆、坠落或失踪等自然灾害和意外事故所造成的全部或部分损失。

（二）航空运输一切险的责任范围

航空运输一切险（Air Transportation All Risks）的责任范围与海洋运输保险条款中的“一切险”相似，除包括航空运输险的各项责任外，还包括被保险货物由于一般外来原因所造成的全部或部分损失。

（三）航空货物运输保险的除外责任

航空运输险和航空运输一切险的除外责任与海洋货物运输保险条款中基本险的除外责任基本相同。

（四）航空货物运输保险责任起讫期限

航空货物运输保险责任起讫期限也采用“仓至仓”条款，所不同的是如果货物运达保险单所载明的目的地而未运抵保险单所载明收货人仓库或储存处所，则以被保险货物在最后卸载地卸离飞机后满 30 天保险责任即告终止。如在上述 30 天内，被保险货物需转送到非保险单所载明的目的地时，以该项货物开始转运时终止。

在投保航空运输险时，还可以加保战争险等附加险别。如果被保险货物不卸离飞机，战争险的责任起讫期限则以载货飞机到达目的地当日午夜起满 15 天为止。

三、邮政包裹运输保险条款

邮政包裹运输保险包括邮包险和邮包一切险两种基本险别。

（一）邮包险的责任范围

邮政运输不外乎采用陆、空、海等常用的交通运输方式，因此，邮包险（Parcel Post Risks）的责任范围包括水渍险、陆运险和航空运输险的责任范围。

（二）邮包一切险的责任范围

邮包一切险（Parcel Post All Risks）的责任范围包括一切险、陆运一切险和航空运输一切险的责任范围。

(三) 邮政包裹运输保险的除外责任

邮包险和邮包一切险的除外责任与前几种运输保险的除外责任基本相同。

(四) 邮政包裹运输保险责任起讫期限

邮包保险的责任起讫期限是从邮包离开起运地寄件人处所运往邮局开始,至目的地邮局给收件人发出通知的当日午夜起满 15 天为止。在此期限内,邮包一经送交收件人处所,保险责任即告终止。如加保战争险,则责任起讫期限为被保险邮包经邮局收验后,从储存处所起运时开始生效,直到该邮包运达目的地邮局送交收件人为止。

第四节　进出口货物运输保险实务

在进出口货物运输保险业务中,被保险人在选择确定投保的险别后通常涉及的工作有:确定保险金额、办理投保并交付保险费、领取保险单证以及在货损时办理保险索赔等。

一、投保手续

(一) 进口货物的投保手续

我国进口货物一般按 FOB 或 CFR 条件成交,由买方办理保险,为简化投保手续和防止出现漏保或来不及办理投保等情况,我国进口货物一般采取预约保险的做法,各进出口公司和中国人民保险公司都签订有预约保险合同。

按照预约保险合同的规定,被保险人(买方)无须逐笔填送投保单。在进口货物时,只需将国外客户(卖方)的装运通知送交保险公司,即算办理了投保手续,保险公司对该批货物自动承担承保责任。如果被保险人未按预约保险合同的规定办理投保手续,则保险公司不负赔偿责任。

按空、邮运进口货物预约保险合同的规定,凡在此范围内承保的货物,投保人必须逐笔向保险公司填送起运通知书,作为向保险公司投保的手续和凭证。保险公司获得通知书后,自动承担承保责任。

投保单

(二) 出口货物的投保手续

我国出口货物一般按 CIF 条件成交,由卖方办理保险。首先,投保人在根据合同或信用证的规定备齐货物并确定装船出运日期后,货物尚未装船前,向保险公司填一份"海运出口货物投保单";其次,保险公司收到投保人递交的投保单后,根据有关规定,对其进行审核,以决定是否承保;再次,若保险公司经审核同意承保,则向投保人发回承保回执,并收取保险费;最后,投保人凭保险公司发回的承保回执缮制保险单,并将保险单送交保险公司确认签署。经保险公司签署后的保险单即成为向银行进行议付的重要单据之一。

二、确定保险金额并计算保险费

（一）保险金额

保险金额（Insured Amount），是指投保人与保险公司之间实际投保和承保的金额，是保险费的计收依据，是投保人或其受让人索赔和保险人赔偿的最高限额。

中国人民保险公司承保出口货物保险金额一般是CIF（CIP）价加成10%的金额，即将买方预期利润和有关费用加入货价内一并计算。

保险金额的计算公式是：

保险金额=CIF（CIP）价×（1+投保加成率）

资料卡

为什么保险金额高于成本价？

保险金额并非是投保货物的成本价格，而是以成本为基础，包括保险费、运费以及预期利润。之所以包括运费和保险费，是为了避免被保险货物损失后收不回运费和保险费，不但给货物投了保，而且给运费和保险费的支出也投了保。假设货物在运输过程中全损，被保险人不但可以从保险人那里索回商品的成本价金额，而且能索回已支付的运费和保险费。之所以包括预期利润，就是为了在货物发生损失后不仅能收回全部支出，而且获得一定的利润。因此，保险金额高于成本价。成本价、保险费、运费实际上就是CIF价，因此，保险公司承保出口货物保险金额一般是CIF价加一成预期利润。

（二）保险费的计算

保险费是保险金额与保险费率的乘积。保险费率是计收保险费的依据，不同的险别有不同的费率。

保险费的计算公式为：

保险费=保险金额×保险费率

如按CIF（CIP）价加成投保：

保险费=CIF（CIP）价×（1+投保加成率）×保险费率

[例4-1] 中国A公司对外出售货物一批，合同规定：数量100公吨，单价每公吨1 000英镑CIF伦敦，卖方按发票金额加一成投保水渍险和短量险，保险费率分别为0.3%和0.2%。试计算A公司的投保金额是多少？应向保险公司支付多少保险费？

解：保险金额=CIF价×（1+投保加成率）

=1 000×100×（1+10%）

=110 000（英镑）

算一算 某外贸公司向英国出口一批货物，其发票总额为12 000美元，加一成投保一切险及战争险，费率分别为0.6%和0.4%。试问，投保金额是多少？应交多少保险费？

保险费＝保险金额×保险费率

$$=110\,000\times(0.3\%+0.2\%)$$

$$=550(\text{英镑})$$

答：A 公司的投保金额是 110 000 英镑，应向保险公司付 550 英镑的保险费。

三、保险单据

保险单据是保险人与被保险人之间权利、义务的契约，是被保险人或受让人索赔和保险人理赔的依据，是进出口贸易结算的主要单据之一。在国际贸易中，保险单据可以背书转让。我国常用的保险单据主要有保险单、保险凭证、预约保单。

（一）保险单

保险单（Insurance Policy），俗称大保单，是一种正规的保险合同。其正面内容一般包括：被保险人名称和地址、保险标的、运输标志、运输工具、起讫地点、承保险别、保险币别和金额和出单日期等项目；背面印有保险人与被保险人之间权利和义务方面的保险条款。目前，我国国内的保险公司大都以出具保险单作为出口保险凭证。

> **小知识**
>
> 如保险公司出立保险单后，被保险人需要更改保险内容时，被保险人必须向保险公司申请，保险公司同意后，须出具批单，该批单必须粘贴在原保险单上，并加盖骑缝章。

（二）保险凭证

保险凭证（Insurance Certificate），俗称小保单，是一种简化的保险合同。保险凭证的内容，除背面未印有详细条款外，正面内容与保险单相同，在法律上与保险单具有同等法律效力。目前各国在信用证上的保险条款中，一般都有规定保险单与保险凭证均可接受，但信用证如规定提交单据为保险单时，则议付行不接受以保险凭证代替保险单凭以议付。

保险证明

（三）预约保险单

预约保险单（Open Policy），是指保险公司与被保险人双方签订的预约保险合同，它规定了总的保险范围、保险期限、保险种类、总保险限额、航程区域、运输工具、保险条件、保险费率和保险结算办法等。在这个范围内的被保险货物，一经起运保险公司即自动承保。但被保险人在获悉每批货物装运时，应及时将装运通知书（包括货物的名称、数量、保险金额、船名、运输工具、起讫地点、起运日期）送交保险公司，并按约定办法缴纳保险费，即完成了投保手续。在实际业务中，预约保险单适用于进口的货物保险，这可以防止因漏保或迟保而造成的无法弥补的损失。

> **议一议**
>
> 有批按 FOB 价购进的货物事先未进行预约投保，在运输途中遇险发生损失，受损的同一天进口商向保险公司投保，保险公司能给予赔偿吗？

四、保险索赔

保险索赔是被保险人向保险人提出赔偿要求的行为。被保险人进行索赔应具备 3 个条件:

(1) 被保险人要求赔偿的损失,必须是承保责任范围内风险造成的损失。

(2) 被保险人是保险单的合法持有人。

(3) 被保险人必须拥有可保利益(Insurable Interest)。可保利益又称保险利益或可保权益,是指被保险人对被保险货物因具有某种利害关系而享有的为法律所承认,可以投保的经济利益。例如,在按 FOB 或 CFR 贸易术语成交条件下,保险是由买方办理的,而买方是在货物装船后才承担风险,此时买方才享有可保利益。

> **议一议** 我方以 CFR 贸易术语出口货物一批,在从出口公司仓库运到码头待运过程中,货物发生损失,如买方已经向保险公司办理了货物运输保险,买方可否向保险公司要求其赔偿?卖方可以吗?如将贸易术语 CFR 换成 FOB 或 CIF,结果又会怎么样?

五、合同中的保险条款及举例

保险条款是国际货物买卖合同的重要组成部分之一。因此,必须明确、合理订立保险条款。保险条款的内容依选用不同的贸易术语而有所区别。

(1) 在以 EXW、FCA、CPT、DAT、DAP、DDP、FAS、FOB、CFR 贸易术语签订合同时,保险条款应该明确规定投保人。

(2) 在以 CIF 或 CIP 贸易术语签订合同时,保险条款须明确规定投保人、投保险别、确定保险金额的方法和按什么保险条款投保,并注明该条款的生效时间。

(一) 合同中的保险条款举例

[例 4-2] 以 EXW、FCA、CPT、FAS、FOB、CFR 贸易术语成交的合同

保险条款:保险由买方办理。

Insurance: To be covered by the Buyers.

[例 4-3] 以 CIF 或 CIP 贸易术语成交的合同

保险条款:由卖方按发票金额的 110%投保××险和××险,按 1981 年 1 月 1 日中国人民保险公司海洋运输货物保险条款负责。

Insurance: To be covered by the Sellers for 110% of the invoice value against ×× and ×× as per Ocean Marine Cargo Clauses of the People's Insurance Company of China dated Jan. 1, 1981.

[例 4-4] 以 DPU、DAP、DDP 贸易术语成交的合同

保险条款:保险由卖方办理。

Insurance: To be covered by the Sellers.

(二) 在订立保险条款时应注意的问题

(1) 应明确按什么保险条款进行投保,是按 ICC 条款还是按 CIC 条款。

(2) 应明确不同保险条款的生效日期。

(3) 应明确投保险别,是平安险还是水渍险或一切险。如需另加某一种或某几种附加险也应一并写明。

(4) 应明确由何方负责投保,如系 FOB 或 CFR 合同应明确由买方负责投保,如系 CIF 合同应明确由卖方负责投保。

(5) 应明确投保加成率,如超过一成由此产生的超额保险费用由买方负担。

(6) 如加保战争险,应明确"若发生有关的保险费率调整,所增加的保费由买方负担"。

复习与思考

一、问答题

1. 什么是共同海损?构成共同海损的条件是什么?

2. 我国海洋运输货物保险的基本险有几种?其责任范围如何?

3. 我国海洋运输货物保险条款的附加险有哪些?在投保一切险时,是否包括上述列举的附加险?

4. 现行伦敦保险业协会的货物保险条款有哪些险别?这些险别能否单独投保?

5. 我按 CIF 贸易术语对外发盘,若按下列险别作为保险条款提出是否妥当?如有不妥,试予更正并说明理由。

(1) 一切险、偷窃提货不着险、串味险;

(2) 平安险、一切险、受潮受热险、战争险、罢工险;

(3) 水渍险、碰损破坏险;

(4) 偷窃提货不着险、钩损险、战争险、罢工险;

(5) 航空运输一切险、淡水雨淋险。

二、做一做

(一) 选择题

1. 我公司以 CIF 条件出口时,我方应负责投保,如果合同中没有规定险别,根据《国际贸易术语解释通则 2020》,应投保(　　)。

A. 一切险　　B. 水渍险　　C. 平安险　　D. 一切险加战争险

2. 共同海损属于(　　)。

A. 全部损失　　B. 部分损失　　C. 单独海损　　D. 推定全损

3. "仓至仓"条款是(　　)。

A. 承运人运输责任起讫的条款　　B. 承保人保险责任起讫的条款

C. 出口人交货责任起讫的条款　　D. 免责条款

4. 在伦敦保险协会《协会货物保险条款》的基本险中,保险人承担责任最小的险别是(　　)。

A.协会货物(A)险　　B.协会货物(B)险

C.协会货物(C)险　　D.协会货物罢工险

5. 对于共同海损所做出的牺牲和支出的费用应由(　　)。

A. 船方承担

B. 货方承担

C. 保险公司承担

D. 由船、货、运费三方按获救财产价值大小比例分摊

(二) 判断题

1. 某货物100箱投保了平安险,在运输途中因暴风雨损坏20箱,保险公司应予赔偿。(　　)

2. 所谓"仓至仓"条款是指船公司负责将货物从装运地发货人仓库运到目的地收货人仓库的运输条款。(　　)

3. 以CFR条件进口一批货物,投保平安险,装船时两件货物落入海里,保险公司应负责赔偿。(　　)

4. 中国人民保险公司陆运货物保险条款规定:陆运货物战争险仅限于火车上。(　　)

(三)算一算

某公司出口货物一批,报价为每公吨200美元CFR纽约,现客户要求改报CIF价,加一成投保一切险和战争险,一切险费率为1%,战争险费率为0.3%。试计算在不影响我外汇净收入前提下的CIF报价。

三、案例分析

1. 国际海洋货物运输保险索赔案

【案情】中国大连美路出口公司与美国艾尔特公司于2019年6月16日签订了出口1 000件女式衬衫的合同。合同中包括以下条款:

价格:每件衬衫30美元CIF纽约。

最迟装运期:2019年9—10月。

保险:按发票金额的110%投保水渍险加保战争险,适用2009年1月1日中国人民保险公司海洋运输货物保险条款。

【问题】:(1) 本合同中的投保人是哪一方?保险金额是多少?

(2) 投保人在向保险公司投保时,需要支付多少保险费?(已知水渍险与战争险的保险费率分别是0.7%和0.3%)

(3) 假设衬衫从瓦房店仓库运往大连港口途中遭洪水导致100件衬衫灭失,保险公司是否应当赔偿?为什么?

(4) 假设1 000件衬衫在海运途中因为船舱内食用水管漏水导致100件水渍,对此损失保险公司是否赔偿?为什么?

(5) 货物安全到达目的港后,美国艾尔特公司发现收到的衬衫质地与合同约定不符时能否向保险公司要求赔偿?为什么?

2. FOB贸易术语下装运途中货物受损索赔案

【案情】A公司对外签订一份以FOB为条件的农产品合同,买方已向保险公司投保"仓至仓"条款的一切险。货物从我公司仓库运往装运码头途中,发生承保范围内的损失,事后我公司以保险单含有"仓至仓"条款,要求保险公司赔偿遭拒绝,后来我公司又请买方以买方的名义凭保险单向保险公司索赔,但同样遭到拒绝。

【问题】请分析保险公司是否有权拒赔?为什么?

3. CIF 贸易术语下货物受损索赔案

【案情】A 公司向港商出口罐头一批共 500 箱，按 CIF 香港向保险公司投保了一切险，但因海运提单上只写进口商名称，而没有写明其详细地址，货物抵达香港后，轮船公司无法通知进口商提货，只好将该批货物运回原地，但因轮船渗水，有 229 箱罐头受海水浸湿，货返原地后 A 公司未将货物卸下，在提单上补写上进口商详细地址后，又运往香港，进口商提货后发现罐头已生锈，所以只提取了未生锈的 271 箱，其余的又运回原地，A 公司遂凭保险单向保险公司提起索赔，要求赔偿 229 箱罐头。

【问题】请分析保险公司是否应该理赔？为什么？

四、活动建议

1. 请保险公司的工作者做报告，了解我国海洋运输保险的基本情况及未来发展趋势。

2. 组织案例讨论，加深对保险条款各险别赔偿责任范围的理解。

案例解析

第五章

国际货款的收付

【导读】

在国际贸易中，货款的收付是买卖双方所面临的一个繁杂而重要的问题。由于买卖双方分处两国，这涉及货币的选择和外汇的使用问题；由于买卖双方往往互不信任，卖方想先收款后发货，买方想先拿货后付款，这涉及如何根据不同情况，处理好货款收付中的安全保障及资金融通问题。总之，货款的收付直接影响双方的资金周转和融通以及各种金融风险和费用的负担，关系到买卖双方的利益。那么，应该选用什么样的收付工具，采取什么样的收付方式，在什么时间、什么地点收付货款呢？这是我们必须解决的问题。在坚守契约精神和诚信至上信念的基础上，培养职业道德修养，树立高度的职业责任心。

本章的学习要求是：

1. 了解收付条款在进出口货物买卖合同中的重要意义；
2. 掌握国际贸易中常用的收付工具与收付方式。

第一节　收付工具

国际贸易货款的收付，采用现金结算的较少，大多使用非现金结算，即使用票据代替现金作为流通手段和支付手段的信贷工具结算国际间的债务。票据是国际通行的结算和信贷工具，是可以流通转让的债权债务。国际贸易中使用的票据主要有汇票、本票和支票，其中以使用汇票为主。

一、汇票

（一）汇票的含义

根据《中华人民共和国票据法》（简称《票据法》）的规定，汇票（Bill of Exchange, Exchange, Draft）是指出票人签发的，委托付款人在见票时或者在指定日期无条件支付确定的金额给收款人或持票人的票据。

按照各国票据法的一般规定：汇票是指一个人向另一个人签发的，要求见票时或在将来的固定时间或可以确定的时间，对某人或其指定的人或持票人支付一定金额的无条件的书面支付命令。

（二）汇票的当事人

汇票的当事人有出票人、付款人和受款人。

（1）出票人，即签发汇票的人，一般是出口方或其指定的银行。

（2）付款人，即接受支付命令付款的人，一般是进口方或其指定的银行。

（3）受款人，即受领汇票所规定金额的人，一般是出口方或其指定的银行。

（三）汇票的内容

各国票据法对汇票的规定不同，但一般应包括下列基本内容：

（1）应载明“汇票”字样；

（2）无条件支付命令；

（3）一定金额；

（4）付款期限和地点；

（5）受票人（Drawee），又称付款人（Payer），即接受支付命令付款的人；

（6）受款人（Payee），即受领汇票所规定金额的人；

（7）出票日期和地点；

（8）出票人签字。

我国《票据法》规定，汇票必须记载下列事项：

（1）表明“汇票”字样；

（2）无条件支付的委托；

（3）确定的金额；

（4）付款人名称；

（5）收款人名称；

（6）出票日期；

（7）出票人签章。

（四）汇票的种类

汇票从不同的角度可分为以下几种：

1. 按出票人的不同，汇票分为银行汇票和商业汇票

（1）银行汇票（Banker's Draft）。银行汇票是指出票人是银行，受票人也是银行的汇票。

（2）商业汇票（Commercial Draft）。商业汇票是指出票人是企业或个人，付款人可以是企业或个人，也可以是银行的汇票。

2. 按照有无随附商业单据，汇票可分为光票和跟单汇票

（1）光票（Clean Bill）。光票是指不附带商业单据的汇票。银行汇票多是光票。

（2）跟单汇票（Documentary Bill）。跟单汇票是指附带有商业单据的汇票。商业汇票一般为跟单汇票。

3. 按照付款时间的不同，汇票可分为即期汇票和远期汇票

（1）即期汇票（Sight Draft）。即期汇票是指在提示或见票时立即付款的汇票。

（2）远期汇票（Time Bill or Usance Bill）。远期汇票是指在一定期限或特定日期付款的汇票。远期汇票的付款时间，有以下几种规定办法：

① 见票后若干天付款（At ×× Days after Sight）；

② 出票后若干天付款（At ×× Days after Date）；

③ 提单签发日后若干天付款（At ×× Days after Date of Bill of Lading）；

④ 指定日期付款（Fixed Date）。

一张汇票往往可以同时具备几种性质，例如一张商业汇票同时又可以是即期的跟单汇票；一张远期的商业跟单汇票，同时又是银行承兑汇票。

汇票格式见本书附录13。

（五）汇票的使用

汇票的使用有出票、提示、承兑、付款等，如需转让，通常经过背书行为转让。汇票遭到拒付时，还要涉及做成拒绝证书和行使追索等法律权利。

1. 出票（Issue）

出票是指将格式完备的汇票交付给受款人的行为，其中，包括制作汇票（必须签名）和交付汇票。汇票上记载的内容必须符合法律的要求，出票人在汇票上填写付款人、付款金额、付款日期和地点以及受款人等项目，经签字交给受款人。

资料卡

汇票上受款人的抬头有三种写法：

（1）限制式抬头。如："Pay ××× Co. only"或" Pay ××× Co. not negotiable "，这种汇票不能转让，只能由抬头人收取货款。

（2）指示式抬头。如："Pay ××× Co. to the order" 或" Pay to the order of ××× Co."，这种汇票经背书（Endorsement）后可进行转让。

（3）持票人或来人抬头。如："Pay bearer"，这种汇票无须背书即可转让。

2. 提示（Presentation）

提示是指持票人将汇票提交付款人要求承兑或付款的行为。付款人见到汇票叫作见票（Sight）。提示可以分为付款提示和承兑提示两种。

3. 承兑（Acceptance）

承兑是指付款人对远期汇票表示承担到期付款责任的行为。付款人在汇票上注明"承兑"字样，注明承兑日期，并由付款人签字，交还持票人。付款人即成为承兑人。承兑人有在远期汇票到期时付款的责任。

4. 背书（Endorsement）

背书是指由汇票持有人在汇票背面签上自己的名字，或再加上受让人即被背书人（Endorsee）的名字，并把汇票交给受让人的行为。在国际市场上，汇票是一种流通工具，可以

在票据市场上流通转让。背书是转让汇票权利的一种法定手续，经背书后，汇票的收款权利便转移给受让人。汇票可以经过背书不断转让下去。对受让人来说，所有在他以前的背书人（Endorser）以及原出票人都是他的“前手”；对出让人来说，所有在他让与以后的受让人都是他的“后手”，前手对后手负有担保汇票必然会被承兑或付款的责任。

资料卡

贴　　现

在国际市场上，一张远期汇票的持有人如想在付款人付款前就取得票款，可以经过背书转让汇票，即将汇票进行贴现。贴现（Discount）是指远期汇票承兑后，尚未到期，由银行或贴现公司从票面金额中扣减按一定贴现率计算的贴现息后，将余款付给持票人的行为。

5. 付款（Payment）

付款是指在使用即期汇票情况下，持票人提示汇票时，付款人即应付款；在使用远期汇票情况下，付款人经过承兑后，在汇票到期日付款。付款后，汇票上的一切债务即告终止。

6. 拒付（Dishonor）

持票人提示汇票要求承兑时，遭到拒绝承兑，或持票人提示汇票要求付款时，遭到拒绝付款均称拒付，也称退票。除了拒绝承兑和拒绝付款外，付款人拒不见票、死亡或宣告破产，以致付款事实上已不可能时，也称拒付。如汇票在合理时间内提示，遭到拒绝承兑，或在到期日提示，遭到拒绝付款，对持票人立即产生追索权，他有权向背书人和出票人追索票款。持票人为了行使追索权应及时做出拒付证书。追索权（Right of Recourse）是指汇票遭到拒付时，持票人对其前手（背书人、出票人）有请求其偿还汇票金额及费用的权利。拒付证书是指由付款地的法定公证人或其他依法有权做出证书的机构（如法院、银行、公会、邮局等）做出证明拒付事实的文件，它是持票人凭以向其“前手”进行追索的法律依据。如拒付的汇票已经承兑，出票人可凭此向法院起诉，要求承兑汇票的承兑人付款。

二、本票

根据我国《票据法》的规定，本票（Promissory Note）是指出票人签发的，承诺自己在见票时无条件支付确定的金额给收款人或持票人的票据。本票的出票人必须具有支付本票金额的可靠资金来源，并保证支付。

按照各国票据法的一般规定，本票是指一个人向另一个人签发的，保证于见票时或定期或在可以确定的将来的时间，对某人或其指定人或持票人支付一定金额的无条件的书面承诺。简言之，本票是出票人对受款人承诺无条件支付一定金额的票据。

本票可分为商业本票和银行本票。由工商企业或个人签发的称为商业本票或一般本票。由银行签发的称为银行本票。商业本票有即期和远期之分。银行本票都是即期的。在国际贸易结算中使用的本票，多是银行本票。有的银行发行见票即付、不记载收款人或是来人抬头的本票，它的流通性与纸币相似。

根据《日内瓦统一汇票、本票公约》的规定，本票应具备以下几项内容：

(1)写明“本票”字样；
(2)无条件支付承诺；
(3)收款人或其指定人；
(4)出票人签字；
(5)出票日期和地点；
(6)付款期限；
(7)一定金额；
(8)付款地点。

我国《票据法》规定，本票必须记载下列事项：

(1)表明“本票”字样；
(2)无条件支付的承诺；
(3)确定的金额；
(4)收款人名称；
(5)出票日期；
(6)出票人签章。

比一比

本票与汇票的区别

本票的出票人就是付款人，本票与汇票有以下不同：

1. 本票是出票人无条件保证自己付款，这是承诺；而汇票是出票人要求付款人无条件付款，这是命令。

2. 本票的票面有两个当事人，即出票人与受款人；而汇票票面有三个当事人，即出票人、付款人和受款人。

3. 本票出票人就是付款人，远期本票到期由出票人付款，不需要办理承兑手续；而远期汇票则必须提示、承兑。

4. 本票的出票人承诺付款，因为他的责任就像汇票的承兑人一样，是绝对的主债务人；而汇票的出票人是债权人。

5. 本票只能开出一张；而汇票则可以开出一套。

三、支票

根据我国《票据法》的规定，支票(Cheque 或 Check)是指出票人签发的，委托办理支票存款业务的银行或者其他金融机构在见票时无条件支付确定金额给收款人或持票人的票据。

小知识

出票人在签发支票后，应负票据上的责任和法律上的责任。前者是指出票人对收款人担保支票的付款；后者是指出票人签发支票时，应在付款银行存有不低于票面金额的存款。如存款不足，支票持有人在向付款银行提示支票付款时，就会遭到拒付。这种支票叫作空头支票。开出空头支票的出票人要负法律上的责任。

根据各国票据法的一般规

定:支票是以银行为付款人的即期汇票,是指存款人对银行的无条件支付一定金额的委托或命令。出票人在支票上签发一定的金额,要求受票的银行于见票时立即支付一定金额给特定人或持票人。

根据《日内瓦统一支票法》规定,支票应具备以下几项内容:

(1)写明"支票"字样;

(2)无条件支付一定金额的命令;

(3)付款人名称;

(4)付款地点;

(5)出票日期和地点;

(6)出票人签字。

我国《票据法》规定,支票必须记载下列事项:

(1)表明"支票"字样;

(2)无条件支付的委托;

(3)确定的金额;

(4)付款人名称;

(5)出票日期;

(6)出票人签章。

第二节 收付方式

目前,国际货物贸易中所采用的支付方式主要有汇付、托收和信用证。除此之外,还可采用银行保函、备用信用证、国际保理业务等。近年来,国际保理业务发展迅速。

汇付和托收支付方式都是由买卖双方根据国际货物买卖合同互相提供信用的,故属于商业信用。而信用证则是由银行承担付款责任,故属于银行信用。支付方式根据资金的流动方向与支付工具的传递方向,可以分为顺汇和逆汇两种方式。顺汇是指资金的流动方向与支付工具的传递方向相同;逆汇是指资金的流动方向与支付工具的传递方向相反。在支付方式中,汇付属顺汇,托收和信用证属逆汇。

一、汇付

(一)汇付的含义及当事人

汇付(Remittance)又称汇款,是指付款人主动通过银行或其他途径将款项汇交收款人。国际货款如采用汇付,一般由买方按合同约定的条件(如收到单据或货物),将货款通过银行汇交卖方。

在汇付业务中,通常有四个关系人:汇款人、收款人、汇出行和汇入行。

(1)汇款人(Remitter)。汇款人是指汇出款项的人,在进出口交易中,汇款人通常是进口人。

(2)收款人(Payee or Beneficiary)。收款人是指接受汇款的人,在进出口交易中通常是出口人。

(3) 汇出行(Remitting Bank)。汇出行是指接受汇款人的委托汇出款项的银行,通常是在进口地的银行。

(4) 汇入行(Paying Bank)。汇入行是指受汇出行委托解付汇款的银行,因此,又称解付行。在对外贸易中,通常是出口地的银行。

汇款人在委托汇出行办理汇款时,要出具汇款申请书。申请书是汇款人和汇出行之间的一种契约。汇出行一经接受申请就有义务按照汇款申请书的指示通知汇入行。

(二) 汇付的种类

汇付方式可分为信汇、电汇和票汇三种。

> **小知识**
>
> 票汇与电汇、信汇的不同在于票汇的汇入行无须通知收款人取款,而由收款人持票登门取款;这种汇票除有限制转让和流通的规定外,经收款人背书,可以转让流通,而电汇、信汇的收款人则不能将收款权转让。

(1) 信汇(Mail Transfer, M/T)。信汇是指汇出行应汇款人的申请,将信汇委托书寄给汇入行,授权解付一定金额给收款人的一种汇款方式。信汇方式的优点是费用较低廉,但收款人收到汇款的时间较迟。

(2) 电汇(Telegraphic Transfer,T/T)。电汇是指汇出行应汇款人的申请,拍发加押电报或电传给在另一国家的分行或代理行(即汇入行),指示解付一定金额给收款人的一种汇款方式。电汇方式的优点是收款人可迅速收到汇款,在实际业务中使用较多。

(3) 票汇(Remittance by Banker's Demand Draft, D/D)。票汇是指以银行即期汇票作为支付工具的一种汇付方式。票汇是汇出行应汇款人的申请,代汇款人开立以其分行或代理行为解付行的银行即期汇票,支付一定金额给收款人的一种汇款方式。票汇与电汇、信汇的不同在于票汇的汇入行无须通知收款人取款,而由收款人持票登门取款;这种汇票除有限制转让和流通的规定外,经收款人背书,可以转让流通,而电汇、信汇的收款人则不能将收款权转让。

(三) 汇付方式在国际贸易中的使用

无论采用信汇、电汇还是票汇,其所使用的结算工具(委托通知或汇票)的传递方向与资金的流动方向相同,所以均是顺汇。但它们的不同点在于票汇的汇入行无须通知收款人取款,而由收款人持票登门取款;这种汇票除有限制转让和流通的规定外,经收款人背书,可以转让流通,而电汇、信汇的收款人则不能将收款权转让。

虽然汇付手续简便,费用较少,但由于对于货到付款的卖方或对于预付货款的买方来说,能否按时收汇或能否按时收货,完全取决于对方的信用,如果对方信用不好,则可能钱货两空。所以,汇付方式的风险较大,且资金负担不平衡。因此,通常用于货到付款、赊销和预付货款等业务。

货到付款(Payment after Arrival of the Goods),是指出口方在没有收到货款以前,先交出单据或货物,然后由进口方主动汇付货款的方法。这种方法实际上是一种赊账业务(Open Account Transaction)。出口方在发货后能否按时顺利收回货款,取决于买方的信用。如果进口方拒不履行或拖延履行付款义务,出口方就要发生货款落空的严重损失或晚收款的利息损失。在实际业务中，如进口方的信誉可靠，且合同金额较小，可以使用。

汇付方式如运用得当，对进出口双方都有利。因为，就进口方而言，先取得代表货物的装运单据或货物，然后再付款，有利于资金周转，并可以节省费用；就出口方而言，在进口方商誉可靠或与出口方有特殊密切关系的条件下，采用汇付方式，有利于扩大出口。

预付货款（Payment in Advance），是指在订货时汇付或交货前汇付货款的办法。前者即所谓“Cash with Order”，多应用在一些客户提出特殊加工要求或专门为客户加工的特殊商品，或一些市场畅销而又稀缺的商品。采用这种方法可以优先取得供应。

预付货款只意味着进口方预先履行付款义务，并不等于货物的所有权是在付款时转移，在CIF等装运港交货的条件下，出口方在没有交出装运单据以前，货物的所有权仍归其所有。由此可见，预付货款对出口方来说有预先得到一笔资金的明显好处。但对进口方来说，却要过早地垫付资金，承担出口方延迟交货和不交货的风险。在实际业务中，双方经协商，可预付部分货款（通常为30%），余款货到后付清。

二、托收

（一）托收的含义

托收（Collection）是指出口人出具汇票委托银行向进口人收取货款的一种支付方式。它属于商业信用，采用的是逆汇法。

国际商会制定的《托收统一规则》（URC522）对托收作了如下定义：托收是指由接到委托指示的银行办理金融单据和/或商业单据以便取得承兑或付款，或凭承兑或付款交出商业单据，或凭其他条件交出单据。简而言之，托收是指债权人（出口人）出具债权凭证（汇票、本票、支票等）委托银行向债务人（进口人）收取货款的一种支付方式。

（二）托收的当事人

根据URC522的规定，托收方式所涉及的当事人主要有四方，即委托人、托收行、代收行和付款人。

（1）委托人（Principal）。委托人是指委托银行办理托收业务的客户，通常是出口人。

（2）托收行（Remitting Bank）。托收行是指接受委托人的委托，办理托收业务的银行。

（3）代收行（Collecting Bank）。代收行是指接受托收行的委托向付款人收取票款的进口地银行。代收行通常是托收银行的国外分行或代理行。

（4）付款人（Payer）。付款人通常是指买卖合同的进口人。

（三）托收的性质和种类

1. 托收的性质

托收的性质可以通过托收业务各有关当事人之间的关系来说明。

（1）委托人与托收银行之间是委托代理关系，按委托申请书办事，托收银行收取手续费。

（2）托收银行与代收银行之间，也是委托代理关系，如果付款人不付款，代收银行无须保证代收到货款。只需如实转达付款人拒付或拒绝承兑，由出口人根据国际货物买卖合同的规定找进口人交涉、仲裁或司法诉讼。

从以上可看出，托收属于商业信用，银行办理托收业务时，既没有检查货运单据正确与否或是否完整的义务，也没有承担付款人必须付款的责任。托收虽然是通过银行办理，但银行只是作为出口人的受托人行事，并没有承担付款的责任，进口人不付款与银行无关。出口人向进口人收取货款靠的仍是进口人的商业信用。

2. 托收的种类

按使用的汇票不同，托收分为光票托收和跟单托收。

（1）光票托收（Clean Collection）。光票托收是指金融单据不附有商业单据的托收，即提交金融单据委托银行代为收款。光票托收如以汇票作为收款凭证，则使用光票。在国际贸易中，光票托收主要用于小额交易、预付货款、分期付款以及收取贸易的从属费用等。

（2）跟单托收（Documentary Collection）。跟单托收是指金融单据附有商业单据或不附有金融单据的托收。跟单托收如以汇票作为收款凭证，则使用跟单汇票。国际贸易中货款的收取大多采用跟单托收。在跟单托收的情况下，按照向进口人交单条件的不同，又可分为付款交单和承兑交单两种：

① 付款交单（Documents against Payment，D/P）。付款交单是指出口人的交单是以进口人的付款为条件。即出口人发货后，取得装运单据，委托银行办理托收，并在托收委托书中指示银行，只有在进口人付清货款后，才能把装运单据交给进口人。按付款时间的不同，付款交单又分为即期付款交单和远期付款交单两种。

即期付款交单（Documents against Payment at Sight，D/P Sight）是指出口人发货后开具即期汇票连同货运单据，通过银行向进口人提示，进口人见票后立即付款，进口人在付清货款后向银行领取货运单据，如图 5-1 所示。

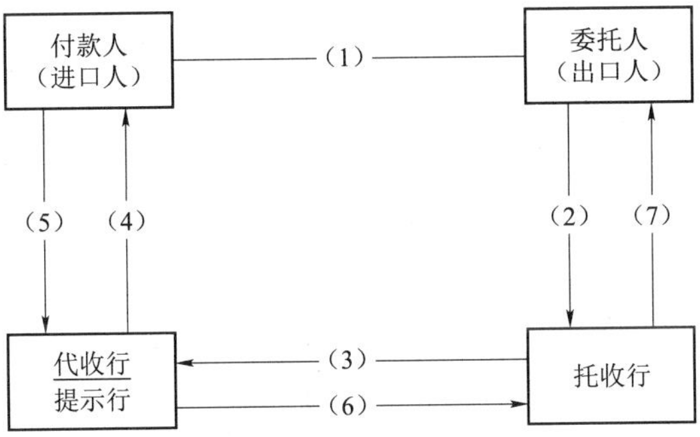

图 5-1　即期付款交单流程图

说明：

（1）进出口人在国际货物买卖合同中，规定采用即期付款交单方式支付；

（2）出口人按照合同规定装货后，填写托收委托书，开出即期汇票同全套装运单据送交托收银行代收货款；

（3）托收行将汇票连同货运单据，并说明托收书上各项指示，寄交进口地代收银行，即提示银行；

（4）提示行收到汇票及货运单据，即向进口方做出付款提示；

（5）进口人付清货款，赎取全套货运单据；

（6）代理行电告（或邮告）托收行，款已收妥转账；

（7）托收行将货款交给出口人。

远期付款交单(Documents against Payment after Sight, D/P after Sight)是指出口人发货后开具远期汇票连同货运单据,通过银行向进口人提示,进口人审核无误后即在汇票上进行承兑,于汇票到期日付清货款后再领取货运单据,如图 5-2 所示。

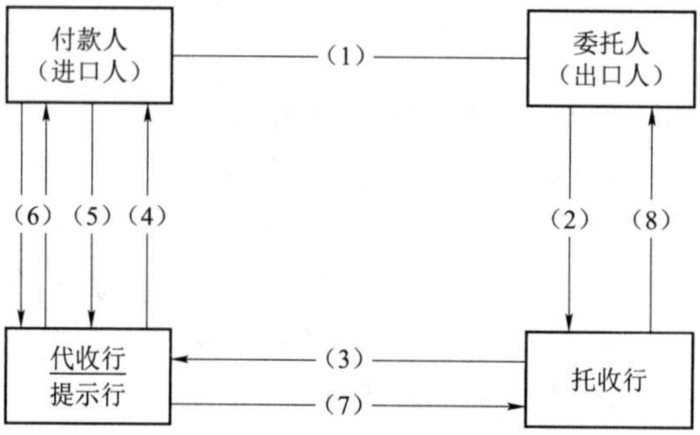

图 5-2　远期付款交单流程

说明:

(1) 进出口人在国际货物买卖合同中,规定用远期付款交单方式支付;

(2) 出口人按照合同规定装货后,填写托收委托书,声明"付款交单",开出远期汇票,连同全套货运单据送交托收银行代收货款;

(3) 托收行将汇票连同货运单据,并说明托收委托书上各项指示,寄交进口地代收银行,即提示银行;

(4) 提示行收到汇票及货运单据,即向进口人做出承兑提示;

(5) 进口人承兑汇票后,提示行保留汇票及全套单据;

(6) 在到期日提示行做出付款提示。进口人支付货款,赎取全套货运单据;

(7) 代收行电告(或邮告)托收行,款已收妥转账;

(8) 托收行将货款交给出口人。

无论是即期付款交单还是远期付款交单,进口人必须在付清货款之后才能取得单据,提取或转售货物。可以采取两种做法:一是在付款到期日之前付款赎单,扣除提前付款日至原付款到期日之间的利息,作为进口人享受的一种提前付款的现金折扣。另一种做法是代收行对于资信较好的进口人,允许其凭信托收据(Trust Receipt)借取货运单据,先行提货,于汇票到期时再付清货款,这就是付款交单凭信托收据借单(D/P · T/R)。

信托收据是指进口人借单时提供书面信用担保文件,用来表示愿意以代理行受托人身份代为报关、提货、存仓、保险、出售,并承认货物所有权仍归银行。货物售出后所得的货款应于汇票到期时交银行。这是代收行向进口人提供的信用便利,而与出口人无关。因此,如果代收行借出单据后,汇票到期不能收回货款,则代收行应对出口人负全部责任。但如系出口人指示代收行借单,日后,进口人在汇票到期时拒付,由出口人承担风险。

② 承兑交单(Documents against Acceptance, D/A)。承兑交单是指出口人的交单以进口人在汇票上承兑为条件。进口人在汇票到期时,方履行付款义务。承兑交单方式只适用于远期汇票的托收。进口人只要在汇票上承兑,就可取得货运单据,凭以提取货物。也就是说出口人已交出了物权凭证,其收款的保障依赖进口人的信用,一旦进口人到期不付款,出口人便会遭到货物与货款全部落空的损失。因此,出口人对接受这种方式一般持十分慎重的态度,很少使用。

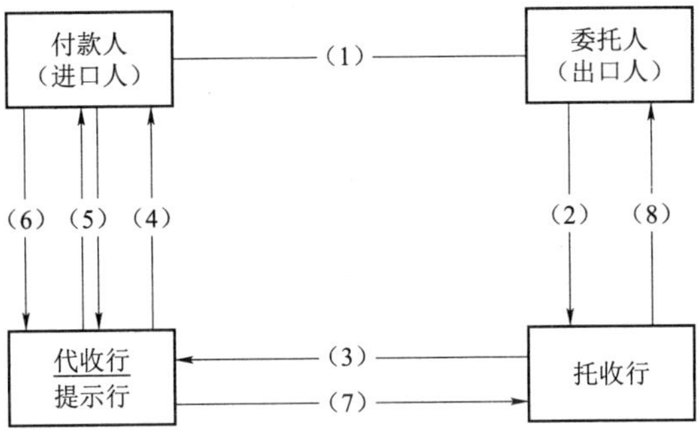

图 5-3 承兑交单流程

说明：

(1) 进出口人在国际货物买卖合同中，规定采用承兑交单方式支付；

(2) 出口人按照合同规定装货后，填写托收委托书，申明"承兑交单"，开出远期汇票连同全套货运单据，送交托收银行代收货款；

(3) 托收行将汇票连同货运单据并说明委托书上各项指示，寄交进口地代收银行，即提示银行；

(4) 提示行收到汇票及货运单据，即向进口人做出承兑提示；

(5) 进口人承兑汇票后，取得全套货运单据，代收行保留汇票；

(6) 在到期日代收行再作付款提示，进口人付清货款；

(7) 代收行电告(或邮告)托收行，款已收妥转账；

(8) 托收行将货款交给出口人。

付款交单和承兑交单在使用中有很大的区别：其一，出口人交单的条件不同，付款交单方式下，出口人交单是以进口人付款为条件；而承兑交单方式下，出口人交单是以进口人在汇票上承兑为条件。其二，出口人承担风险不同，在付款交单方式下，出口人不易造成货款两空，而承兑交单方式下，出口人容易造成货款两空。

(四) 托收的国际惯例

有关托收的国际惯例是指国际商会制定的《托收统一规则》。在国际货物贸易中，各国银行在办理托收业务时，由于当事人各方权利、义务和责任的不同，各个银行的具体业务做法也有差异，因而易导致误会、争议和纠纷。国际商会为调和各有关当事人之间的矛盾，以利商业和金融活动的开展，于 1958 年草拟《商业单据托收统一规则》(Uniform Rules for Collection of Commercial Paper)，并建议各国银行采用。后几经修订，于 1995 年公布了新的《托收统一规则》(URC522)，于 1996 年 1 月 1 日生效。

URC522 包括七部分：总则及定义；托收的方式及结构；提示方式；义务与责任；付款；利息、手续费及费用；其他规定，共 26 条。主要内容及新增条款介绍如下：

(1) 银行办理托收业务应以托收指示为准。一切寄出的托收单据均须附有托收指示，并注明该项托收按照 URC522 办理。托收指示是银行及有关当事人办理托收的依据。

(2) 托收指示中应包括的主要内容有：

① 托收行、委托人、付款人、提示行的情况，例如全称、邮编和 SWIFT 地址、电话、电传及传真号码。

② 托收金额及货币。

③ 所附单据及其份数。

④ 光票托收时据以取得付款和/或承兑的条款及条件；跟单托收时据以交单的条件：付款和/或承兑以及其他条件。

⑤ 应收取的费用，同时须注明该费用是否可以放弃。

⑥ 应收取的利息（如果有），同时须注明该项是否可以放弃，并应包括利率、计息期和计算方法（如一年是按 360 天还是 365 天计算）。

⑦ 付款的方式和付款通知的形式。

⑧ 发生拒付、不承兑和/或执行其他指示情况下的指示。

应当指出，上述 URC522 规定托收指示应包括的内容仅具有指示性质，一笔具体的托收业务的托收指示不一定仅局限于上述内容。

（3）不提供 D/P 远期。第 7 条规定：托收不应含有远期汇票而又同时规定商业单据要在付款后才交付。如果托收含有远期付款的汇票，托收指示书应注明商业单据是凭承兑（D/A）交付款人还是凭付款（D/P）交付款人。如无此项注明，商业单据仅能凭付款交付，代收行对因迟交单据产生的任何后果不负责任。如果托收单据中含有远期付款汇票，且托收指示注明凭付款交付商业单据，则单据只能凭付款交付，代收行对于因任何迟交单据所产生的后果概不负责。

（4）除非事先征得银行同意，货物不应直接运交银行，不应以银行或其指定人为收货人。银行对跟单托收项下的货物没有义务采取任何行动，对此项货物的风险和责任由发货人承担。

（5）银行必须核实其所收到的单据与托收指示所列的内容表面是否相符，若发现单据缺少，银行有义务用电讯或其他快捷方式通知委托人。除此之外，银行没有进一步审核单据的义务。银行对于任何单据的形式、完整性、准确性、真伪性或法律效力，或对于单据上规定的或附加的一般性和/或特殊条件概不承担责任；银行对于任何单据所表示的货物的描述、数量、重量、质量、状况、包装、交货、价值或存在与否，对于发货人、承运人、运输行、收货人或保险人或其他任何人的诚信、行为和/或疏忽、偿付能力、行为能力也概不负责。

（6）如果委托人在托收指示中指定一名代表，在遭到拒绝付款或拒绝承兑时作为“需要时的代理”，并应在托收指示中明确而且完整地注明此项代理的权项。所谓“需要时的代理”是指委托人指定的在付款地的代理人，如托收发生拒付，此代理人便可代替委托人处理货物、存仓、保险、转售、运回等事宜。如委托人指定需要时的代理人，必须在托收指示中明确代理人的权限，如是否有权提货、指示减价转售货物等。否则，银行将不接受该需要时的代理的任何指示。

（7）托收如被拒付，提示行应尽力确定拒绝付款和/或拒绝承兑的原因并须毫不延误地向发出托收指示的银行送交拒付的通知。委托行收到此项通知后，必须对单据如何处理给予相应的指示。提示行如在发出拒付通知后 60 天内仍未收到此项指示，则提示行可将单据退回发出托收指示的银行，而不再负任何责任。

URC522 还对托收的提示方式，付款、承兑的程序，利息、托收手续费和费用的负担，托收被拒付后作成拒绝证书等事宜做了具体规定。

URC522 公布实施后，已成为托收业务具有一定影响的国际惯例，被各国银行采纳和使用。但国际惯例不是法律规定，没有法律上的拘束力，只有在有关当事人事先约定适用 URC522 的条件下，才受该惯例的约束。我国银行在办理国际贸易结算，使用托收方式时，也参照该规则的解释办理。

三、信用证

信用证（Letter of Credit，L/C）收付方式是在银行与金融机构参与国际贸易结算的过程中逐步形成的，随着国际贸易的发展而发展。信用证收付方式把由进口人履行的付款责任，转为由银行来履行付款，以保证卖方安全迅速收到货款，买方按时收到货运单据。信用证在一定程度上解决了买卖双方之间互不信任的矛盾，并为双方提供了资金融通的便利。所以，自出现信用证以来，这种支付方式发展很快，并在国际贸易中被广泛应用。

（一）信用证的含义

根据UCP600的规定，信用证是指一项不可撤销的安排，无论其名称或描述如何，该项安排构成开证行对相符交单予以承付的确定承诺。简言之，信用证是一种银行开立的有条件的承诺付款的书面文件。

由此可见，信用证是开证银行对受益人的一种保证，只要受益人履行信用证所规定的条件，即受益人只要提交符合信用证所规定的各种单据，开证行就保证付款。因此，在信用证支付方式下，开证行成为首先付款人，故属于银行信用。

（二）信用证方式的当事人

（1）开证申请人（Applicant）。开证申请人是指要求开立信用证的一方，即进口人或实际买主。如由银行自己主动开立信用证，此种信用证涉及的当事人没有开证申请人。

（2）开证银行（Opening Bank；Issuing Bank）。开证银行是指接受开证申请人的委托，开立信用证的银行，它承担保证付款的责任。开证行一般是进口人所在地银行。

（3）通知银行（Advising Bank；Notifying Bank）。通知银行是指应开证行的要求，通知信用证的银行。它只证明信用证的真实性，并不承担其他义务。通知银行是出口人所在地的银行。

（4）受益人（Beneficiary）。受益人是指接受信用证并享受其利益的一方，即出口商或者实际卖方。

（5）议付银行（Negotiating Bank）。议付银行是指愿意买入受益人交来的跟单汇票并垫付资金的银行。议付银行可以是指定的银行，也可以是非指定的银行，由信用证的条款来规定。

（6）付款银行（Paying Bank；Drawee Bank）。付款银行是指信用证上指定的付款银行。它一般是开证行，也可以是它指定的另一家银行，应根据信用证条款的规定来确定。

（三）信用证支付的一般程序

采用信用证方式结算货款，需要经过多道环节，并需办理各种手续。从一般原理来分析，信用证的支付过程，包括以下几个最基本的环节（见图5-4）：

（1）进出口人在贸易合同中，规定使用信用证方式支付货款。

（2）进口人向当地银行提出申请，填写开证申请书，依照合同填写具体规定和要求，并缴纳押金或提供其他保证，请银行（开证行）开证。

（3）开证行根据申请书内容，向出口人（受益人）开出信用证寄交出口人所在地分行或代理行（统称通知行）。

（4）通知行核对印鉴无误后，将信用证交与出口人。

（5）出口人审核信用证与合同相符后，按信用证规定装运货物，并备齐各项货运单据，开出汇票，在信用证有效期内，送请当地银行（议付行）议付。议付行按信用证条款审核单据无误后，按照汇票金额扣除利息，把货款垫付给出口人。

（6）议付行将汇票和货运单据寄开证行（或其指定的付款行）索偿。

（7）开证行（或其指定的付款行）核对单据无误后，通知进口人付款赎单付款给议付行。

（8）议付行按照金额扣除相关费用后付款给出口人。

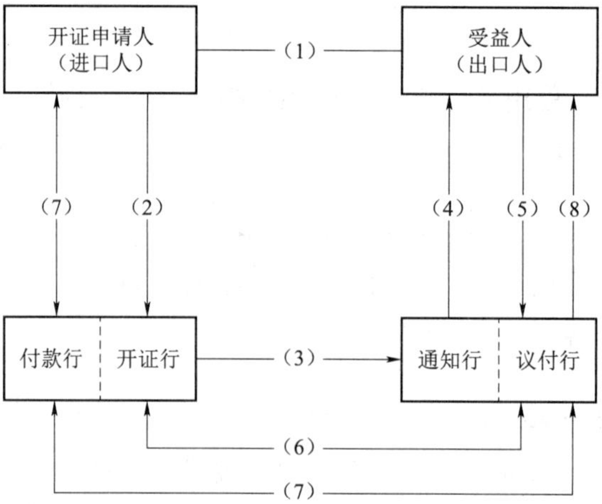

图 5-4　信用证支付程序

（四）信用证的主要内容

信用证虽然没有统一格式，但基本内容相同，主要包括以下几个方面：

1. 对信用证本身的说明

对信用证本身的说明包括信用证的编号、金额及其有效期和到期地点等。

2. 对货物的要求

对货物的要求包括货物的名称、品种规格、数量、包装、价格等。

3. 对运输的要求

对运输的要求包括装运的最后期限、起运地和目的地、运输方式，可否分批装运以及可否中途转运等。

4. 对单据的要求

信用证所要求的单据主要可分为三类：（1）货物单据，以发票为中心，包括装箱单、重量单、产地证、商检证明书等；（2）运输单据，如提单，这是代表货物所有权的凭证；（3）保险单据，如保险单等。除上述三类单据外，还有可能提出其他单证，如寄样证明、装船通知的电报副本等。

5. 特殊要求与指示

根据进口国政治经济贸易情况的变化或每一笔具体业务的需要，做出不同规定。

6. 开证行保证付款的责任文句

开证行保证付款的责任文句包括开证行对受益人及汇票持有人保证责任的文句，以及遵守《跟单信用证统一惯例》的文句等。

(五) 信用证的特点

1. 信用证是一种银行信用

由于开证行以自己的信用做出付款的保证，在信用证付款的条件下，银行处于第一付款人的地位。UCP600 规定，信用证是一项约定，按此约定，根据规定的单据在符合信用证条件的情况下，开证银行向受益人或其指定人进行付款、承兑或议付。信用证是开证行的付款承诺。因此，开证银行首先是付款人。在信用证业务中，开证银行对受益人的责任是一种独立的责任。

2. 信用证是一种独立的文件

信用证的开立以买卖合同为依据，但信用证一经开出，就成为独立于买卖合同以外的另一种契约，不受买卖合同的约束。UCP600 规定，信用证按其性质与凭以开立信用证的销售合同或其他合同，均属不同的业务，即使信用证中含有对此类合同的任何援引，银行也与该合同无关且不受其约束。所以，信用证是独立于有关合同以外的契约，开证银行和参加信用证业务的其他银行只按信用证的规定办事。

3. 信用证业务是单据业务

在信用证方式之下，实行的是凭单付款的原则。银行处理的是单据，而不是单据可以涉及的货物、服务或履约行为。所以，信用证业务是一种纯粹的单据业务。按指定行事的指定银行，保兑行(如果有的话)及开证行须审核交单，并仅基于单据本身确定其是否在表面上构成相符交单。如果相符交单，开证银行按时付款。

资料卡

在信用证条件下，实行“相符交单”的原则。所谓“相符交单”，是指与信用证条款、本惯例的相关适用条款以及国际标准银行实务一致的交单。

(六) 信用证的种类

根据 UCP600 的规定，信用证是不可撤销的(Irrevocable)，即使未如此表明。根据信用证的付款时间、流通方式等特点，分类如下：

1. 跟单信用证和光票信用证

按汇票是否附有货运单据划分，信用证可分为跟单信用证和光票信用证。

(1) 跟单信用证(Documentary Credit)。跟单信用证是指开证行仅凭跟单汇票或仅凭单据付款的信用证。单据是指代表货物或证明货物已交运的单据。前者指海运提单、保险单和仓单等；后者指铁路运单、航空运单、邮包收据等。国际贸易所使用的信用证绝大部分是跟单信用证。

(2) 光票信用证(Clean Credit)。光票信用证是指开证行仅凭不附单据的汇票付款的信用证。有的信用证要求汇票附有非货运单据，如发票、垫款清单等，也属光票信用证。在采用信用证方式预付货款时，通常是用光票信用证。

2. 保兑信用证和不保兑信用证

按有无另一银行加以保证兑付划分，信用证可分为保兑信用证和不保兑信用证。

（1）保兑信用证(Confirmed Letter of Credit)。保兑信用证是指开证行开出的信用证，由另一银行保证对符合信用证条款规定的单据履行付款义务。根据开证行的授权或要求对信用证加保兑的银行，叫作保兑行(Confirming Bank)，保兑行通常是通知行，有时也可以是出口地的其他银行或第三国银行。而"保兑"是指保兑行在开证行承诺之外做出的承付或议付相符交单的确定承诺。

（2）不保兑信用证(Unconfirmed Letter of Credit)。不保兑信用证是指开证银行开出的信用证没有经另一家银行保兑。当开证银行资信好和成交金额不大时，一般都使用这种不保兑的信用证。

3. 即期信用证和远期信用证

按付款时间的不同划分，信用证可分为即期信用证和远期信用证。

（1）即期信用证(Sight Letter of Credit)。即期信用证是指开证行或付款行收到符合信用证条款的跟单汇票或装运单据后，立即履行付款义务的信用证。这种信用证的特点是出口人收汇迅速安全，有利于资金周转。在即期信用证中，有时还加列电汇索偿条款(T/T Reimbursement Clause)，这是指开证行允许议付行用电报或电传通知开证行或指定付款行，说明各种单据与信用证要求相符，开证行或指定付款行接到电报或电传通知后，有义务立即用电汇将货款拨交议付行。

（2）远期信用证(Usance Letter of Credit)。远期信用证是指开证行或付款行收到信用证的单据后，在规定期限内履行付款义务的信用证。远期信用证还可分为下列几种：

① 银行承兑远期信用证(Banker's Acceptance Credit)。银行承兑远期信用证是指以开证银行作为远期汇票付款人的信用证。这种信用证项下的汇票，在承兑前，对出口商的权利义务以信用证为准；在承兑后，银行作为汇票的承兑人，应按票据法规定，对出票人、背书人、持票人承担付款责任。

② 延期付款信用证(Deferred Payment Credit)。延期付款信用证是指开证行在信用证中规定货物装船后若干天付款，或开证行收到单据后若干天付款的信用证。延期付款信用证方式下出口商不能利用贴现市场的资金，只能自行垫款或向银行借款。在出口业务中，若使用这种信用证，货价应比银行承兑远期信用证高一些，以拉平利息率与贴现率之间的差额。

③ 假远期信用证(Usance Credit Payable at Sight)。假远期信用证是指受益人开立远期汇票，由付款行负责贴现，并规定一切利息和费用由进口人负担。这种信用证，表面上看是远期信用证，但从上述条款规定来看，出口人却可即期收到十足的货款。因此，这种信用证对出口人而言，实际上仍属即期收款，但对进口人来说，则待远期汇票到期时才付款给付款行。

④ 远期加利息信用证。远期加利息信用证是指信用证规定受益人凭远期汇票收取货款，由买方负担利息。这种信用证的远期汇票不能贴现，只有待汇票到期时，一并收取利息。

4. 可转让信用证和不可转让信用证

按受益人对信用证的权利能否转让划分，信用证可分为可转让信用证和不可转让信用证。

（1）可转让信用证（Transferable Credit）。可转让信用证系指特别注明“可转让（Transferable）”字样的信用证。可转让信用证可应受益人（第一受益人）的要求转为全部或部分由另一受益人（第二受益人）兑用。

根据 UCP600 的规定，唯有开证行在信用证中明确注明“可转让”，信用证方可转让。已转让信用证不得应第二受益人的要求转让给任何其后受益人。第一受益人不视为其后受益人。

（2）不可转让信用证（Non-transferable Credit）。不可转让信用证是指受益人不能将信用证的权利转让给他人的信用证。凡信用证中未注明“可转让”字样者，就是不可转让信用证。

5. 循环信用证（Revolving Credit）

循环信用证是指信用证被全部或部分使用后，其金额又恢复到原金额，可再次使用，直至达到规定的次数或规定的总金额为止。

循环信用证与一般信用证的不同之处就在于：一般信用证在使用后即告失效；而循环信用证则可多次循环使用。这种信用证通常在等量分批均匀交货的情况下采用。因此，其优点在于：进口方可以不必多次开证从而节省开证费用，同时也可简化出口人的审证、改证等手续，有利于合同的履行。

6. 对开信用证（Reciprocal Credit）

对开信用证是指两张信用证的开证申请人互以对方为受益人而开立的信用证。对开信用证的特点是第一张信用证的受益人（出口人）和开证申请人（进口人）就是第二张信用证的开证申请人和受益人，第一张信用证的通知行通常就是第二张信用证的开证行。两张信用证的金额相等或大体相等，两证可同时互开，也可先后开立。对开信用证多用于易货贸易或来料加工和补偿贸易业务等。

7. 对背信用证（Back to Back Credit）

对背信用证是指受益人要求原证的通知行或其他银行以原证为基础，另开一张内容相似的新信用证。对背信用证的受益人可以是国外的，也可以是国内的。

8. 预支信用证（Anticipatory L/C）

预支信用证是指开证行授权代付行（通常是通知行）向受益人预付信用证金额的全部或部分，由开证行保证偿还并负担利息。预支信用证与远期信用证相反，它是开证人付款在先，受益人交单在后。预支信用证可分全部预支或部分预支。预支信用证凭出口人的光票付款，也有的要求出口人附一份负责补交信用证规定单据的声明书。如出口人以后不交单，开证行和代付行并不承担责任。当货运单据交到后，代付行在付给剩余货款时，将扣除预支货款的利息。为引人注目，这种预支货款的条款，常用红字打成，故又称“红条款信用证”（Red Clause L/C）。同时，与此相似的尚有“绿条款信用证”，这种信用证与“红条款信用证”基本相同。二者不同之处是“绿条款信用证”的开证行要求受益人必须将预支货款项下的货物以开证行名义存放在出口地海关仓库，受益人凭“栈单”和以后补办装运单据的声明书以及汇票预支部分货款。

9. 付款信用证、承兑信用证与议付信用证

（1）付款信用证（Payment Credit）是指凡是指定由某一银行付款的信用证。付款信用证一般不要求受益人开具汇票，而仅凭受益人提交的单据付款。在付款信用证中通常有类似的保证文句：“我们凭提交符合信用证条款的单据付款。”（We hereby engage that payment will be duly made against documents presented in conformity with the terms of this credit.）

（2）承兑信用证（Acceptance Credit）是指凡是指定由某一银行承兑的信用证。即当受益人向指定银行开具远期汇票并提示时，指定银行即行承兑，并于汇票到期日履行付款。在承兑信用证中通常有类似的保证文句："我们保证凡符合信用证条款的汇票被提示时及时承兑，并于到期日及时付款。"（We hereby engage that draft（s）drawn in conformity with the terms of this credit will be duly accepted on presentation and duly honored at maturity.）

（3）议付信用证（Negotiation Credit）是指凡是开证行允许受益人向某一指定银行或任何银行交单议付的信用证。

议付信用证又可分为公开议付信用证和限制议付信用证：① 公开议付信用证（Open Negotiation Credit）又称自由议付信用证（Freely Negotiation Credit），是指开证行对愿意办理议付的任何银行做出公开议付邀请和普遍付款承诺的信用证，即指任何银行均可按信用证条款自由议付的信用证。② 限制议付信用证（Restricted Negotiation Credit），是指开证银行指定某一银行或开证行本身自己进行议付的信用证。

公开议付信用证和限制议付信用证的到期地点都在议付行所在地。这种信用证经议付后，如因故不能向开证行索取票款，议付行有权对受益人行使追索权。

（七）国际商会《跟单信用证统一惯例》

《跟单信用证统一惯例》于1933年首次制定，后经1951年、1962年、1974年、1983年、1993年和2006年六次修订。其第六次修订本是2006年11月正式公布的国际商会第600号出版物《跟单信用证统一惯例》（Uniform Customs Practice Documentary Credit, Publication No. 600 of ICC，UCP600），于2007年7月1日起正式实施。

UCP600的修订体现了细化规定的精神，概念更明晰，文字更严谨，更有利于条款理解。在形式上，条文编排参照了《国际备用证惯例1998》（The International Standby Practices 1998, ISP98）的格式，对原UCP500的49个条款进行了大幅度的调整及增删，变为39条。在内容上，增加了专门定义条款，约定了解释规则，摒弃了可撤销信用证；开证行、保兑行及指定银行的责任更清晰，确定规范了第二通知行的做法；银行的审单标准更为明确；将银行处理单据的选择增加到四种。

由于《跟单信用证统一惯例》协调和解决了有关当事人之间的矛盾，有利于国际货物贸易的发展和国际结算的进行，至今已为世界上160多个国家和地区的银行和银行公会所采用，并已成为国际上处理信用证业务的惯例。更为重要的是，目前各国法院几乎都把《跟单信用证统一惯例》作为裁决跨国的信用证纠纷的依据。但是，《跟单信用证统一惯例》毕竟不是各国共同制订的法律，只是一项国际贸易惯例，使用时必须在信用证上注明根据国际商会《跟单信用证统一惯例》某号出版物开立（Subject to UCP, Publication No. ××× of ICC）。有鉴于此，我国银行自1987年3月起在对外开立的信用证上也都加上了类似以上所述的文句。

四、备用信用证与银行保函

（一）备用信用证

备用信用证（Standby Letter of Credit）又称商业票据信用证（Commercial Paper Letter of

Credit)、担保信用证或保证信用证(Guarantee Letter of Credit),是指开证行根据开证申请人的请求对受益人开立的承诺承担某项义务的凭证。即开证行保证在开证申请人未能履行其应履行的义务时,受益人只要凭备用信用证的规定向开证行开具汇票(或不开汇票),并提交开证申请人未履行义务的声明或证明文件,即可取得开证行的偿付。

备用信用证属于银行信用,开证银行保证在开证申请人未履行义务时,即由开证银行付款。因此,备用信用证对受益人来说是备用于开证申请人发生毁约时,取得补偿的一种方式。备用信用证一般用在投标、还款或履约保证、预付货款和赊销等业务中。近年来,美国等一些国家已开始把备用信用证用于国际货物买卖合同项下货款的支付。在世界范围内,备用信用证的使用也日益增加,对于这一新趋势,我们应给予格外的关注。

(二) 银行保函

银行保函(Letter of Guarantee,L/G)又称银行保证函、银行保证书,是指银行或其他金融机构(保证人)根据委托人的申请,为担保委托人履行某项契约的义务而向受益人做出的承担有条件的支付一定金额的经济赔偿责任的书面担保。

1. 银行保函的基本内容

(1) 有关当事人的名称地址。银行保函的当事人有:① 委托人(Principal),又称申请人、被保证人,是要求银行开立保证书的人。② 受益人(Beneficiary),接受保证书有权索偿的一方。③ 保证人(Guarantor),即开立保证书的银行或某一其他金融机构。

(2) 有效期限,即受益人索偿的最后期限。有效期的长短根据业务的不同而不同,但都应在保函中明确表示。

(3) 担保的责任及金额,即银行保证的内容及赔偿的最高金额。

(4) 要求的索偿凭证。保函要明确规定是见索即付还是有条件地支付,有条件的保函要列明证明文件。保函还有其他内容,如保证书的终止日期、号码等。

2. 银行保函的种类

(1) 银行保函根据索偿条件可分为两种:

① 见索即付银行保函(First Demand Guarantee),又称无条件保函,是指保证人在受益人第一次索偿时,就必须按保函所规定的条件支付款项。

② 一般银行保函又称有条件保函,是指只有在符合保函规定的条件下,保证人才予以付款。

(2) 银行保函根据不同的用途可分为投标保函、履约保函和还款保函三种:

① 投标保函(Tender Letter of Guarantee)是指保证人(银行或其他金融机构)根据投标人(委托人)的申请向招标人(受益人)开立的保证书。保证投标人在开标前不中途撤销投标或片面修改投标条件,中标后不拒绝签约和不拒绝交付履约金。否则,保证人负责赔偿招标人的损失。

② 履约保函 (Performance Guarantee)是指保证人(银行)应签约一方的请求向另一方(受益人)承诺,在被保证人不履行其与受益人之间订立的合同时,保证人按约定金额负赔偿责任。在国际货物贸易中,履约保函又分为进口保函和出口保函。

进口保函是指保证人(银行)应进口人的申请开给出口人(受益人)的保证书。保证书规定如出口人按合同交货后，进口人未能按期付款，由银行负责偿还。

出口保函是指保证人（银行）应出口人的申请开给进口人（受益人）的保证书，保证书规定如出口人未按合同规定交货，银行负责赔偿进口人的损失。

③ 还款保函（Repayment Guarantee）是指保证人（银行）受债务人的请求开给债权人的书面保证，承诺在债务人不支付款项给债权人时，银行承担付款责任。

还款保函主要用于大的国际承包工程项目或银团贷款，有时也用在成套设备或大型交通工具的国际货物买卖合同中，如进口人预付货款后，出口人未能履行交货义务，银行保证偿还进口人已付的本金及所产生的利息。

3. 银行保函的特点

（1）银行保函属银行信用，保证人所承担的付款责任是第二性的。在使用银行保函时，保证人的责任是在委托人未能履行保函所规定的条款时，才负责偿付。如委托人已按照保函规定履行了责任，保证人的责任也就被解除。所以保函只有在委托人违约情况发生时才会支付，付款责任属于从属性。

（2）银行保函是不受合同约束的独立文件。一般情况下，保证人只是根据保函的条款来确定是否赔付，而不受合同的约束。

（3）银行保函一般不可作为融资的抵押品。

比一比

备用信用证与银行保函的区别

1. 备用信用证方式下，银行负第一性付款责任；而银行保函方式下，银行负第二性付款责任。

2. 备用信用证的付款依据是按规定提供某项凭证，同被保证人与受益人的契约无关；而银行保函的付款依据则是某项契约或诺言是否已经履行，往往涉及契约的履行争议等。

五、国际保理业务

（一）国际保理业务的含义

传统的国际货物贸易支付方式中，汇付和托收是商业信用，出口商承担着收款风险，而对进口商则相应有利。信用证是银行信用，虽对出口商的收款给予了银行信用保证，对进口商则增添了不便，在当今以买方市场为特征的国际市场上，竞争十分激烈，出口商就需要一种既能安全收汇又能给予进口商方便的具有出口竞争优势的新型国际结算方式，国际保理业务便由此产生。

国际保理业务（International Factoring）是指保理公司接受出口商的委托，向出口商提供进口商的信用额度调查、信用证风险担保、应收账款管理和贸易融资的综合性服务项目，也是集融资、结算、财务管理和信用证担保于一身的融资结算方式。

（二）国际保理业务的当事人和业务程序

1. 国际保理业务的当事人

（1）出口商；

（2）出口保理商（Export Factor），即出口保理公司；

（3）进口保理商（Import Factor），即进口保理公司；

（4）进口商。

2. 国际保理业务的程序

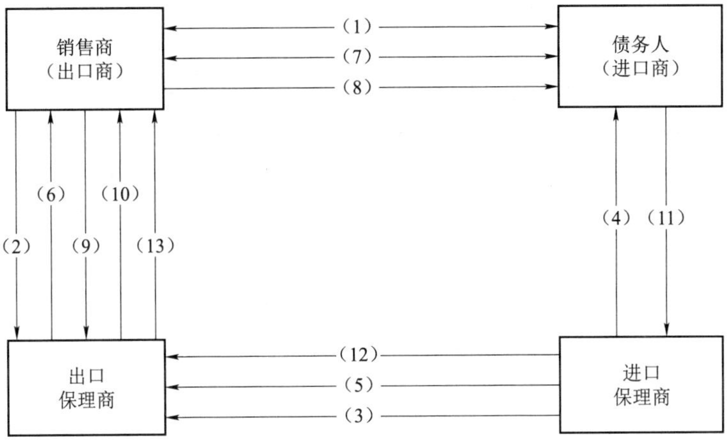

图 5-5　国际保理业务的程序

说明：

(1) 销售商(出口商)与债务人(进口商)有贸易意向或新一轮贸易需求。

(2) 销售商(出口商)向出口保理商递交买方信用额度申请表，为海外买方申请信用额度。

(3) 出口保理商向进口保理商申请评估买方资信情况并等待核准债务人(进口商)的信用额度。

(4) 进口保理商对债务人(进口商)的商业资信进行调查和评估，并初步确定债务人(进口商)的信用额度。

(5) 进口保理商向出口保理商通知对债务人(进口商)的信用额度结果。

(6) 出口保理商向销售商(出口商)通知信用额度结果。

(7) 销售商(出口商)与债务人(进口商)签订贸易合约，同时与出口保理商签署国际保理业务相关协议。

(8) 在被核准信用额度的情况下，销售商(出口商)装运货物向债务人(进口商)发货。

(9) 销售商(出口商)向出口保理商提供发货凭证及有关应收账款债权转让声明及发票副本。

(10) 出口保理商向销售商(出口商)提供发票金额 80% 比例的贸易融资。

(11) 账款到期后，债务人(进口商)向进口保理商支付货款。

(12) 进口保理商将货款转付给出口保理商，不时向出口保理商寄送对账单的付款报告表。

(13) 出口保理商扣除相关费用后，将余款支付给销售商(出口商)。

（三）国际保理业务的类型

1. 按是否涉及进出口两地的保理商划分，分为单保理和双保理

单保理是指仅涉及一方保理商的保理方式。例如，在直接进口保理方式中，出口商与进口保理商进行业务往来；而在直接出口保理方式中，出口商与出口保理商进行业务往来。

双保理是指涉及买卖双方保理商的保理方式。国际保理业务中一般采用双保理方式，即出口商委托本国出口保理商，本国出口保理商再从进口国的保理商中选择进口保理商。进出口国两个保理商之间签订代理协议，整个业务过程中，进出口双方只需与各自的保理商进行往来。

2. 按保理商对出口商提供预付融资与否划分，分为融资型保理和非融资型保理

融资保理又叫预支保理，是一种预支应收账款业务。当出口商将代表应收账款的票据交给保理商时，保理商立即以预付款方式向出口商提供不超过应收账款 80% 的融资，剩余 20% 的应收账款待保理商向债务人(进口商)收取全部货款后，再行清算。融资保理是比较典型的保理方式。非融资保理是指保理商在保理业务中不向企业提供融资，只提供资信调查、销售款

清收以及账务治理等非融资性服务。

3. 按保理商是否保存对企业的追索权划分，分为有追索权保理和无追索权保理

这里的追索权是指在买方逾期未向保理商支付应收账款且达到一定期限后，保理商所具有的通知企业并要求其回购应收账款的资格，实质是划分保理商与企业对应收账款风险的承担。有追索权保理是指保理商因债权转让向企业提供一定的资金后，在买方拒绝履行付款义务或者无力支付交易款项的情形下，保理商有权要求企业偿还资金。无追索权保理是指保理商因债权转让向企业提供一定的资金后，放弃对企业追索的权利，由保理商独立承担买方拒绝履行付款义务或者无力支付交易款项的风险。

4. 按保理商与销售商之间的债权转让是否通知买方划分，分为公然型保理和隐蔽型保理

实质是划分企业或保理商是否对买方履行债权转让的通知义务。公然型保理是指债权转让一经发生，企业或保理商需以书面形式将保理商的参与情况通知买方，并指示买方将货款直接付给保理商。隐蔽型保理指企业不将债权转让以及保理商参与情况通知买方，若买方仍将货款付给企业的，企业收到货款后转付给保理商。

5. 按保理商是否提供融资划分，分为折扣保理和到期保理

折扣保理又称融资保理，是指当出口商将代表应收账款的票据交给保理商时，保理商立即以预付款方式向出口商提供不超过应收账款 80% 的融资，剩余 20% 的应收账款待保理商向债务人（进口商）收取全部货款后，再进行清算。这是比较典型的保理方式。

到期保理是指保理商在收到出口商提交的、代表应收账款的销售发票等单据时并不向出口商提供融资，而是在单据到期后，向出口商支付货款。无论到时候货款是否能够收到，保理商都必须支付货款。

第三节　各种收付方式的结合使用

为了适应我国对外贸易发展的需要，为了保障外汇资金安全，加速资金周转，扩大贸易往来，我们必须在认真研究国际市场各种惯用的收付方式的基础上，正确选择货款的收付方式并灵活地加以运用。信用证无疑是十分有利的一种收付方式，但在实践中，有时为了促成交易，在双方未能就某一支付方式达成协议时，也可以两种或多种方式结合使用，常用的有以下几种。

（一）汇付与信用证相结合

汇付与信用证相结合用在成交数量较大的初级商品或成套设备的交易中。在这些交易中，先由进口商以汇付形式支付订金；货物运抵目的地并经过检验后，以汇付的形式支付货款余额，其主要货款采用信用证方式支付。

例如：20% (twenty percent) of the contract value shall be paid by T/T (Telegraphic Transfer) as the advance payment within 10 days after contract signing date and the balance 80% (eighty percent) of the contract value shall be paid against L/C at 60 days sight to be accepted by both parties.（买方将合同金额的 20% 在合同签字后 10 天内作为预付款以电汇形式支付，另外 80% 的余额以双方同意的见票后 60 天付款的信用证支付。）

(二) 电汇、信用证、银行保函相结合

电汇、信用证、银行保函相结合的支付方式一般用在大型成套设备、船舶、飞机等金额大、交货期长的买卖中。这类交易大多按工程的进度分期付款或延期付款。分期付款是指买方预交部分订金,其余货款根据所订购商品的制造进度或交货进度分若干期支付,在货物交付完毕时付清或基本付清。延期付款是指买方预付一部分订金后,大部分货款在交货后一段相当长的时间内分期摊付。

分期付款与延期付款虽然都是在规定的期限内付清货款,但是,两者有很大区别,主要表现在以下两个方面:

一是在分期付款情况下,买方按照约定的方法,分若干期付款,但在卖方完成交货义务时,买方已付清或基本付清货款,所以是付现的即期交易。而在延期付款情况下,大部分货款于交货之后较长期限内分期摊付,所以是卖方给买方的信贷,对买方来说,是赊购,是利用出口商的资金,因此要承担延期付款的利息,在国际货物买卖合同中要规定包括利率在内的利息条款,而分期付款交易则不存在利息问题。

二是在分期付款情况下,买方在付清最后一期货款后,才取得货物的所有权。而延期付款的交易,在一般情况下,卖方履行交货后,买方即取得货物的所有权。如卖方交货之后,买方不履行付款义务,卖方只能依法要求偿付货款,而不能恢复货物的所有权。

例如:10% of the contract value shall be paid by T/T as the advance payment within 10 days after contract signing date and the balance 70% of the contract value shall be paid against L/C at sight before the 30 days of shipmentdate, the remaining 20% of contract value will be provided by buyer to submit a bank's L/G (letter of guarantee) as a performance bond as soon as the buyer received the contracted goods and finished inspection will complete the total payment. (买方将合同金额的10%在合同签字后10天内以电汇形式支付,合同金额的70% 在装运期前30天开出即期信用证,剩余20%买方将提供银行保函作为履约保证金,一俟收到货物并完成检验将付清全款。)

第四节 与贸易有关的其他支付方式

一、跨境贸易人民币结算

中国加入世界贸易组织以来,外向型经济发展迅速。然而,许多境内企业在"走出去"的过程中,面临着较大的汇率风险和汇兑成本。特别是在后金融危机时期,外部经济环境的变化以及美元、欧元等主要国际结算货币的大幅波动,使得境内企业"走出去"的成本和风险明显加大,同时也产生了以人民币作为贸易结算货币的意愿和市场需求。2009 年中国启动了跨境贸易人民币结算试点工作。

(一) 跨境贸易人民币结算的定义

跨境贸易人民币结算是指经国家允许指定的、有条件的企业在自愿基础上,以人民币进行跨境贸易结算,商业银行在人民银行规定的政策范围内,可直接为企业提供跨境贸易人民币相关结算服务。它包括进出口信用证、托收、汇款等多种结算方式。

2009 年 4 月，中国在上海、广州、深圳、珠海、东莞等地开展跨境贸易人民币结算试点；7 月，在汇丰银行和东亚银行于香港相继发行人民币债券后，中国人民银行等部门下发了《跨境贸易人民币结算试点管理办法》（下文简称《试点管理办法》），为跨境贸易人民币结算提供了法律依据。目前，中国跨境贸易人民币结算试点地区已经扩大到北京、天津、内蒙古、辽宁、上海、江苏、浙江、福建、山东、湖北、广东、广西、海南、重庆、四川、云南、吉林、黑龙江、西藏、新疆等 20 个省区市。

（二）跨境贸易人民币结算创新业务

在稳步扩大经常项目项下人民币结算的基础上，人民银行等部门又陆续出台政策，启动了跨境人民币境外借款、直接投资项下人民币跨境结算以及个人跨境贸易人民币结算等业务，从而丰富和完善了跨境人民币使用的政策框架。2012 年，国务院发布了关于支持深圳前海深港现代服务业合作区开发开放有关政策的批复，允许前海探索拓宽境外人民币资金回流渠道，构建了跨境人民币业务创新试验区，年底在前海启动了跨境人民币贷款。2013 年 9 月，上海自贸区挂牌后，扩大人民币跨境使用的相关政策也在自贸区陆续实施，推出了经常项下跨境人民币集中收付、跨境人民币双向资金池等创新业务。2014 年 6 月，中国人民银行又出台了贯彻落实《国务院办公厅关于支持外贸稳定增长的若干意见》的指导意见，对简化跨境贸易和投资人民币结算业务流程、鼓励企业到境外发行人民币债券等做出了进一步安排；7 月，中国人民银行总行又批复了人行南京分行和天津分行，同意在苏州工业园区和天津生态城开展四项跨境人民币创新业务试点，包括在新加坡的银行机构对企业发放跨境人民币贷款、股权投资基金人民币对外投资等。

跨境贸易人民币结算从试点到全国推开，从起步时的企业跃跃欲试到业务量稳步增长，从经常项下结算扩展到部分资本项下结算、直接投资、跨境融资，跨境贸易人民币结算的政策框架与业务体系已基本形成。因此，人民币结算在跨境贸易和投资中的使用范围不断扩大，业务品种不断创新，提升了人民币在境外的认可度和国际地位，促进了外贸和投资的便利化。

（三）跨境贸易人民币结算的操作规程

1. 企业的资格及享受出口退税等待遇

使用人民币结算的出口贸易，按照规定享受出口货物退（免）税政策。企业在办理以人民币结算的跨境贸易报关和出口货物退（免）税时不需提供外汇核销单。但试点企业如违反国家有关规定，将依法处罚，并取消其资格。企业有关跨境贸易人民币结算的违法违规信息，将录入有关部门共享的人民币跨境收付信息管理系统和人民银行企业信用信息基础数据库。

2. 境内商业银行提供跨境贸易人民币结算服务

境内具有国际结算能力、为企业开户或为境外商业银行开立同业往来账户的境内商业银行可以为企业提供跨境贸易人民币结算服务。境内具有国际结算能力、为企业开户的银行称为“境内结算银行”。境内结算银行应遵守人民币贸易结算的有关规定，为企业提供跨境贸易人民币结算服务。

3. 境内代理银行的业务范围

境内代理银行是指为境外商业银行（即境外参加银行）开立人民币同业往来账户的境内商业银行。境内代理银行可以同时作为境内结算银行，为企业办理人民币结算业务。

4. 商业银行办理人民币跨境清算的渠道

人民币跨境清算可自由选择两条路径：一是通过香港、澳门地区人民币业务清算行进行人民币资金的跨境结算和清算；二是通过境内商业银行代理境外商业银行进行人民币资金的跨境结算和清算。

经中国人民银行和香港、澳门金融管理部门认可，已加中国人民银行大额支付系统并办理港澳人民币清算业务的商业银行为港澳人民币清算行（简称"清算行"）。目前，香港地区的人民币清算行是中国银行（香港）有限公司，澳门地区人民币清算行是中国银行（澳门）有限公司。

5. 企业的人民币资金可以存放境外

为满足企业实际要求，企业可以将出口人民币收入存放境外，但应通过境内结算银行向中国人民银行当地分支机构备案。

货物出口后 210 天时，企业未将人民币货款收回境内的，应当在 5 个工作日内通过其境内结算银行向人民币跨境收付信息管理系统报送该笔货物未收回货款的金额及对应的出口报关单号，并向其境内结算银行提供相关资料。

企业应当选择一家境内结算银行作为其跨境贸易人民币结算的主报告银行，由主报告银行负责提示企业履行相关信息报送和备案义务。

此外，境内结算银行可以在境外企业人民币资金短缺时按照有关规定逐步提供人民币贸易融资服务。

二、外贸业务中常用的电子支付方式——专业国际汇款公司

电子支付工作环境是基于一个开放的系统平台（如互联网）之上，采用先进的信息技术来完成信息传输，其各种支付方式都是采用数字化的方式进支付。电子支付具有方便、快捷、高效的优势，用户只要拥有一台联网的微机，足不出户便可在很短的时间内完成整个支付过程。

在国际贸易中，大部分业务是通过银行进行电汇（T/T），实际上这属于典型的电子支付方式。除此之外，随着跨境电商的迅速发展，为使结算更便捷也出现了一些借助互联网和专业国际汇款公司进行的货款清算，如西联汇款、速汇金。这些国际汇款公司实际上也是利用电汇方式，但是与普通国际汇款相比，西联汇款、速汇金国际汇款有比较明显的优点。首先，它们不需要开立银行账户；其次，到账速度很快，一般汇款在 10 分钟之内就可以汇到，简便快捷；再次，在手续费方面，西联汇款、速汇金国际汇款的费用也比较低，只有普通汇款的 80% 左右；最后，1 万美元以下（不同银行要求不同）业务不须提供外汇监管部门审批文件，而普通国际汇款 2 000 美元以上还要提交受外汇监管部门审批。

（一）西联汇款

（1）汇款人前往就近的西联汇款代理网点，认明西联汇款标志，填写发汇单。

（2）将填妥的表格及款项递交邮局办理。

（3）汇款办理完毕，收妥发汇单，并将汇款信息及汇款监控号码告之收款人。若汇款人预留收款人的验证身份问题（验证身份问题视同取款密码），应一并告之收款人。双方在通知过程中应注意汇款信息的保密。这样，只需几分钟，收款人就可在全球任何一家西联汇款代理网点领取该笔汇款。

(4) 收款人接到汇款人通知后,认明西联汇款标志,前往就近的西联汇款代理网点办理领汇手续。在取款时,填写收汇单,出示本人有效身份证件。收款人领取西联汇款,一般必须本人亲自收,不得委托他人代领。

(二) 速汇金

(1) 汇款人前往速汇金代理商,并随身携带个人身份证明。

(2) 汇款人填写一份简单的"汇款"表格并连同汇款资金和手续费一并交给速汇金代理商。汇款人还可以在表格上免费加上10个字的附言。

(3) 汇款人将获得一个汇款编号。

(4) 汇款人联系收款人,将汇款编号交给他。只需10分钟,收款人就可准备收款了。

(5) 收款人前往速汇金代理商,并随身携带身份证明及汇款编号。

(6) 收款人填写一份简单的"收款"表格并出示身份证明,速汇金通常会使用当地货币支付汇款。

(三) Paypal 方式

Paypal 是 eBay 旗下的一家公司,主要业务是让个人或企业通过电子邮件,安全、简单、便捷地实现在线付款和收款。Paypal 账户是 Paypal 公司推出的网络电子账户,在欧美普及率极高,是全球在线支付的代名词,也是全球用户的首选支付方式之一。

1. Paypal 的主要优势

(1) 全球用户广。Paypal 在全球190个国家和地区拥有约2亿用户,目前已实现在23种货币间进行交易。目前,在跨国交易中超过90%的卖方和超过85%的买方认可并正在使用 Paypal 电子支付业务。

(2) 资金周转快。Paypal 独有的即时支付、即时到账的特点,能够实时收到海外客户发送的款项。此外使用 Paypal 收款能有效加速企业的资金周转效率,最短仅需2天,即可将账户内款项转账至国内的银行账户。

(3) 安全保障高。付款时无须向商家透露任何敏感的财务信息,具有完善的安全保障体系和丰富的防欺诈经验,配备了专业的信用卡退单处理团队。Paypal 在业界具有最低的欺诈损失率(仅0.27%),能够确保交易顺利进行。

(4) 成本低。申请无月费,费率仅为传统国际结算方式的一半。Paypal 可大大降低贸易成本,提高资金利润率。

(5) 方便。Paypal 账户所集成的高级管理功能,使用户掌控每一笔交易详情。

2. Paypal 和贝宝

Paypal,即 Paypal 国际账户,是针对具有国际收付款需求的用户设计的账户类型。它是目前全球使用最为广泛的网上交易工具。

贝宝,即 Paypal 贝宝账户,是 Paypal 专为中国用户推出的本土化产品。该产品主要面向拥有人民币单币种业务需求的企业与个人,帮助用户在贝宝账户和银行账户之间进行人民币转账。

比一比

	Paypal	贝宝
覆盖区域	全球190多个国家	仅限中国
币种	23种国际主要流通币种	仅限人民币
语言	简体中文或英文	简体中文
注册地址	www. Paypal. com/c2	www. Paypal. com/cn
认证	信用卡或国内借记卡认证	个人账户——身份证认证 企业账户——企业登记材料与联系人身份信息共同认证
充值	暂不支持充值	网上银行充值
付款	信用卡或Paypal余额	借记卡或贝宝余额
提现	4种提现方式(电汇、支票、美国银行或中国香港银行账户提现)	借记卡提现,覆盖国内15家主流银行
费用	付费	免费
交易保护	完整交易保护	尽最大努力

Paypal和贝宝虽是不同产品,信息却共享同一个平台。所以邮箱和银行卡信息必须是唯一且排他的。如果注册国际Paypal账户时,不小心注册成了贝宝账户,那么就要先注销贝宝账户,然后在Paypal网站上重新注册。如果贝宝以后也会使用,更换不同的邮箱和银行信息注册新账户即可。目前我国的法律法规还不允许人民币和Paypal账户中的外汇资金彼此流通。因此,Paypal与贝宝账户,彼此独立运作,不支持相互转账。

3. Paypal的账户类型

Paypal的账户主要分为三种类型,具体包括:

(1) 个人账户。适用于在线购物的买方用户。主要用于付款,可以收款,但比起高级或企业账户少了一些商家必备的功能和特点,如查看历史交易记录的多种筛选功能、商家费率(收款达到一定金额后可申请享受的更优惠费率标准)、集中付款、快速结账等集成工具,因此不建议卖方选择。

(2) 高级账户。适用于在线购物或在线销售的个人用户。可以付款、收款,并可享受商家费率,使用网站付款标准版(Website Payment Standard)、快速结账(Express Checkout)等集成工具以及集中付款功能,帮助商家提升销售额,推荐进行跨国交易的个人卖方使用。

(3) 企业账户。适用于以企业或团体名义经营的商家,特别是使用公司银行账户提现的商家用户。拥有高级账户的所有商家功能,并支持多用户管理(可以设置多个不同登录名和密码,并分别为其设置不同操作权限,以便职员只能对账户中其负责的部分进行查看和操作)。另外,企业账户需要添加企业名开办的电汇银行账户进行转账,添加个人名字开办的电汇银行账户可能导致转账失败。

三、基于互联网平台的其他国际支付方式

随着网络技术的发展,许多金融机构和网络公司进入这个领域,创造出许多在线支付方

式。对外贸易中常用的在线支付方式主要包括：

（一）Moneybooker

Moneybooker 是 Gatombe Park Venture Limited 的子公司。Moneybookers 收汇通道是现今欧洲使用率最高的网络支付方式，还是 eBay 支付系统认证所认可的系统之一，也是 eBay 交易链里少数的能被接受的支付系统之一。其注册用户人数甚至不低于 Paypal，而其便于使用、安全性高的特点更是为它赢得了与 Paypal 相当的口碑。其简便的通过 E-mail 地址来安全地支付并收款的功能，以及广阔的地域覆盖性（几乎支持对所有经济合作发展组织成员国家内的任何银行账户），深得西方消费者和商家，乃至一些国内商家和消费者的青睐。

（二）Ukash

Ukash 是发源于英联邦的一种全新的在线及电话支付的方式，它的革新之处在于其采用的支付模式完全基于现金，可以完全脱离对信用卡及借记卡的依赖。Ukash 的使用方式类似于手机充值卡及借记卡或者是预付卡，对于那些没有信用卡及借记卡或者不愿意使用信用卡或借记卡在线支付的消费者来说，无疑是非常方便的。

（三）eNETs

eNETs 是专为新加坡人议付设立的付款工具，是新加坡不多的网上支付工具之一。eNETs 覆盖新加坡 400 万人口，是东南亚地区知名的支付工具。拥有 eNETs 收款工具，可以加快东南亚国家贸易认知度。

（四）AlertPay

AlertPay 成立于 2004 年，是由其母公司 Corporate Wealth ManagementInc（CWM INC）建立的。与 Paypal 一样，AlertPay 也是通过电子邮件地址有效、安全地汇款收款。AlertPay 目前发展非常迅猛，国际上的很多网赚项目都开始支持 AlertPay 收发款。原因是使用 Paypal 收发款问题比较多，某些不当操作会导致账号被封，而 AlertPay 不存在这个问题，且 AlertPay 个人账户收发款均免费。

（五）Google Checkout

Google Checkout 是 Google 推出的支付工具，服务类似贝宝，网上零售商将 Checkout 系统整合到自己的支付平台，在线购买者可以通过它实现安全付款。完成每次支付后，Google Checkout 向商家收取 0.20 美元的手续费及交易商品价格 2% 的费用。目前，美国超过 90% 的零售商注册了 Google Checkout 服务。

（六）2checkout

2checkout 是一个非常简单并且使用方便的网上支付平台。它除了在申请账户的时候付 49 美元的会员费，每月不用缴纳任何费用，另外每笔交易收取 0.45 美元费用。在收取款项的时候，它免费提供支票，或者通过银行转账至用户所指定的账户。

（七）World Pay

World Pay 是苏格兰皇家银行的一个子公司，成立于 1993 年，总部设在英剑桥，该付款方式支持多种信用卡。例如，MasterCard、Visa、Visa Purcha、Visa Delta、Visa Electron、JCB、Solo and Switch，在英国 World Pay 也是一种常用的在线支付方式。

四、中国境内的第三方跨境支付平台

近年来，中国第三方跨境支付平台发展迅速。2007 年，银联成为国内首家开展跨境支付业务的第三方支付公司。2013 年 10 月，中国国家外管局发布《关于开展跨境电子商务外汇支付业务试点的批复》，批准 17 家第三方支付机构开展跨境电子商务外汇支付业务试点，发放了首批 17 张跨境支付牌照。

2014 年 2 月 18 日，中国人民银行上海总部发布《关于上海市支付机构开展跨境人民币支付业务的实施意见》，上海银联、通联、东方电子、快钱、盛付通 5 家第三方支付机构取得了首批跨境人民币支付业务资格。2015 年，中国跨境支付走向了法制化和规范化道路。国家外汇管理局发布了《国家外汇管理局关于开展支付机构跨境外汇支付业务试点的通知》和《支付机构跨境外汇支付业务试点指导意见》。允许部分拥有支付业务许可证且支付业务为互联网支付的第三方支付公司开展跨境业务试点。

截至 2017 年，中国拥有跨境支付资格的支付平台数量达到 30 家，其中北京和上海两座城市跨境支付平台数量占平台总数量的 64%，分别有 10 家和 9 家。代表性的跨境支付平台有支付宝、财付通、快钱、银联在线等，这些第三方跨境支付平台的兴起进一步推动了中国跨境电子商务的发展。

为便利跨境电子商务结算，促进支付机构外汇业务健康发展，防范外汇支付风险，2019 年 4 月，国家外汇管理局发布《支付机构外汇业务管理办法》（〔2019〕13 号）（简称《办法》），要求《办法》实施前参与跨境外汇支付业务试点的支付机构，应于《办法》实施之日起 3 个月内，按照《办法》要求，向注册地国家外汇管理局分局、外汇管理部进行名录登记。根据《办法》的规定，许可业务指的是支付机构外汇业务，包括代理结售汇及相关资金收付服务。按照服务对象划分，该业务主要可以分为以服务 C 端用户为主的留学教育、航空机票、酒店住宿等消费类业务，和以服务 B 端客户为主的跨境贸易业务。目前，国家外汇管理局已陆续向支付宝、财付通、汇付天下、平安壹钱包、连连支付、快钱、盛付通等十余家第三方支付机构发放跨境外汇支付业务的展业许可。这意味着试点近七年后，跨境支付行业的牌照监管正式落地。

复习与思考

一、问答题

1. 简述汇票的使用程序。

2. 托收有哪些种类?

3. 简述信用证使用程序。

4. 信用证有哪些当事人?

5. 信用证的性质和特点是什么?

二、做一做

(一) 选择题

1. 根据 UCP600 的规定,信用证项下汇票的付款人应是(　　)。

A. 开证申请人　B. 开证行　C. 议付行　D. 通知行

2. 指示抬头的汇票是(　　)。

A. 须经背书方可转让

B. 不能通过背书转让

C. 无须背书,凭交付即可转让

D. 无须背书,即可转让

3. 在国际贸易支付中,托收是商业信用,信用证是银行信用(　　)。

A. 托收使用的汇票是商业汇票,信用证使用的汇票是银行汇票

B. 两者使用的汇票都是商业汇票

C. 两者使用的都是银行汇票

D. 两者使用的可以使商业汇票,也可以是银行汇票

4. 由出票人允诺于规定时间无条件地由他自己向受款人支付一定金额的票据是(　　)。

A. 汇票　B. 本票　C. 支票　D. 银行本票

5. 在托收支付方式中,出口商承担风险最小的是(　　)。

A. D/P 90 天　B. D/A 60 天　C. D/P 30 天　D. D/A 30 天

(二) 判断题

1. 商业汇票和银行汇票的主要区别在于前者的付款人是商业企业,后者的付款人是银行。(　　)

2. 在 D/P 方式下,银行交单是以进口人付款为条件的,如进口人不付款,货物所有权仍在出口人手里,所以 D/P 对出口人没有什么风险。(　　)

3. 信用证中如未规定最迟装运期限,则可认为该信用证无效。(　　)

4. 在采用票汇付款的情况下,由买方购买银行汇票径寄卖方,故这种付款方式属于银行信用。(　　)

5. 保兑信用证条件下,保兑行是在开证行不付款的情况下承担付款责任。(　　)

三、案例分析

1. 信用证不符案

【案情】我国某出口公司对美国成交女上衣 600 件。合同规定绿色和红色面料的上衣按 3∶7 搭配,亦即绿色的 180 件,红色的 420 件。后美国开来的信用证上又改为红色的 30%,绿色的 70%。但该出口公司仍按原合同规定的花色比例装船出口,遭银行拒付。

【问题】银行为什么拒付? 收到来证后,我方应如何处理?

2. 保兑行责任案

【案情】中国某公司收到国外开来的不可撤销信用证,由设在我国境内的某外资银行通知

并加以保兑。中方在货物装运后，正拟将有关单据交银行议付时，忽接该外资银行通知，由于开证行宣布破产，该行不承担对该信用证的议付或付款责任，但可接受我出口公司委托向买方直接收取货款的业务。

【问题】对此，你认为中方应如何处理为好？

3. 远期付款交单下凭 T/R 借单责任案

【案情】我方出口一批货物，付款方式为 D/P 90 天托收。汇票及货物单据通过托收银行寄抵国外代收行后由买方进行了承兑。但货到目的地后，适逢行市上涨，于是付款人出具信托收据（T/R）向银行借取单据。货物出售后买方倒闭。

案例解析

【问题】我方于汇票到期时还能收回货款吗？

四、活动建议

1. 安排学生自己设计托收和信用证业务的程序图表，以帮助学生理解托收和信用证的使用程序。

2. 给学生展示一份标准格式的信用证，以帮助学生理解信用证的内容。

第六章

商品检验、索赔、不可抗力和仲裁

【导读】

在国际贸易中，买卖双方常常会因各自的权利和义务问题而引起争议，甚至导致索赔、仲裁和诉讼等情况发生。为了在合同履行中尽量减少争议或在争议发生时能妥善解决，在国际货物买卖合同中通常都要订立一些预防争议以及发生争议时如何处理的条款，这些条款虽然并非合同中不可缺少的，也不影响合同的效力，但由于它涉及订约后可能发生争议的预防和处理，在国际货物贸易中买卖双方要正确地订立商检、索赔、不可抗力和仲裁条款，要立足国际视野，尊重国际商事领域的主要法律规则，防范和解决国际货物买卖合同的争端。

本章的学习要求：

1. 了解争议的预防及处理方法；
2. 掌握商品检验检疫、索赔、不可抗力和仲裁条款的内容及涉及的法律惯例。

第一节　商品检验

一、商品检验的意义

商品检验又称货物的检验(Inspection of the Goods)，简称"商检"，是指在国际货物买卖中，由检验机构对卖方所交付货物的品质、数(重)量和包装进行检验和鉴定，以确定其是否符合合同规定；有时还对装载技术条件、卫生、疫情、运输途中发生的残损、短损及安全等方面进行检验和鉴定。

在国际贸易中，买卖双方分处两国，难以当面交接和验收货物，同时货物经过长途运输难免发生残损、短缺等情况。这些问题可能涉及运输、保险、装卸等部门的责任。为了避免发生争议或发生争议后，能分清责任归属，就需要一个有资格的、与买卖双方当事人无利害关系的检验检疫机构作为第三者，对成交货物的品质、数量、重量和包装以及运载工具等进行检验检疫、鉴定和证明，并出具检验检疫证明书。

检验检疫是国际货物买卖中不可缺少的一个重要环节，也是买卖合同中不可缺少的一项

内容,检验检疫在国际贸易中起着重要的作用:

(1) 商品检验体现了国家对进出口商品实施的质量管制,能有效地维护出口商品的信誉。

(2) 商品检验能促进进出口商品质量的提高,增强企业在国际市场上的竞争力。

(3) 商品检验能严格把守进口商品质量关,有效地维护国家和人民的利益。

(4) 商品检验为买卖双方交接货物、结算货款、通关计税和索赔理赔提供了依据。

资料卡

《中华人民共和国进出口商品检验法》规定:列入《商检机构实施检验的进出口商品种类表》(2001 年 2 月 1 日起开始使用《商品检验检疫目录》)的进出口商品(除非经国家商检部门审查批准免于检验的),未经检验或检验不合格的,不准销售、使用;出口商品未经检验合格的,不准出口。

英国《1983 年货物买卖法》(1997 年修订)规定:凡是买方事先未经过检验的货物,都不能认为他已经接受了货物,因而他没有丧失拒收货物的权利,直至有合理的机会检验货物为止。

《联合国国际货物销售合同公约》规定:买方必须在实际可行的最短时间内检验货物或由他人检验货物;如果合同涉及货物的运输,检验可推迟到货物到达目的地后进行。

二、商品检验的依据

商品检验的依据主要有两种:一是法律规定,即检验的范围、内容和标准等按照国家法律或国际条约的规定;二是合同约定,合同中的商品检验条款在不违背法律规定的情况下,是国际货物贸易中买卖双方检验的主要依据。

(一) 法律规定

进出口商品检验不仅仅涉及货物的品质、数量、包装等方面,还涉及进出口国国民安全、卫生等方面,所以许多国家的法律和国际公约都对进出口商品检验做了明确规定。如:

(1)《中华人民共和国进出口商品检验法》规定,凡列入《必须实施检验的进出口商品目录》的进出口商品,必须经过商检机构检验。除非经国家商检部门审查批准免予检验的,进口商品未经检验或检验不合格的,不准销售、使用;出口商品未经检验合格的,不准出口。

(2) 美国《统一商法典》规定:凡属下列情况均表明买方接受货物:① 在合理机会对货物进行检验之后,买方向卖方表明货物符合合同,或表示尽管货物不符合合同要求,他们将收取或保留货物;② 在买方有合理机会对货物检验之后,未做出有效的拒收;③ 买方做出任何与卖方对货物的所有权相抵触的行为。

(3) 英国《1893 年货物买卖法》(1979 年修订)规定:如买方以前未曾对该货物进行过检验,则除非等到他有一个合理的机会加以检验……不能认为他已经接受了货物。除另有约定外,当卖方向买方交货时,根据买方的请求,卖方应向其提供一个检验货物的合理机会,以便能确定该货物是否符合合同的规定。

(4)《联合国国际货物销售合同公约》规定:① 买方必须在按实际情况可行的最短时间内检验货物或由他人检验货物;② 如果合同涉及货物的运输,检验可推迟到货物到达目的地后进行;③ 如果货物在运输途中改运或买方须再发运货物,没有合理机会加以检验,而卖方在订立合同时已知道或理应知道这种改运或再发运的可能性，检验可推迟到达目的地后进行。

（二）合同约定

法律对于商品检验的规定一般主要是明确国家对于强制性检验的范围以及买方的检验权，比较笼统，所以国际贸易中买卖双方通常都会在合同中明确约定检验机构、检验的时间地点、检验标准、需要的检验证书等，即详细的检验条款作为最终商品检验的依据。

三、商品检验检疫机构

国际上检验检疫机构很多，名称也各异。有的称为公证行，有的称为实验室。检验机构的类型，大体可分为官方检验机构、半官方检验机构和非官方检验机构三种。我国于 2001 年 4 月由原国家质量技术监督局和国家出入境检验检疫局合并，成立中华人民共和国国家质量监督检验检疫总局（State General Administration of the People's Republic of China for Quality Supervision and Inspection and Quarantine，简称国家质量监督和检验检疫总局）。国家质量监督和检验检疫总局是统一监督管理全国进出口商品检验检疫工作的主管机关。中国进出口商品检验总公司是经国务院批准于 1980 年成立的非政府的综合性进出口商品检验机构（China National Import and Export Commodities Inspection Corporation，CCIC）。它是适应我国改革开放、发展对外贸易的需要，按照国际惯例建立和运作的，为进出口贸易提供检验服务的中介组织。它属于社会公益型的独立法人，是独立承担民事责任的检验实体，以第三者的地位，独立、公正、科学的态度，开展进出口商品的检验服务。

2018 年 4 月 20 日，中国出入境检验检疫局正式并入海关总署，并成为海关总署中重要部门。自此，出入境检验检疫系统统一以海关名义对外开展工作，口岸一线旅检、查验和窗口岗位实现统一上岗、统一着海关制服、统一佩戴关衔。旅检监管、通关作业申报查验放行"三个一"、运输工具登临检查、辐射探测、邮件监管、快件监管、报关报检企业资质注册以及对外"一个窗口"办理等业务领域完成优化整合，实现"一口对外、一次办理"，并完成业务单证及印章的统一替换。

（一）官方检验机构

官方检验机构是指由国家设立，按照国家法令对进出口商品实行强制性的检验。比如像我们的商检总局，各个省、市的商检局、美国的食品、药品管理局，美国的动植物检疫署、美国的粮检验署、日本的通商省检验所等就是属于这一类。

（二）半官方检验机构

半官方检验机构是指一些有一定权威的、由国家政府授权、代表政府行使某项商品检验或某一方面检验管理工作的民间机构。例如，根据美国政府的规定，凡是进口与防盗信号、化学危险品以及与电器、供暖、防水等有关的产品，必须经美国担保人实验室（Underwriter's Laboratory）这一半官方检验机构检验认证合格，并贴上该实验室的英文缩写标志"UL"，方可进入美国市场。

（三）非官方检验机构

非官方检验机构主要是指由私人创办的、具有专业检验、鉴定技术能力的公证行或检验公司，例如，英国劳埃氏公证行（Loyd's Surveyor）、瑞士日内瓦通用鉴定公司（Societe General de Surveillance S.A.，SGS）等。

目前国际上比较著名的商检机构主要包括瑞士通用公证行（Societe General de Serveillance, SGS）、美国食品和药物管理局（Food and Drug Administration, FDA）、日本海事鉴定协会（Nippon Kaiji Kentei Kyokai, NKKK）、日本海外货物检验株式会社（Japan Overseas Merchandise Inspection Company, OMIC）、新日本鉴定协会（New Japan Surveyors and Sworn Measures Association, SK）、劳氏船级社（Loyd's Register of Shipping，LR），英之杰检验集团（Inchcape Inspection and Testing Service，IITS）、美国保险人实验室（Underwriters Laboratories, UL）等。

四、检验时间和地点的规定

虽然有关国际公约及各国法律对买方的检验权都有明确规定，一般都承认买方在接受货物前，有权检验货物。但对于检验的时间和地点，各国法律却未做统一规定。为了分清责任，买卖双方应在合同中予以明确。当事人在规定检验的地点和时间时，应充分考虑买卖合同所使用的贸易术语以及货物自身的性质。在国际货物买卖合同中，对检验的时间和地点有三种规定方法。

（一）在出口国检验

这种规定方法主要包括产地（工厂）检验和装运港（地）检验两种情况。

产地（工厂）检验是指由产品制造工厂或买方的验收人员在产品出厂前进行检验或验收。在这种情况下，卖方只承担产品在离厂前的责任，至于运输途中的品质、数量变化的风险，概由买方负担。

装运港（地）检验又称“离岸品质、离岸重量”，是指卖方所交货物的品质、重量是以装船前商检机构或个人所签发的检验证明书为最后依据。卖方对货物到达目的港（地）后的品质状况和重量（数量）原则上不承担责任。只要装船前检验合格，说明卖方已按合同规定交货，买方原则上一般不得根据到货时的品质或数量与离岸时不符而提出异议或索赔。除非买方能证明，货物到达目的地时变质或短量是由于卖方没有严格履行合同规定货物的品质、数量或包装等义务，或是由于货物在装船时有一般检验无法发现的瑕疵引起的。这种做法，一般意味着买方无复验权，对买方极为不利。

（二）在进口国检验

这种规定方法主要包括目的港（地）检验和在买方营业处所（最终用户所在地）检验。

目的港（地）检验习惯上称为“到岸品质、到岸重量”，是指货物到达目的港后，在约定时间内进行检验。检验的地点可因商品性质不同而异。一般可在目的港码头仓库检验，易腐货物通常应在卸货后，在关栈或码头尽快进行检验，并以检验结果作为货物质量和数量交货的最后依据。在采用这种条件时，卖方应承担货物在运输途中，品质、重量变化的风险，买方有权根据货物到达目的港时的检验结果，在分清责任的基础上，对属于卖方责任造成的货损、货差向卖方提出索赔，直至拒收货物。

买方营业处所（最终用户所在地）检验主要对于一些不便于在目的港卸货检验的货物。例如，密封包装的货物或大型机械设备等，一般不能在目的港卸货时进行检验，需要将检验时间和地点推延到用户所在地进行。使用这种条件时,货物的品质和重量(数量)是以用户所在地检验为准。

(三) 在出口国检验、到进口国后复验

这种做法是货物在装船前进行检验,以装运港商检机构出具的检验证书作为卖方议付货款的单据之一;货到目的港后,买方有权复验,以目的港商检机构出具的检验证书作为买方向有关当事人对货损、货差提出异议、索赔的依据。这种方法是我国对外贸易合同中大量使用的方法。

“在进口国检验”和“在出口国检验、到进口国后复验”的根本区别在于:前者是以进口国检验结果为准,卖方除了要承担由于货物本身缺陷所造成的货损、货差之外,也要对货物的自然损耗承担责任。后者是卖方只有在两地检验的差距超过一定范围时,才承担责任。实际上是排除了自然损耗的责任。这种做法,买方复验的结果不能作为最后依据,而是由双方根据两地检验结果进行协商,求得解决办法。

五、检验证书

商检机构对进出口商品实行检验或鉴定后,需要根据不同的检验结果或鉴定项目签发检验证书(Inspection Certificate)。检验证书是买卖双方交接货物、结算货款的依据,是买卖双方进行索赔和理赔的依据,同时也是通关过境、计费计税、优惠或减免关税的依据。

(一) 检验证书的种类

检验证书根据检验项目和检验结果的不同有不同的种类,常见的商检证书有:

(1) 品质检验证书(Inspection Certificate of Quality),即证明进出口商品品质、规格的证书。

(2) 数量检验证书(Inspection Certificate of Quantity),即证明进出口商品数量的证书。

(3) 重量检验证书(Inspection Certificate of Weight),即证明进出口商品重量的证书。

(4) 价值检验证书(Inspection Certificate of Value),即证明出口商品价值的证书,通常用于证明发货人发票所载的商品价值正确、属实。

(5) 产地检验证书(Inspection Certificate of Origin),即用于证明出口商品原生产地的证书,通常包括一般产地证、普惠制产地证、野生动物产地证等。

(6) 卫生检验证书(Sanitary Inspection Certificate),即证明食用动物产品、食品在出口前已经过卫生检验、可供食用的证书。

(7) 兽医检验证书(Veterinary Inspection Certificate),即证明动物产品在出口前已经过兽医检验、符合检疫要求的证书。

(8) 消毒检验证书(Disinfection Inspection Certificate),即证明动物产品在出口前已经过消毒处理、符合安全及卫生要求的证书。

(9) 验残检验证书(Inspection Certificate on Damaged Cargo),即证明进口商品残损情况、估算残损贬值程度、判定致损原因的证书。

此外，常见的检验证书还有植物检疫证明、积货鉴定证书、船舱检验证书、货载衡量检验证书等。

（二）检验证书的作用

商品检验证书是买卖双方交接货物、结算货款的依据，是买卖双方进行索赔和理赔的依据。同时，又是通关过境、计费计税、优惠或减免关税的依据，是信用证付款情况下议付货款和出口收款的依据。

（1）作为法定检验范围内货物海关通关放行的依据。

（2）作为证明卖方所交货物的品质、重量（数量）、包装以及卫生条件是否符合合同规定的依据。

（3）作为买方对品质、重量、包装等条件提出异议、拒收货物、要求索赔、解决争议的凭证。

（4）作为信用证方式下卖方向银行议付货款的单据之一。

六、合同中的商检条款举例

（1）买卖双方同意货物在装运港（地）装运前由中国海关进行检验，签发的质量和重量（数量）检验证书。作为 L/C 项下议付单据的一部分，允许买方有权对货物运抵目的港（地）卸货后经双方同意的检验机构进行复验。如发现货物的质量、数量、包装不符合合同规定时，买方有权向卖方索赔，并提供经卖方同意的公证机构出具的检验报告。索赔期限为货物到达目的港（地）后 20 天内。

Both Buyer and Seller agree to inspect the goods before shipment at the port of shipment. The quality and weight (quantity) certificate issued by Customs of China will be regarded as a part of documents presented for negotiation under the L/C. The Buyer has the right to reinspect the goods delivered at the port of destination by an inspection bureau agreed by both parties. In case the quality, quantity and package of the goods are found not in accordance with those stipulated in the contract, the Seller should provide the inspection report issued by authority agreed by the Seller the duration for lodging claims should be within twenty days after the arrival of the goods at the destination port.

（2）双方同意在出口国产地、工厂或装运前或装船时检验，由中国出入境检验总局检验后签发的质量和重量（数量）检验证书，作为买卖双方最后交货的依据，买方无权对货物的质量和数量、重量进行复验，若发现异议无权向卖方提出索赔。

Both Buyer and Seller agree to inspect the goods before shipment or on the shipping time at the place of the export country or the factory. The inspection is subject to the quality and weight (quantity) certificate issued by China Inspection Bureau of Import and Export, as the final accordance of delivery for both Buyer and Seller. The Buyer reserves no right to re-inspect the quality, quantity and weight of the goods. In case the goods are found any faults, the Buyer has no right to lodge claims against the Seller.

第二节　索　　赔

一、约定索赔条款的意义

争议(Disputes)是指交易的一方违约或毁约,而给另一方当事人造成损害所引起的纠纷。国际贸易中产生争议的原因主要有:

(1) 交易双方中的一方故意不履约。

(2) 交易双方中的一方过失或疏忽,致使不能履约。

(3) 对合同条款理解不一致。

索赔(Claim)是指受损方向违约方提出损害赔偿的要求。理赔(Settlement)是指违约方对受害方所提赔偿要求的受理和处理。索赔与理赔是一个问题的两个方面。

索赔通常发生在交货的品质、数量、交货期与合同不符及拒收或拒付等问题上。一方当事人提出索赔时,必须在索赔期限内提出充分的索赔依据。正确的索赔,应做好以下几项工作。

(一) 确定索赔对象

在国际贸易中,根据损失的原因和责任的不同,索赔有 3 种不同情况:

(1) 凡属承保范围内的货物损失,向保险公司索赔。

(2) 凡属承运人的责任所造成的货物损失,向承运人索赔。

(3) 凡属合同当事人的责任所造成的损失,则向责任方提出索赔。

所以,提出索赔前须分清责任归属,然后向责任人提出。

(二) 分清违约责任

违约是指交易中的双方中任何一方由于自己的不可免责的原因,造成完全没有履行其合同义务或没有履行其全部合同义务的行为。一方违约就应承担违约的法律责任,这是国际上普遍遵循的原则。在发生违约时,双方当事人应依据合同所适用的法律,确定当事人的违约责任。

《英国货物买卖法》根据违约的内容把违约分为违反要件(Breach of Condition)和违反担保(Breach of Warranty)。而《联合国国际货物销售合同公约》根据违约所造成的后果和严重程度把违约分为根本违约(Fundamental Breach)和非根本违约(Non-Fundamental Breach)。根本违约,是指如果一方当事人违反合同的结果,使另一方当事人蒙受损失,以致实际上剥夺了他根据合同规定有权期待得到的东西。若属于违反要件或根本违约,受害方有权主张解除合同并要求损害赔偿,若属于违反担保或非根本性违约,则只能要求损害赔偿,而无权主张解除合同。《中华人民共和国民法典》(简称《民法典》)(合同编)、美国的《统一商法典》也有类似《联合国国

议一议

内地 A 公司从香港 B 公司购买一批马口铁,价值 50 万美元。A 公司按合同规定开出信用证。开证行在信用证有效期内收到合格单据,便付了款。货到后,A 公司发现集装箱内全是铁桶,而铁桶内全是污水,根本没有马口铁,请问,这是否属于违约,A 公司在此事件中应吸取什么教训?

际货物销售合同公约》的规定。

二、合同中的索赔条款及举例

进出口合同中的索赔条款有两种规定方式:一种是异议与索赔条款(Discrepantly and Claim Clause);另一种是罚金条款(Penalty Clause)。一般情况下只订异议和索赔条款,只有在大宗商品和机械设备的买卖及连续分批交货的合同中,才加订罚金条款。

(一)异议与索赔条款

异议与索赔条款除了明确规定一方如果违约,另一方有权索赔外,还包括索赔的依据、索赔期限、索赔办法、索赔的金额等。索赔依据包括法律依据和事实依据,前者是指合同和有关国家法律的规定;后者是指违约的事实证据和出证的机构。索赔的期限,是指受害方向违约方提出索赔的有效期限。索赔期限的长短,应根据不同商品的特性及检验所需的时间等因素而定。索赔期的起算时间以货物到达目的港(地)后××天起算较常见。索赔的办法和索赔金额,一般只做笼统规定,因为违约的情况比较复杂,究竟在哪些业务环节上违约和违约的程度如何,签约时难以预料。异议与索赔条款举例如下:

[**例 6-1**] 买方对货物的任何异议必须于装运货物的船只到达提单指定目的港 30 天内提出,并须提供经卖方同意的公证机构出具的检验报告。

Any claim by the Buyer regarding the goods shall be filed within thirty days after the arrival of the goods at the port of destination specified in the relative B/L and supported by a survey report issued by a surveyor approved by the Seller.

(二)罚金条款

罚金是指合同当事人一方未履行合同义务而向对方支付一定金额的罚金。罚金条款一般适用于卖方延期交货,或买方延迟开立信用证和延期接货等情况。当事人一方支付罚金后,一般还应履行合同的义务。罚金条款举例如下:

[**例 6-2**] 买方因自身原因不能按合同规定的时间开立信用证,应向卖方支付罚金。罚金按延迟开证每 10 天收取信用证金额的 1%,不足 10 天者按 10 天计,但罚金不超过买方应开信用证金额的 10%。

Should the Buyers for its own sake fail to open the Letter of Credit on time stipulated in the contract, the Buyers shall pay a penalty to the Sellers. The penalty shall be charged at the rate of 1% of the amount of the Letter of Credit, however, the penalty shall not exceed 10% of the total value of the Letter of Credit which the Buyers should have opened. Any fractional days less than ten days shall be deemed to be ten days for the calculation of penalty.

资料卡

关于合同的罚金条款,各国的法律有不同的规定。如大陆法系国家(法、德等国)的法律承认并予以保护。而英美法系国家(英、美、澳大利亚和新西兰等)的法律则一般不承认罚金。我国《民法典》(合同编)第五百八十五条第一款规定:当事人可以约定一方违约时应当根据违约情况向对方支付一定数额的违约金,也可以约定因违约产生的损失赔偿额的计算方法。

第三节　不可抗力

一、不可抗力

(一) 不可抗力条款的含义

不可抗力(Force Majeure)是指合同签订以后,不是由于任何一方当事人的过失或疏忽,而是由于发生了当事人不能预见、不能预防、不能避免和不能克服的事件,以致不能履行或不能如期履行合同。

在国际贸易中,尽管各国对不可抗力含义的规定及其叫法不一,但其精神大体相同,都认为遭受不可抗力事件的一方可以免除履行合同的责任或推迟履行合同。因此,不可抗力是一项免责条款。

资料卡

英美法中有"合同落空"原则的规定,其意思是指合同签订后,不是由于当事人的过失,发生意想不到的事件,致使订约目的受到挫折,发生事故的一方可以免责。大陆法有"情势变迁"原则的规定,其意思与"合同落空"基本一致。不过,法院对援引此原则免责的要求是很严格的。

(二) 不可抗力事故的范围

不可抗力事故的范围较广,通常可分为两类:一是"自然力量"引起的,如水灾、火灾、冰灾、旱灾、大雪、台风、地震等;二是"社会力量"引起的,如战争、罢工、政府禁令等。对于不可抗力事故的范围认定,最易引起当事人双方的争议。我们不能任意扩大或缩小不可抗力事故的范围,应把它和一般的商业风险(如物价的涨跌、汇率的波动、班轮逾期及机器出故障等)区分开来。

议一议

我某公司与美国某公司订立200套家具的出口合同。合同规定2019年12月交货。11月底,发生雷击火灾,家具烧毁。问这是否属于不可抗力?其后果是什么?

(三) 不可抗力事故的后果

发生不可抗力事故后,应按约定的处理原则和办法及时进行处理。不可抗力的后果有两种:一是解除合同;二是延期履行合同。究竟如何处理,应视事故的原因、性质、规模及其对履行合同所产生的实际影响程度而定。

议一议

某年我与某外商签订一批进口化肥合同,后外商生产化肥的工厂遭受火灾,但外商未能及时通知我方,因而延误我方处理该事,请问,这该怎么办?

（四）不可抗力事故的通知和证明

1. 不可抗力事故的通知

当发生不可抗力事件影响合同履行时，当事人必须及时通知对方，对方也应在接到通知后及时答复。为明确责任，买卖双方对此应在合同中明确规定。如一方遭受不可抗力事件以后，应以最快捷的方式通知对方，并应在 15 天内以航空挂号信提供事件的详情及影响合同履行程度的证明文件。

2. 不可抗力事故证明

当一方援引不可抗力条款要求免责时，必须向对方提交合同中规定的出证机构出具的证明文件。在国外，一般由当地的商会或合法的公证机构出具。在我国，由中国国际经济贸易促进委员会或其设在口岸的贸促会分会出具。

不可抗力证明

二、合同中的不可抗力条款及举例

不可抗力条款的内容，主要包括不可抗力事故的范围、不可抗力事故的处理原则和办法、事故发生后通知对方的期限和通知方式以及出具事故证明的机构等。进出口合同中的不可抗力条款主要有以下三种规定方法：（1）概括式；（2）列举式；（3）综合式。实际业务中常采用综合式。不可抗力条款举例如下：

［**例 6-3**］如由于战争、地震、洪水、火灾、暴风雨、雪灾或其他不可抗力的原因，致使卖方不能全部或部分装运或延迟装运合同项下的货物，卖方对于这种不能装运或延迟装运本合同货物的情况不负责任。但卖方须用电报或电传通知买方，并须在×天内以航空挂号信件向买方提交由中国国际贸易促进委员会出具的证明此类事件的证明书。

If the shipment of the contracted goods is prevented or delayed in whole or in part by reason of war, earthquake, flood, fire, storm, heavy snow or other causes of Force Majeure, the Seller shall not be liable for non-shipment or late shipment of the goods of this contract. However, the Seller shall notify the Buyer by cable or telex and furnish the latter within × days by registered airmail with a certificate issued by the China Council for the Promotion of International Trade attesting such event or events.

第四节　仲　　裁

一、约定仲裁条款的意义

在国际贸易中，由于政治、经济、自然条件等因素的变化和影响，买卖双方在履约过程中难免会产生这样或那样的争议。解决国际贸易争议的方式可归纳为三种：（1）双方友好协商；（2）由第三者调解；（3）仲裁或诉讼。由于仲裁程序简便、结案较快、处理案件较为公正及费用开支较少，已成为普遍采用的一种方式。

（一）仲裁的含义

仲裁（Arbitration）又称公断，是指买卖双方达成协议，自愿将他们之间的争议提交双方同意的仲裁机构进行裁决的方式。仲裁是终局性的，对双方都具有法律约束力。

（二）仲裁协议

仲裁协议是指双方当事人表示愿意将他们之间的争议交付仲裁机构解决的一种书面协议。它是受理仲裁案件的依据。仲裁协议可以是在争议发生前签订的合同中的仲裁条款，也可以是争议发生后双方达成的仲裁协议，两者的法律效力相同。仲裁协议的作用是排除了法院对有关争议案件的管辖权。

二、合同中的仲裁条款及举例

合同中仲裁条款的规定应当明确合理，不能过于简单。其具体内容一般包括仲裁地点、仲裁机构、仲裁程序、仲裁裁决的效力、仲裁费用负担等。

（一）仲裁地点

仲裁地点与仲裁所适用的程序法以及合同所适用的实体法有密切关系。因此，买卖双方都愿意在本国仲裁。不过采用在被告国仲裁较客观、公平。但若采用在双方同意的第三国仲裁，一定要选择在政治上对我友好的国家。

（二）仲裁机构

国际仲裁机构分常设仲裁机构和临时仲裁机构。我国的常设仲裁机构是中国国际经济贸易仲裁委员会和海事仲裁委员会。我们在外贸业务中经常遇到的外国常设仲裁机构有：英国伦敦仲裁院、瑞典斯德哥尔摩商会仲裁院、瑞士苏黎世商会仲裁院、日本国际商事仲裁协会及美国、意大利仲裁协会。合同中应明确规定选用哪个国家（地区）的仲裁机构审理争议。

（三）仲裁程序规则

仲裁程序规则是指进行仲裁的手续和做法。一般按照合同选定的仲裁机构的仲裁程序规则办理，合同中无须就规则具体内容另作说明。

（四）仲裁裁决的效力

从国际仲裁的实践看，裁决一般是终局性的，对双方当事人都有约束力，必须依照执行，任何一方都不许向法院起诉要求变更。为了明确仲裁裁决的效力，以利执行裁决，在订立仲裁条款时，通常都明确规定它的终局性及约束力。

比一比

仲裁与诉讼的区别

1. 仲裁机构属民间性质，仲裁员是由双方当事人指定的；法院是国家机器，具有法定的管辖权，法官由国家任命。

2. 仲裁必须是双方同意的，仲裁协议是仲裁机构受理仲裁的依据，任何一方无权强迫对方进行仲裁；诉讼可以是一方提出的，无须对方同意。

3. 仲裁时间短，程序简便，费用低，争议双方关系较缓和；诉讼时间长，程序多，费用高，原、被告关系紧张。

4. 仲裁的结果是终局的；诉讼一般是二审终审制，诉讼的败诉方可以上诉。

5. 仲裁机构不能强制执行仲裁裁决；法院可以强制执行法院判决。

（五）仲裁费用的负担

合同中应明确规定仲裁费用由谁负担。通常由败诉方承担，也可另作具体规定。仲裁的费用，一般按争议价值的0.1%～1%收取。

（六）仲裁条款举例

［**例6-4**］一切因执行本合同引起的争议，均应由双方友好协商解决。如协商不能解决，则应提交仲裁，仲裁应在被告国进行。如仲裁在中国，应提交上海中国国际贸易促进委员会对外贸易仲裁委员会，按照其仲裁规则进行仲裁。如仲裁在美国，应提交纽约国际贸易促进委员会对外贸易仲裁委员会，按照其仲裁规则进行仲裁。该仲裁委员会的裁决为终局性的，对双方均有约束力，仲裁费用，除非仲裁委员会另有裁定，概由败诉方承担。

All disputes arising from the performance of this Contract should be settled through friendly negotiation. Should no settlement be reached through negotiation, the case shall be submitted for arbitration in the country where the defendant resides. If the arbitration takes place in China, the case shall be submitted to the Foreign Trade Arbitration Commission of the China Council for the Promotion of International Trade Shanghai and the arbitration rules of this Commission shall be applied. If the arbitration takes place in USA, the case shall be submitted to the Foreign Trade Arbitration Commission of Council for the Promotion of International Trade NewYork and the arbitration rules of this arbitration organization shall be applied. The award of the arbitration shall be final and binding upon both parties. The arbitration fee shall be borne by the losing party unless otherwise awarded by the arbitration organization.

复习与思考

一、问答题

1. 什么叫买方复验权、索赔、法定检验、不可抗力和仲裁?
2. 法定检验商品的范围有哪些?
3. 交易双方引起争议的原因有哪些?
4. 仲裁协议的作用是什么?
5. 仲裁有哪些特点? 合同中仲裁条款有哪些主要内容?

二、做一做

(一) 选择题

1. 在买卖合同的检验条款中,关于检验地点的规定,使用最多的是(　　)。
   A. 在出口国检验
   B. 在进口国检验
   C. 在出口国检验,在进口国复验
   D. 在第三国检验

2. 某公司某年10月与外商签订一份农产品出口合同,交货期为当年10—12月。签约后派人去产区收货,但由于该年7—8月间产区遭受旱灾,产品无收,出口人能否以不可抗力为由撤销合同(　　)。
   A. 能够撤销合同
   B. 不能撤销合同
   C. 需对灾情进行调查,根据情况而定
   D. 需与进口人协商后再定

3. 检验证书的作用不包括(　　)。
   A. 是证明卖方所交的货物符合合同规定的依据
   B. 是卖方向银行议付货款的重要单据之一
   C. 是海关放行、征收关税的依据
   D. 确定检验标准和检验方法的依据

4. 实际业务中,进出口贸易合同不可抗力条款常采用的规定方法是(　　)。
   A. 概括式　　B. 列举式　　C. 综合式　　D. 分散式

5. 仲裁裁决被多数国家认定为(　　)。
   A. 可更改的　　B. 终局性的　　C. 无约束力的　　D. 不确定的

(二) 判断题

1. 根据我国《进出口商品检验法》,属于法定检验的商品即列入《商检机构实施检验的进出口商品种类表》(商品检验检疫目录)内的商品。(　　)

2. 我出口合同中规定的买方复验商品品质/数量的期限,一般就是买方可向我提出有关的索赔要求的期限,超过约定索赔期限的索赔,在法律上无效。(　　)

3. 根据《联合国国际货物销售合同公约》,一方当事人违反合同,但并未构成根本违约,受损害一方当事人可以宣告合同无效。(　　)

4. 从国际仲裁实践来看,买卖双方当事人对于仲裁结果有异议的,可以向法院起诉要求变更。(　　)

5. 在进出口业务中,进口商收货后发现货物与合同规定不符,在任何时候都可以向出口商索赔。(　　)

三、案例分析

1. 不可抗力免责案

【案情】我国大连粮油进出口公司于2014年10月与外商签订一份玉米出口合同,交货期为当年11—12月。签约后派人去产区收货,但由于2014年7—8月间产区遭受旱灾,玉米无收,大连粮油进出口公司以不可抗力为由要求撤销合同。

【问题】大连粮油进出口公司的要求是否合理?为什么?

2. CIF贸易条件下索赔案

【案情】我国某出口公司以CIF纽约出口食品2 000箱,即期信用证付款,货物装运后,我国出口公司凭已装船清洁提单和已投保一切险及战争险的保险单,向银行收妥货款。货到目的港后,经国外进口商复验发现如下情况:(1)该批货物共有15个批号,抽查30箱,发现其中4个批号涉及100箱内沙门氏细菌超过合同标准。(2)收货人实际收到995箱,缺少5箱。(3)有20箱货物外表状况良好,但箱内货物共缺少50公斤。

【问题】进口商应分别向谁索赔?为什么?

3. 货物品质不符仲裁案

【案情】我某外贸公司与某外商签订一份出口合同,合同中订有仲裁条款,仲裁地点为北京,后来发生交货品质纠纷,外商不愿到北京仲裁,于是在当地法院起诉,当地法院向我外贸公司寄来传票。

【问题】请问我国该外贸公司应如何处理?为什么?

案例解析

四、活动建议

1. 课堂讨论分析争议产生的原因及其后果。

2. 请商检部门的工作人员来校做报告,介绍商检工作实际情况,开阔学生视野。

第七章

交易的磋商与合同的签订

【导读】

交易磋商是买卖双方在认同国际文化差异、秉持诚信作风的基础上，为了买卖某种商品，通过一定程序就交易的各项条件进行洽谈，最后达成协议的整个过程。交易磋商的目的是签订合同，一旦双方对各项交易条件协商一致，买卖合同即告成立。

交易磋商可以通过书面、口头两种形式进行。口头磋商主要是指通过参加各种博览会、交易洽谈会、随团出访、邀请外商来访等形式面对面地谈判。书面磋商是指通过信件、电报、电传、传真或 E-mail 等形式进行谈判。交易磋商一般要经过询盘、发盘、还盘和接受四个环节。其中，从法律角度讲，发盘和接受是达成交易、签订合同必不可少的两个基本环节和法律步骤。

本章的学习要求：

1. 掌握进出口交易磋商的程序，能按法律规定和购销意图进行交易磋商；
2. 熟悉有关国际公约、国际惯例和不同国家法律对发盘与接受及电子合同的规定；
3. 掌握合同的基本形式和内容，并能正确制作合同。

第一节　交易磋商的程序

一、询盘

询盘(Inquiry)又称询价，是指在对外贸易洽谈中，由买卖双方中的一方就某项商品的有关交易条件向另一方发出的询问。询盘一般由买方向卖方发出，也可由卖方向买方发出，其目的是为探询对方对交易的诚意和了解对方交易的条件，以便为下一步彼此间进行详细而周密的洽谈奠定基础。

询盘在法律上不具有约束性，询盘的一方对能否达成协议不负有任何责任，但它往往是交易的起点，所以，我们应对询盘予以重视并及时做出适当处理。

(一) 询盘的内容

询盘的内容可详可简，没有固定格式，它可以涉及所交易商品的品质、规格、数量、包装、价格、交货期、运输方式等交易条件，也可以向对方索取样品、样本和商品目录等。因实践中询盘多数是询问价格的，所以又称询价。

在国际贸易业务中，通常采用下列一类词语来表示询盘，如：

请发盘…… PLEASE OFFER...

请告…… PLEASE ADVISE...

请报价…… PLEASE QUOTE...

对……感兴趣，请…… INTERESTED IN ...PLEASE ...

[**例 7-1**]“对中国松香 WW 级有兴趣，请报价。”(Interested in Chinese Rosin WW Grade please offer.)

“可供 BD850 试验台，请递盘。”(Can supply Test Bench Model BD850 please bid.)

“请报三枪牌自行车 1 000 辆 CIF 科隆最低价 12 月装运，请速复。”(Please quote the lowest price CIF Kelang 1, 000 pieces THREE GUNS brand bicycles december shipment cable immediately.)

（二）使用询盘时应注意的问题

由于询盘不具有法律效力，所以可作为与对方的试探性接触，询盘人可以同时向若干个交易对象发出询盘。在实际工作中应注意区分函电是询盘还是发盘，避免将询盘当作发盘而急于接受，这种错误的出现会明显暴露我方销售或购买的迫切愿望，从而使我方在交易条件的具体磋商中处于不利地位。

在实际工作中，可以借询盘的特点了解行情，通过对方对询盘的态度分析其交易心理，摸清情况，以便调整策略和目标，在交易磋商中占据主动地位。但是，为了建立和保持企业良好的商业信誉，应尽可能避免只询盘而不购货、不售货的情况发生。

二、发盘

发盘(Offer)又称发价或报价，法律上称为“要约”。《联合国国际货物销售合同公约》(以下简称《公约》)规定：向一个或一个以上特定的人提出订立合同的建议，如果内容十分确定并且表明发盘人在其发盘得到接受时承受约束的意旨，即构成发盘。在实际业务中，发盘可以由卖方提出，也可以由买方提出。前者称卖方发盘(Selling Offer)，又称售货发盘；后者称买方发盘(Buying Offer)或递盘(Bid)。

资料卡

《民法典》(合同编)第四百七十二条规定：要约是希望与他人订立合同的意思表示，该意思表示应当符合下列条件：(1)内容具体确定；(2)表明经受要约人承诺，要约人即受该意思表示约束。

（一）发盘构成的条件

《公约》规定，构成一项法律上有效的发盘必须具备四项条件：

1. 发盘必须向一个或一个以上特定的人提出

即发盘必须指定可以表示接受的受盘人。《公约》规定：非向一个或一个以上特定的人提出建议，仅应视为发盘的邀请，除非提出建议的人明确地表示相反的意向。特定的人是指发盘必须指定受盘人。受盘人可以指定一个,也可以指定多个。但是,不指定受盘人的发盘,只能构成"发盘的邀请",不是有效的发盘。例如:出口人向国外大批客户寄发商品目录或价目单,虽也含有"欲与对方订立合同"的意思,但因其最直接的目的是为了邀请对方向自己发盘,因而不属于有效的发盘;在报刊上登载广告或向社会公众宣传推销商品,因不是向特定的人提出也不构成发盘。

2. 发盘的内容必须十分确定

即发盘中所列的条件必须是完整、明确和终局的。《公约》规定,发盘至少包括三个要素:(1) 标明商品的名称;(2) 明示(或默示)地规定商品的数量或规定如何确定商品数量的方法;(3) 明示(或默示)地规定商品的价格或规定如何确定商品价格的方法。也就是说,根据《公约》规定,一项发盘只要包括商品的名称、数量和价格(或数量、价格的确定方法)就属于"内容是完整的"。

在我国外贸业务中,一项完整的发盘一般要求列明商品的品质、数量、包装、价格、交货和支付方式六项主要交易条件。发盘的确定性和终局性,是指发盘没有含糊不清、模棱两可的字眼,没有保留的交易条件。例如:在价格、交货期中使用"大约""左右"等字词,或使用"以我方确认为准""不受约束""我方有权先售"等词句,都不属于明确、终局的发盘,只能属于发盘的邀请。

3. 发盘要表明发盘人在得到接受时承受约束的意旨

即在发盘被有效接受时合同即告成立。受盘人只要接受发盘的条件,发盘人就要承担与受盘人订立合同的法律责任。

4. 发盘必须送达受盘人

根据《公约》的规定,发盘于送达受盘人时生效。如发盘由于在传递中遗失以至受盘人未能收到,则该发盘无效。

(二) 发盘的有效期

发盘的有效期是指发盘中规定受盘人做出接受的期限。在进出口贸易中,发盘通常都规定有效期,超过了规定的有效期限,发盘人就不再受该发盘的约束。《公约》规定:采用口头发盘时,除发盘人发盘时另有声明外,受盘人只有当场表示接受方为有效。

在实际业务中,发盘有效期的规定方法通常有以下 3 种。

1. 笼统规定

如对"请复""电复""即复"等笼统规定方法,应理解为合理时间内有效。但由于各国对"合理时间"的解释不一,容易产生纠纷,所以我国一般不采用笼统规定法。

2. 规定一段时间内有效

如:"本发盘有效期五天"(Offer Valid Five Days)。计算有效期的起止时间一般依据《公约》的规定,发盘人在电报或信件中订立的接受期间,从电报交发时刻或信封上载明的发信日期(无发信日期则依据信封上的邮戳日期)起算。发盘人以电话、电传或其他可立即传达到对方的方法订立的接受期间,从发盘到达受盘人时起算。在计算接受期间时,正式假日或非营业日应计算在内。但是,如果接受通知在接受期间的最后一天未能送达发盘人地址,因为那天在发盘人的营业所所在地是正式假日或非营业日,则有效期应顺延至下一个营业日。

3. 规定最迟接受期限

由于进出口双方所在地时间多存在时差,所以发盘中应明确以何方所在地时间为准。一般情况下以发盘人所在地时间为准。如:以我方时间为准。

发盘人在规定有效期时最好明确具体。如果规定不明确,双方在交易中容易发生纠纷,所以实际业务中很少采用笼统规定法。

（三）发盘的失效

发盘的失效,即发盘人不再受该发盘的约束。发盘的失效有以下几种情况:

1. 发盘的过期

发盘在其明确的有效期内或合理有效期内没有被接受,即告失效。超过了有效期的发盘即使被受盘人接受,合同也不能成立,因为原发盘已因有效期届满而失效,对于受盘人的“接受”还需要原发盘人的确认。

2. 发盘被拒绝或还盘

一项发盘的受盘人将拒绝接受的通知送达发盘人时,该项发盘即告失效。还盘是对原发盘的拒绝,所以一旦发盘被还盘,原发盘即失效。

3. 发盘的撤回和撤销

发盘的撤回是指发盘在尚未送达受盘人之前,由发盘人主动阻止其生效。发盘的撤销是指发盘已送达受盘人,而受盘人尚未发出接受之前,发盘人通知受盘人取消发盘的行为。

发盘被撤回或撤销,发盘的有效性即告终止。但是各国法律对发盘的撤回、撤销解释不一。《公约》规定:发盘人的撤回通知如果在发盘送达受盘人之前或同时送达受盘人,发盘得以撤回;受盘人已收到的发盘,如果撤销的通知在受盘人发出接受通知前送达受盘人则可以撤销。但订有期限或标明不可撤销或受盘人有理由信赖此发盘是不可撤销的,并已本着对该项发盘信赖而行事的发盘则不可撤销(比如受盘人接到发盘以后没有声明接受就通过银行开来了信用证,则该发盘不可撤销)。

议一议

我某公司 10 月 2 日向美商发盘,以每打 84.50 美元 CIF 纽约的价格提供全棉男衬衫 500 打,限 10 月 15 日复到有效。该盘于 10 月 7 日抵达美商,10 月 8 日我发现问题,向美商发传真要求撤销该发盘,问能否撤销?

三、还盘

还盘(Counter-offer)又称还价,法律上称为“反要约”,是指受盘人不同意或不完全同意发盘中的交易条件而提出的修改或增加条件的意思表示。从法律上讲,还盘并非交易磋商的必经环节,然而在实际业务中,交易磋商中还盘的情况很多,特别是复杂的交易经常需要多次还盘才能最后达成交易。

还盘的法律后果是对发盘的拒绝或否定。一项发盘一旦被受盘人还盘,原发盘即失去效力,原发盘人就不再受其约束。所以还盘人不得在还盘后再接受原发盘,即使在原发盘的有效期内也如此,除非原发盘人对该项“接受”给予确认。

还盘是一项新的发盘，判断其有效性的标准仍然是《公约》规定的有效发盘的条件。还盘可以是对原发盘中的商品价格提出修改意见，也可以对其他交易条件提出意见。

还盘可用“还盘”字样表示，也可以只用与发盘条件不同的内容通知对方，以求修改、附加对方的交易条件。

四、接受

接受（Acceptance）在法律上称“承诺”，是指受盘人在发盘规定的有效期内，以声明或行为表示同意发盘人提出的各项条件。接受与发盘一样，既是一种商业行为又是一种法律行为。受盘人对发盘（或还盘）一旦表示接受，合同即告成立，发盘（或还盘）中的交易条件对发盘人（或还盘人）、受盘人都构成法律约束力。

《公约》规定：(1) 受盘人声明或做出其他行为表示同意一项发盘，即是接受。缄默或不行动本身不等于接受。(2) 接受于表示同意的通知送达发盘人时生效。如果接受的通知在发盘所规定的时间内或一段合理的时间内未送达发盘人，接受就无效，但必须适当考虑到交易的情况，包括发盘人所使用的通讯方式的迅速程度。对口头发盘必须立即接受，但特别情况不在此限。

（一）接受必须具备的条件

根据《公约》规定，构成法律上一项有效的接受必须具备如下条件：

1. 接受必须由特定的受盘人做出

发盘是向特定人提出的，因此，只有特定的受盘人才能对发盘做出接受。由第三者所做出的接受是无效的接受，不具有法律效力，只能作为一项新的发盘，必须由原发盘人予以确认，合同才能成立。

2. 接受必须表示出来

根据《公约》规定，接受必须由受盘人以一定的方式表示出来。即，接受可以采取口头或书面的声明表示，也可以用行为表示出来。例如，受盘人收到发盘后在其有效期内发运货物或支付货款或开出信用证，这些都属于用行为表示接受发盘的各项交易条件。目前，我国在进出口业务中仍然要求以书面形式订立合同，所以用行为表示接受在我国尚不适用。

3. 接受必须在发盘有效期内送达发盘人

发盘中通常都有有效期，受盘人必须在发盘规定的有效期内（若发盘未规定具体有效期，则在“合理时间”内）做出接受的表示并送达发盘人，才具有法律效力。在发盘有效期之后才到达发盘人的接受称逾期接受，它构成一项新的发盘。

4. 接受的内容必须与发盘完全相符

《公约》规定：对发盘表示接受但载有增加、限制或其他变更的答复，即为拒绝该项发盘，并构成还盘。接受内容应当与发盘内容完全一致，并不提出任何更改、添加或限制的意见，也无任何保留条件，否则该项“接受”无法律效力，只能构成一项还盘。但是，《公约》对载有添加、限制或变更发盘条件的接受又有实质性和非实质性变更之分。如，对发盘中商品价格、质量、数量、支付条件、交货地点和时间、赔偿责任范围及争端解决办法的更改，均视为对原发盘的实质性修改，此类"接受"均无法律效力。如果增加或变更的条件不属于上述内容的变更之列，则视为非实质性修改，不影响接受的法律效力，除非发盘人毫不迟延地以口头或书面方式表示反对其间的差异。例如，发盘中写明用"完好麻袋包装"，受盘人表示接受，但要求用"新麻袋包装"，这属于非实质性变更发盘的条件，接受有效，除非原发盘人及时表示反对，否则合同成立。

资料卡

《民法典》（合同编）第四百八十八条规定：承诺的内容应当与要约的内容一致。受要约人对要约的内容做出实质性变更的，为新要约。有关合同标的、数量、质量、价款或者报酬、履行期限、履行地点和方式、违约责任和解决争议方法等的变更，是对要约内容的实质性变更。

（二）逾期接受

逾期接受又称迟到的接受，是指接受的通知超过发盘规定的有效期限（发盘未规定具体有效期而超过了合理时间）才到达发盘人的接受。逾期接受一般不具有法律效力，发盘人不受其约束。但是《公约》规定：如果发盘人收到逾期接受后，毫不迟疑地向受盘人做出确认，则该项逾期接受仍有接受的法律效力；如果逾期接受使用的信件或其他书面文件表明，在传递正常的情况下，本该及时送达发盘人，但由于出现传递不正常的情况而造成了延误，则该项逾期接受也被认为是有效的，除非发盘人毫不迟延地用口头或书面方式通知受盘人声明他的发盘已经失效。

议一议

我外贸公司与一美商洽谈一笔交易。我方 2019 年 4 月 7 日的电报发盘中规定，4 月 12 日复到有效。我方于 4 月 14 日接到对方"接受"复电，请问我方可以如何处理？

（三）接受的撤回

《公约》规定：接受发盘的通知于送达发盘人时生效。《公约》在接受生效问题上采用的是"到达生效"的原则，因此接受在发出后而未送达发盘人之前是可以撤回的。《公约》还规定：接受得予撤回，如果撤回的通知于接受生效之前或同时送达发盘人。也就是说，受盘人撤回接受的通知在接受到达发盘人之前送达发盘人或者二者同时到达，则该项接受可以撤回。

接受常用的表述是："接受"（Accept）、"同意"（Agree）、"确认"（Confirm）等。在实际业务中，通常的做法是受盘人以较简单的语句表示接受，而不一一重复列出双方协商一致的有关交易条件。但是，金额较大或磋商环节较多的交易，受盘人在表示接受时一般要将最后商定的各项交易条件复述一遍，以避免产生差错与误解。

"你 16 日电我方接受。"（"YOURS SIXTEENTH ACCEPT."）

"你方 16 日电接受美加净牙膏货号 101 纸箱装每箱 6 打每罗 31 英镑 CIF 伦敦 11 月不可撤销即期信用证请告合同号码。"（"YOURS SIXTEENTH ACCEPT MAXAM TOOTHPASTE ART.NO. 101 PACKED CARTONS OF SIX DOZ. EACH STERLING THIRTY-ONE PER GROSS

CIF LONDON NOVEMBER SHIPMENT IRREVOCABLE CREDIT PLEASE ADVISE CONTRACT NUMBER.")

第二节　进出口合同的签订

在进出口交易磋商中,当一方的发盘被另一方接受后,进出口合同即告成立,买卖双方就确立了合同关系。

一、合同的形式

合同的形式一般情况下有口头形式和书面形式两种。

《公约》规定:销售合同无须以书面订立或书面证明,在形式方面也不受任何其他条件的限制。销售合同可以用包括人证在内的任何方法证明。所以根据《公约》的解释,合同的形式可以是口头的,也可以是书面的。1986 年 12 月,我国政府在向联合国交存对《公约》的核准书时,对《公约》第 11 条、第 29 条的有关规定提出了保留,即我国不同意国际货物买卖合同采用书面以外的形式订立、更改或终止,应采用书面形式方为有效。

资料卡

《民法典》(合同编)第四百六十九条规定:当事人订立合同,可以采用书面形式、口头形式或者其他形式。书面形式是合同书、信件、电报、电传、传真等可以有形地表现所载内容的形式。

在进出口业务中,合同的书面形式可采用正式的合同(Contract)、确认书(Confirmation)、协议(Agreement),也可采用备忘录(Memorandum)、意向书(Letter of Intent)、订单(Order)等形式。

(一) 合同(Contract)

合同又称协议或协议书,卖方提出并草拟的合同称为销售合同(Sales Contract)或出口合同(Export Contract),买方提出并草拟的合同称为购货合同(Purchase Contract)或进口合同(Import Contract)。合同的内容比较全面、详细,除了包括交易的主要条件,如品名、品质、规格、数量、包装、价格、运输、支付外,还包括保险、商检、索赔、仲裁、不可抗力等条款。

(二) 确认书(Confirmation)

卖方出具的确认书称为售货确认书(Sales Confirmation),买方出具的确认书称为购货确认书(Purchase Confirmation)。一般来讲,双方已通过往来信函、电传、电话等就交易内容达成一致意见,但为了进一步明确合同内容,由一方就已洽定内容拟制确认书,请求对方确认,一经对方签字即告成立。因此,确认书是合同的简化形式。

(三) 备忘录(Memorandum)

备忘录在外贸实际工作中很少应用,但它可以作为书面合同的形式之一。如果备忘录的交易条件明确、具体并经交易双方签字,那么这种备忘录的性质与合同一样在法律上具有约束力。但是，如双方经洽谈后，只是对某些事项达成一定程度的理解或谅解，并将这种理解或谅解用“备忘录”的形式记录下来，作为双方今后交易或合作的依据，或作为初步协议供将来进一步洽谈的参考，这种备忘录可冠以“理解备忘录”或“谅解备忘录”的名称，它在法律上不具有约束力。

（四）意向书（Letter of Intent）

意向书不是法律文件，对有关当事人无约束力。意向书是买卖双方为达成某项交易，将磋商中争取实现目标的设想和意愿及部分交易条件记录于书面文件上，以供进一步磋商时参考。

（五）订单（Order）

订单是指由进口商或实际买方拟订的货物订购单。经过磋商达成交易后所发出的订单，其效力相当于国外买方的购货合同或确认书。

在我国外贸业务中，最常用的合同形式是合同和确认书。一般情况下，各进出口企业都印制有固定格式的合同。合同由双方签署后，各备存一份，作为事后履行的依据。

二、书面合同的内容

国际货物买卖合同一般由三部分构成：约首、本文和约尾。

（一）约首

约首是指合同的序言部分，包括合同名称、缔约双方的名称和地址（要求写全称）、合同编号、签订合同的日期等。

（二）本文

合同的本文是合同的主要部分，具体列明买卖双方的各项交易条件或条款。如商品的名称、质量（或规格）、数量、价格、包装、交货时间与地点、运输与保险条件、支付方式及检验检疫、索赔、仲裁、不可抗力等。这些条款体现了买卖双方当事人的权利和义务。

（三）约尾

约尾是合同的尾部内容，一般包括合同的份数、缔约双方的签字、合同适用的法律和惯例等。合同的内容与交易磋商内容一致，并力求内容明确、完整、严密，它对合同双方都有约束力。如果一方当事人没有按合同规定履行义务，将会被追究违约责任。

三、合同有效成立的条件

买卖双方就各项交易条件通过发盘和接受达成协议以后，并不意味着合同生效，它只是表明合同成立。一项合同必须具备下列条件才是在法律上有效的合同。

（一）双方当事人应具有实施法律行为的资格和能力

签订买卖合同的当事人，主要分自然人和法人。自然人的行为能力受其年龄、智力和精神健康状况的制约，具有订立合同能力的自然人一般是指理智正常的成年人，而未成年人或精神病人只能进行与其年龄、精神健康状况相适应的民事活动，否则，须待其法定代理人追认才产生法律效力。法人签订合同的行为能力受其经营范围的限制。各国法律一般都认为，法人可以通过其代理人在其经营权限内签订合同，超过经营权限所签订的合同在法律上是无效的。我国法律还规定，没有取得进出口经营权的企业或其他经济组织必须委托有进出口经营权的企业代理签订国际货物买卖合同。

（二）当事人应是在自愿基础上达成的意思表示一致

合同的各项交易条件必须真实地反映缔约方的意愿。采用欺诈或胁迫手段而订立的合同在法律上是无效的，或者是可以撤销的。欺诈是指一方当事人故意陈述虚假事实或隐瞒重要事实，使对方当事人做出了违背其真实意愿的意思表示；胁迫是指一方当事人采取危及对方当事人或其亲属的生命、健康、荣誉、名誉等手段，使对方当事人产生恐惧，因而做出了违背其真实意愿的意思表示。受欺诈方或受胁迫方可以申请撤销合同或宣告合同无效。

（三）合同的标的物和内容必须合法

合同的标的物必须是法律允许买卖的商品。比如，进出口的商品必须是政府允许的，属于政府管制的商品必须有许可证和配额。合同的内容必须符合买卖双方国家的法律，不得违反公共秩序或公共政策，也不得违反善良的风俗习惯和道德，否则，合同无效或可以被撤销。

（四）合同双方当事人必须互为有偿

合同互为有偿，在国际上又称合同必须有“对价”或“约因”。也就是说，国际货物买卖合同是双方有偿合同，在合同中一方所享有的权利应该以对方的义务为基础，对方的权利又以这一方的义务为代价，双方应都有权利和义务。如卖方交货，买方付款，就是互为有偿。

（五）合同必须符合法律规定的形式

《公约》对合同的形式没有限制，声明“可以用包括证言在内的任何方法证明”。《民法典》（合同编）第四百六十九条规定：当事人订立合同，可以采用书面形式、口头形式或者其他形式。书面形式是合同书、信件、电报、电传、传真等可以有形地表现所载内容的形式。以电子数据交换、电子邮件等方式能够有形地表现所载内容，并可以随时调取查用的数据电文，视为书面形式。目前，在实际业务中，我国的涉外经济合同仍然以书面合同形式订立。签订书面合同的意义有两个方面：（1）书面合同是合同成立的证据；（2）书面合同可以作为履约的依据。

四、电子商务合同的法律效力

电子商务合同是指通过电子商务磋商成交的合同。电子商务合同与书面合同具有同等的法律效力。电子商务合同与传统的书面合同的最大区别是电子商务合同内容的可编辑性。由于电子商务合同是以数字化为表现形式的合同，它可以被有意编辑、修改、增加或删除。而一般的书面合同由双方当事人签字后,双方当事人各执一份,作为履行合同的依据,合同原件不易修改或增删。因此,许多人对电子商务合同的法律有效性产生疑问。为了促进电子商务在国际贸易中的应用,许多国际组织对电子商务所面临的法律问题进行了深入的研究,并针对电子商务进行了一定程度的立法。联合国国际贸易法委员会制定的《电子商务示范法》明确规定:采用数据电文形式的合同具有法律效力、有效性和可执行性。就合同订立而言,一项要约及对要约的承诺均可通过数据电文的手段表示,通过数据电文交换而订立的合同符合法律上所要求的书面合同性质。《民法典》也明确规定了以电子数据交换、电子邮件等方式能够有形地表现所载内容,并可以随时调取查用的数据电文,视为书面形式。

资料卡

《电子商务示范法》是1996年6月在联合国国际贸易法委员会第29届年会上通过的。制定该法的目标是提供一套世界各国在进行国内电子商务立法时可供参考并可被广泛接受的国际电子商务统一规则。《电子商务示范法》包括总原则和具体贸易适用两个部分。

电子商务合同格式条款的效力

复习与思考

一、问答题

1. 交易磋商的一般环节是什么?订立一项合同必不可少的环节是什么?
2. 一项有效的发盘必须具备哪些条件?
3. 什么是发盘的撤回和撤销?
4. 一项有效的接受必须具备哪些条件?
5. 在我国进出口业务中,通常采用的书面合同有哪些形式?合同有效成立的条件是什么?

二、做一做

(一)选择题

1. 根据《公约》,一项发盘必须具备的基本要素包括(　　)。

A. 商品名称、数量、价格　　B. 商品名称、品质、数量

C. 商品名称、价格、支付方式　　D. 商品名称、品质、价格

2. 美国进口商向我国出口商来电"接受你方5月12日发盘请降价6%",此函电是交易磋商环节的(　　)。

A. 询盘　　B. 发盘　　C. 还盘　　D. 接受

3. 构成发盘的必备条件不包括(　　)。

A. 向一个或一个以上的特定人提出

B. 主要交易条件必须完整齐全

C. 发盘的内容必须十分确定

D. 表明发盘人在得到接受时承受约束的意旨

4. 我国法律认可的国际货物买卖合同形式是(　　)。

A.口头形式合同　　B.书面形式合同

C.行为形式合同　　D.其他形式合同

5. 某项发盘于5月12日以电报形式送达受盘人,但5月11日发盘人以一传真告知受盘人该发盘无效,此行为属于(　　)。

A. 一项新发盘　B. 发盘的修改　C. 发盘的撤销　D. 发盘的撤回

（二）判断题

1. 根据《公约》,受盘人撤回接受的通知在接受到达发盘人之前送达发盘人或者同时到达,则该项接受可以撤回。(　　)

2. 根据《公约》,接受生效时间采用的是“投邮生效”原则。(　　)

3. 逾期接受一般不具有法律效力,发盘人不受其约束。(　　)

4. 如果发盘人在发盘中没有受约束的意思,则不构成发盘,而只是邀请对方发盘。(　　)

5.“请报永久牌自行车型号IML,2 000辆CIF纽约最低价11月装运,请速复。”这是一项发盘。(　　)

（三）分析思考

1. 根据下列交易磋商的往来函电判断哪一项是询盘、发盘、还盘和接受。

9月2日来电:有兴趣蝴蝶牌缝纫机JA-1 3 000架,即装请报价;

9月3日去电:蝴蝶牌缝纫机JA-1 3 000架木箱装每架62美元CIFC2科威特10月/11月装即期信用证限6日复到;

9月5日来电:你3日电歉难接受竞争者类似品质报55美元请速复;

9月7日去电:我3日电重新发盘限10日我方时间复;

9月9日来电:你7日电接受如55美元CIFC3D/P即期请确认;

9月10日去电:你9日电最低价60美元即期信用证限12日复到;

9月11日来电:你10日电接受再订购500架同样条件即复;

9月12日去电:你11日电确认请速开证;

9月13日来电:你12日电信用证将由科威特邮政信箱第345号ABC公司开立。

2. 公司周一对外发盘,限周五复到,客户周二回电还盘,邀我电复,我未处理。但是,周四客户又来电接受我周一的发盘。请问这笔交易是否达成?

3. 公司对外发盘,国外的客户在发盘的有效期内回电接受,但在同一电文中要求将装运期提前1个月。请问这是不是有效接受?

4. 根据马来西亚某公司与我国某试验设备公司就试验台进行交易磋商的来往函电,拟一份出口合同,并区分询盘、发盘、还盘、接受。

8月4日来电:欲购BD850型试验台两台,请报最低价格和最快交货期;

8月7日去电:你4日电每台5 500美元CIF巴生港10月份交货,即期L/C支付;

8月12日来电：你7日电最高每台5 000美元，10月份交货，D/P支付；

8月16日去电：你12日电每台5 000美元接受，即期L/C支付；

8月20日来电：你16日电接受BD850型试验台两台，每台5 000美元CIF巴生港，10月装船，即期L/C支付。箱装内加塑料袋，请拟合同。

三、案例分析

1. 合同成立纠纷案

【案情】我某公司与外商洽谈进口合同，经往来信函磋商，就合同的主要条款达成协议，并规定合同的争议适用中国法律。但在最后一次我方发出的表示接受的电传中列有"以签订确认书为准。"事后对方拟就确认书草稿，要求我方确认，但由于对某些条款的措辞尚待进一步研究，故我方未及时给予答复。不久，该商品的国际市场价格下跌，外商催我方开立信用证，我方以合同尚未签订为由拒绝开证，双方发生争议。

【问题】我方拒绝开证是否可以？为什么？

2. 合同磋商案

【案情】某法国商人于某日上午与我某公司就购买某商品进行口头磋商，我方所报价格为150美元CIF马赛，法商对此未置可否。当日下午再次磋商时法商表示愿意接受上午的条件，而此时我方获悉该商品的国际市场价格开始上升。

【问题】我方应该如何处理？为什么？

3. 口头合同效力案

【案情】我国某外贸公司受国内一家企业委托，派出贸易洽谈小组前往加拿大洽购一套生产设备，双方已就各项交易条件达成口头协议，并约定由我方回国后做成书面合同经双方签字后生效。回国后，由于国内企业撤回委托，不能再签署此进口合同。后加方要求我方履约，否则将在当地起诉中方。

案例解析

【问题】我方应如何处理？为什么？

四、活动建议

1. 学生可4人一组就某一种商品进行模拟洽谈。

2. 结合所学知识，以上述模拟洽谈为内容，拟制一份合同。

第八章

合同履行

【导读】

国际货物销售合同的订立,只表明了进出口双方当事人各自的经济愿望。只有履行了所订立的合同,才能实现进出口双方的经济目的。合同履行是实现货物和资金按约定方式转移的过程,既是经济行为,又是法律行为。合同依法订立后,进出口双方必须严格按照合同规定,履行各自的义务,否则违约方要承担法律责任。“重合同、守信用”是合同双方应遵循的基本原则,应始终秉持诚实守信的原则作风,在国际贸易活动中树立良好的国际形象。

本章的学习要求:

1. 了解进口、出口合同履行的重要意义及履约过程;

2. 掌握出口合同履行中的备货、租船订舱、制单结汇的基本要求;

3. 掌握审证、改证的基本方法,外贸常见单证的基本内容与填制的基本方法;

4. 掌握进口合同履行中开立信用证、租船订舱、保险、报关、接货、付款的基本要求;

5. 能进行申请开证、审证、改证、租船订舱、办理保险、报检、报关、制单结汇等环节的操作。

6. 掌握跨境电商实务操作基本要求,能够通过第三方跨境电商平台,开发各类国际客户,提高业务实战能力。

第一节　出口合同的履行

“重合同,守信用”是进出口合同履行时必须遵守的原则,也是我国对外贸易的一贯原则。进出口双方经过交易磋商,最终达成协议,签订书面合同作为确定双方权利义务的证据。合同成立后,进出口双方就必须履行合同规定的义务。因此,履行合同是当事人双方共同的责任。

在实际业务中,出口方的基本义务是:按照合同规定交付货物,移交一切与货物有关的单据和转移货物的所有权;进口方的基本义务是:按照合同规定支付货款,收取货物。

我国对外签订的出口合同,大多数按 CFR 或 CIF 成交,并按信用证方式收款,在履行这类合同时，一般包括以下环节：备货、催证、审证、改证、租船订舱、报关、报检、保险、装船、制单结汇等。这些环节中，货（备货）、证（催证、审证、改证）、船（租船订舱）、款（制单结汇）四个环节的工作最为重要。只有做好每个环节的工作，使环环紧扣，井然有序，才能提高出口合同的履约率。

一、备货

备货是指卖方根据出口合同的规定，按时、按质、按量地准备好应交付货物的工作。备货工作的内容主要包括：筹备相应配套资金、组织货源、催交货物、核实货物等。

在核查货物时应注意以下几个问题：

（一）货物的品质

交付货物的品质一定要与合同和信用证规定相一致。如出现偏差，应进行必要的加工整理，直到达到要求为止。

（二）货物的数量

交付货物的数量必须符合合同和信用证的要求，并适当留有余地，以备适应舱容和可能发生的调换。如合同和信用证中规定了溢短装条款，还可满足溢装的需要。

> **想一想**　如果信用证规定交货1 000公吨，而该种货物我方只准备了800公吨，后果如何？

（三）货物的包装

交付货物的包装必须符合合同和信用证的规定。对货物的内外包装都要进行认真检查，如发现包装不良或损坏，应及时进行修整或换装。运输标志应按合同的规定刷制，对包装上其他各种标志也应注意核查。

（四）备货时间

交付货物的时间也应严格按照合同和信用证规定的交货期限，结合船期进行安排，以使船货更好地衔接。

二、报检

报检是指出口方在货物备妥后，根据合同约定或国家规定，向进出口商品检验检疫机构申请对出口货物进行检查的工作。只有经检验合格、检验检疫机构签发检验检疫证书后，海关才予以放行。

出口方在申请报检时，应填制“出口报检申请单”，向检验检疫机构申请报验。“出口报检申请单”的内容一般包括品名、规格、数量或重量、包装、产地等项。在提交“出口报检申请单”时，应附上合同和信用证副本等有关凭据，供检验检疫机构检验检疫和发证时做参考。

货物经检验检疫合格后，由检验检疫机构发给检验证书。出口方应在检验证书规定的有效期限内将货物装运出口。一般货物的检验证书从发证日起两个月内有效，鲜果、鲜蛋类的检验证书两个星期内有效，动植物检疫证书20天内有效，鲜活商品证书14天内有效。如果超过有效期装运出口，应向检验检疫机构申请展期，由检验检疫机构复验合格后，才能出口。

我国原出入境检验检疫局1999年发布了《出入境检验检疫规定》，自2000年1月1日起施行。我国海关总署与原出入境检验检疫局联合通知，自2000年1月1日起，全面实施先报验后报关的通关模式。对实施检验检疫的货物，取消原“商检、动植检、卫检”放行单、证书和在报关单上加盖放行章的形式，而代之以“入境货物通关单”和“出境货物通关单”，并加盖“检验检疫专用章”，海关凭此放行货物。

三、催证、审证和改证

在履行以信用证方式付款的合同时，催开、审核和修改信用证直接关系到我国对外贸易政策的贯彻和收汇的安全，是履行出口合同的一项重要工作。

（一）催证

采用信用证方式成交，进口方按时开证是出口方履行合同的基本前提，进口方应严格按照合同规定的时间开立信用证。出口方应经常检查开证情况，在对方未及时开证时，应催促对方尽快开证。

> **议一议**
>
> 在实际工作中，国外进口商在遇到市场发生什么变化时会拖延开证？

在正常情况下，进口方最少在货物装运期前15天（有时也规定30天）应将信用证开到出口方手中。如果合同规定装运期较长，我方应在通知对方预计装运期的同时催请对方按约定时间开证。如果根据我方备货和船舶情况，有可能提前装运时，也可与对方商量，要求其提前开证。如果国外进口方未在合同规定的期限内开证，我方可向对方要求损害赔偿；或催促对方开证；或限期对方开证；或在催证时保留索赔权。

（二）审证

由于信用证的内容直接影响到出口方的收汇问题，且信用证是依据合同开立的，所以出口方在收到进口方开来的信用证时，一定要认真审核，使信用证的内容与合同内容一致。

在实际工作中，经常出现国外来证内容与合同规定不完全相符的情况。这可能是因为工作疏忽、某些国家或地区的习惯做法不同、国外客户对我国政策不了解等原因造成的，但也不排除国外客户由于市场行情变化，利用开证的主动权，有意在信用证中加列一些不合理条款的可能性。为保证收汇的安全性，防止不必要的损失，对不同国家、地区开来的信用证，我们一定要在国家对外政策的指导下，依据合同进行认真的审核和审查。

实际业务中，审核信用证的工作一般由银行（通知行）和出口方共同完成。银行着重审核开证行的政治背景、资信能力、付款责任和索汇路线等方面的内容；出口方着重审核信用证内容与买卖合同是否一致。

> **议一议**
>
> 银行（通知行）与出口方审核信用证的重点为什么有差异？

1. 银行审核信用证的主要内容

（1）政治性、政策性审核。根据我国对外政策，对不同国家或地区开来的信用证进行政治上、政策上的审核。如：凡由国家规定不准与之有经济贸易往来的国家和地区的银行开来的信用证，不能接受；与我国签有政府间贸易协定的国家，信用证必须符合协定的规定。来证若有歧视性条款，必须要求改正。

（2）资信情况审核。为保证安全收汇，对开证行所在国家的政治经济状况、开证行的资信情况和经营作风等必须进行审核。审核的主要内容是经济上要求开证行资信情况必须与所承担的信用证义务相适应。一旦发现开证行资信欠佳的情况，应酌情采取适当措施，如加以保兑等。

（3）信用证性质的审核。信用证中一定要有明确表示保证付款的责任文句。需要注意的是，如果开证行在保证付款责任时加列“限制性”条款，例如来证注明“以领到进口许可证后通知对方才能生效”，或电报来证注明“另函详”等类似文句，受益人（即出口方）一定要等接到生效通知书或信用证详细条款后才能实际履行交货义务。另外，信用证中还应申明所适用的国际惯例规则。

想一想　如果来证直接由开证行寄给受益人，是否可以直接使用？

2. 出口方审核信用证的主要内容

（1）信用证金额、币种、付款期限的审核。信用证的金额应与合同规定一致，若合同中规定有溢短装条款，则要求信用证金额包括溢装部分价款。币种与付款期限也应与合同规定一致。

（2）商品品名、货号、规格、数量的审核。主要是审核其是否与合同规定一致。要注意是否有特殊附加条款或保留条款，应结合合同与实际情况认真研究，做出是否修改的决定。

议一议

我方与日本一公司签订一份合同，合同规定：东北大豆，约 1 000 公吨，每公吨 100 美元 CIF 东京，信用证金额为 10 万美元。我方实际交货 1 050 公吨，并按此开具发票，连同其他单据交银行议付，遭到银行拒付，试问：银行拒付有无道理？我方最多、最少可交多少公吨？

（3）装运条款的审核。信用证中的装运期、目的港等要与合同规定相符。如国外来证晚，无法按期装运，应及时电请国外进口方延展装运期限。如需转船，应注意允许转船的内容后面有无加列特殊限制或要求，如 L/C 规定允许在新加坡港转至巴拿马航运公司所属船舶，我方就应根据实际情况决定是否接受。如果合同规定分批装运，应注意每批装运的时间是否留有适当的间隔，因为按惯例，若任何一批货物未按期装运，则信用证中的该批与以后各批均告失效，所以一定要认真对待。

（4）有效期与到期地点的审核。信用证必须注明有效期，否则将视为无效。信用证的有效期应与装运期有一定的合理间隔，以便在货物装运后有足够的时间进行制单结汇工作。信用证的到期地点，通常要求规定在中国境内。如果不在境内，出口方就要承担邮递迟延、邮件遗失等风险，一般不宜轻易接受。

(5) 单据的审核。信用证要求受益人提交议付的单据通常有:商业发票、保险单、海运提单、装箱单、原产地证明、检验证书以及其他证明文件。审证时,应对单据种类、份数及填制方法等进行仔细审核,注意单据由谁出具、能否出具、有无特殊要求,是否与合同规定一致,前后有无矛盾等。如果发现有不适当的规定,例如要求提单上的目的港后面加上指定码头或发票须由国外第三者签字证明等字样,应酌情做出适当的处理。

资料卡

信用证中规定的最后装运期与议付到期日为同一天,或未规定装运期限,在实践中称为"双到期"。在这种情况下,应在信用证到期日前提早几天将货物装上运输工具或交给承运人,以便留出足够时间制备单据向银行办理交单议付手续。

(6) 开证申请人和受益人的审核。信用证中的开证申请人、受益人一定要与合同中的规定完全相符。要仔细审核开证申请人的名称和地址,以防错发错运。受益人的名称、地址必须正确无误,且要前后一致。例如,信用证上的公司名称与公司印章上的名称必须一致,否则会影响出口方安全迅速收汇。

(7) 保险条款审核。信用证中规定的保险险别、投保金额应与合同相符。损失赔付地点应规定具体,不应笼统地写"在国外"。如在进口方投保的情况下,进口方要求除了在装船后通知其指定国外保险公司外,信用证中还注明了以国外保险公司出具的收到我国进出口公司的装船通知的收条作为议付单据,对此,我们不能接受。

3. 审核信用证中可能出现的问题

(1) 信用证性质:

① 信用证未生效或有限制信用证生效的条款。

② 信用证中没有保证付款的责任文句。

③ 信用证中漏列适用国际商会 UCP 条款。

④ 信用证未按合同要求加以保兑。

⑤ 信用证密押不符。

(2) 信用证有关期限:

① 信用证中没有到期日(有效期)。

② 到期地点在国外。

③ 信用证的到期日和装运期有矛盾。

④ 装运期、到期日或交单期规定与合同不符。

⑤ 装运期或有效期的规定与交单期矛盾。

⑥ 交单期限过短。

(3) 信用证当事人:

① 开证申请人公司名称或地址与合同不符。

② 受益人公司名称或地址与合同不符。

(4) 信用证金额货币:

① 信用证号码有矛盾。

② 信用证金额不足(不符合同、未达到溢短装要求)。

③ 金额大小写不一致。

④ 信用证货币币种与合同规定不符。
（5）部分发运、分期装运和转运：
① 分期定与合同不符。
② 转运定与合同不符。
③ 装运港口与合同规定或成交条件不符。
④ 目的地与合同规定或成交条件不符。
⑤ 装运期限与合同规定不符。
（6）货物：
① 货物品名规格与合同规定不符。
② 货物数量与合同规定不符。
③ 货物包装与合同规定不符。
④ 商品单价与合同规定不符。
⑤ 贸易术语有误。
⑥ 使用贸易术语与条款有矛盾。
⑦ 货物单价数量与总金额不吻合。
⑧ 证中所援引的合同号码与日期有误。
⑨ 漏列溢短装规定。
（7）汇票：
① 付款期限与合同规定不符。
② 将开证申请人作为汇票的付款人。
（8）发票：
① 发票种类不当。
② 领事发票要求领事签证。
③ 费用条款规定不合理。
（9）提单：
① 提单收货人一栏的填制要求不当。
② 提单抬头和背书要求有矛盾。
③ 提单运费条款规定与成交条件有矛盾。
④ 正本提单全部或部分直寄客户。
⑤ 空运提单收货人不是开证行。
⑥ 运输工具限制过严。
（10）保险单：
① CIF 条件下漏列保险单。
② 保险单种类不对。
③ 保险险别范围与合同规定不一致。
④ 投保金额未按合同规定。
（11）产地证：
产地证明出具机关有误（国外机构或无授权机构）。
（12）检验证书：
要求提交的检验证书种类与实际不符。

在实际业务中,各种意想不到的情况都有可能发生,一定要紧紧围绕着合同的规定仔细做好审证工作,以确保我方安全收汇。

（三）改证

对进口方开出的信用证进行全面审核后,如果没有发现问题,出口方就可以按信用证条款发货、制单结汇。如果发现有问题,就应区分问题的性质,分别同运输、保险、商检等有关部门研究,做出妥善处理。凡是属于不符合我国对外贸易方针政策,影响合同履行和安全收汇的情况,我们必须要求国外进口方通过开证行进行修改,并坚持在收到银行修改信用证通知书后才能对外发货;凡不违反政策原则,经过努力可以做到,而又不增加太多费用的情况下,可以酌情处理,或不做出修改,按信用证规定发货。在办理改证过程中,如一张信用证发现多处错误,我们应尽可能一次向对方提出,尽量避免因为考虑不周而反复提出修改意见的情况,否则,不仅会增加双方的手续和费用,而且还会影响我们的声誉。

对不可撤销信用证进行任何修改,都必须经有关当事人全部同意后,才能实现。对于开证行根据客户申请发出的修改通知书的内容,我们也应认真审核。审核修改通知书时一定要弄清每项修改内容,要么全部接受,要么全部拒绝。

为了争取时间,要求国外进口方修改信用证时,一般应以快捷的方式通知对方,并要求对方也以相应或更快捷的方式更改信用证。

资料卡

UCP600 第 18 条规定:

1. 未经开证行、保兑行(已保兑时)以及受益人的同意,不可撤销信用证既不能修改也不能撤销。

2. 信用证在修改时,原证的条款(或先前接受过修改的信用证)在受益人向通知该修改的银行发出他接受修改之前,仍然对受益人有效。

3. 对同一修改通知中的修改内容不允许部分接受,因此,对部分修改内容的接受当属无效。

四、租船订舱、报关、装运、保险

在备妥货物、审核确认信用证后,出口方必须保证按信用证和合同规定的装运期将货物装船出口,并办理报关、保险等手续。

（一）租船订舱

在 CFR、CIF 贸易术语条件下,租船订舱是出口方的一项基本义务。租船订舱工作可由出口方自己完成,也可以委托货运代理人代办。

如果出口方自己进行租船订舱,一般视货物数量大小选择租船方式:出口量较大,需整船运输的,通常办理租船手续;出口量不大,不需整船运输的,可以安排洽订班轮或租订部分舱位运输。出口方一般将租船订舱的任务委托给货运代理人来办理。

货运代理人接受货主的委托,代表货主办理货物的报关、报验、交换、仓储、包装、转运、订舱等业务。他们与货主之间是委托与被委托的关系。

出口方委托中国外运租船订舱的基本程序主要围绕以下单据进行：

1. 船期表(Sailing Schedule)

外运公司每月定期发布出口船期表，表内列明航线、船名、国籍、抵港日期、沿途停靠港口、截止收单日期、受载日期、开航日期等，供出口方作为租船订舱的参考。

2. 托运单(Booking Note, B/N)

托运单又称订舱委托书，是指托运人根据贸易合同和信用证条款内容填写的，向承运人办理货物托运的单证。出口方根据船期表内容和自身情况填写，作为订舱的依据。外运公司根据托运单的内容，结合船期、航线、停靠港口以及舱位情况，认为合适时即接受这一委托，并在托运单上盖章，自己留存一份，退回托运人一份。这样，订舱手续就算完成了，运输合同即告成立。

3. 装货单(Shipping Order, S/O)

装货单又称下货纸，是指船公司或其代理人在接受托运人的托运申请后，发给托运人或货运代理人的凭证。订舱手续完成后，外运公司将托运单的一联交给外轮代理公司签发装货单。装货单的作用是：第一，命令船长接受该批货物装船的通知；第二，通知托运人货已配载的船名、船期，以便其备货；第三，便于托运人向海关办理出口申报手续，海关凭以验放货物。

4. 大副收据(Mate's Receipt, M/R)

大副收据又称收货单，是指船公司签发的证明货物已装船的临时收据。货物装船后，由船长或大副签发大副收据。托运人持收货单向外轮代理公司交付运费，换取正本提单。收货单上如有大副批注，换取提单时，要将该项大副批注转注在提单上。

（二）报关

报关是指进口货物的收货人、出口货物的发货人或他们的代理人在进出口货物时，在海关规定的期限内，以书面或者电子数据交换(EDI)方式向海关报告其进出口货物的情况，并随附有关单据，申请海关审查放行，并对所报告内容的真实准确性承担法律责任的行为。出口人在根据合同的规定，按时、按质、按量备齐出口货物后，即应当向运输公司办理租船订舱手续，准备报关手续。

资料卡

海关的职能

海关是国家进出境监督管理机关，监管进出境的运输工具、货物、行李物品、邮寄物品和其他物品，征收关税和其他税费，查缉走私，并编制海关统计和办理其他海关业务。

海关接受申报的方式有三种：口头申报、书面申报和电子数据交换(EDI)，后两种申报方式常用。

1. 申报

一般情况下，出口货物的发货人或其代理人应当在装货前24时内向货物的出境地海关采用无纸化电子数据申报。只有在特殊情况下(例如海关系统故障)，采取纸质报关单形式申报。

进出口货物的收发货人、受委托的报关企业在通过海关申报系统无纸化申报,需将通关所需要单据通过海关系统上传海关,以便海关审核单据。如特殊情况下需现场到海关办理接单审核、征收税费及验放手续时,应当递交与电子数据报关单内容相一致的纸质报关单并随附下列单据:

(1) 基本单证。主要包括与进出口货物直接相关的商业单据和货运单据,例如,由货物的收发货人或者其代理人签字的商业发票(如有厂家发票应附在内)、装箱单(单一品种且包装一致的件装和散装货物可以免交)、提货单或装货单、海关签发的减免税证明、进出口合同等。

(2) 特殊单证。国家有关法律法规规定实行特殊管制的证件,主要包括进出口管理的许可证件、配额许可证和其他批准文件。

2. 查验

查验是指海关为确定进出口货物收发货人向海关申报的内容是否与进出口货物的真实情况相符,或者为确定商品的归类、价格、原产地等,依法对进出口货物进行实际核查的执法行为。

查验实施应当在海关监管区内实施。因货物易受温度、静电、粉尘等自然因素影响,不宜在海关监管区内实施查验,或者因其他特殊原因,需要在海关监管区外查验的,经进出口货物收发货人或者其代理人书面申请,海关可以派员到海关监管区外实施查验。

查验结束后,查验人员应当如实填写查验记录并签名,并将查验记录输入海关系统,作为货物放行以及处理依据。纸质查验记录作为报关单的随附单证由海关保存。

3. 征税

海关对进出口货物收发货人或其代理人申报的货物查验后,计算应缴纳的关税、进口环节增值税、消费税、滞纳金、滞报金等税费,开具关税和代征税缴款书或收费专用票据。

4. 放行

对于一般出口货物而言,海关在接受出口货物的申报、审核电子数据报关单或纸质报关单及随附单证、查验货物、征收税费或接受担保以后,对出口货物结束海关查验手续后,无问题货物予以系统电子放行,即出口货物完成海关清关全部手续。

关检融合的通关参数可登录中国海关网站(http://www.customs.gov.cn/customs/302427/30)查询。

(三) 保险

进出口双方按 CIF 术语成交,出口方在装船出运前,应及时向保险公司办理投保手续。出口方(投保人)在投保时,应填制投保单,将货物名称、保额、运输路线、运输工具、开航日期和投保险别等逐一列明。保险公司接受投保后,即签发保险单或保险凭证。出口货物的投保手续,一般是逐笔办理的。

出口合同履行中,货、证、船的衔接是一项非常复杂而又精细的工作,为了做好出口合同的履行工作,防止不必要的费用损失,出口方应采取科学合理的管理手段,做好“四排”和“三平衡”工作。“四排”以合同为依据,根据信用证是否开列、货源是否落实的情况,进行依次的分析排队,归纳为有证有货、有证无货、无证有货、无证无货四种情况,针对本单位所处的特定情况,及时采取有效措施进行解决。“三平衡”是指以信用证为依据,根据信用证规定的船期和信用证有效期的远近,结合货源和运输能力的具体情况,分轻重缓急,力求做到货、证、船三方面的衔接和平衡。尽量避免交不了货、不能按期交货等现象的发生。

五、制单结汇

货物装船出境后，出口方接下来要做的工作就是按照信用证的有关规定，正确、及时地缮制有关单据，交银行办理结汇手续。

（一）我国出口制单结汇的做法

> 想一想
>
> 为了及时准确地收到货款，出口方应准备好哪些单据？

我国出口结汇的做法有三种：收妥结汇、押汇和定期结汇。

1. 收妥结汇

收妥结汇又称收妥付款，是指议付行收到外贸公司的出口单据后，经审查无误，将单据寄交国外付款行索取货款，待收到付款行将货款拨至议付行账户的贷项通知书（Credit Note）时，即按当时的外汇牌价，折成人民币拨给外贸公司。

2. 押汇

押汇又称买单结汇，是指议付行在审核单据无误的情况下，按信用证条款买入受益人（外贸公司）的汇票和单据，从票面金额中扣除从议付日到估计收到票款之日的利息，将余款按议付日外汇牌价折成人民币，拨给外贸公司。议付行向受益人垫付资金，买入跟单汇票后，即成为汇票持有人，可凭票向付款行索取票款。银行同意做出口押汇，是为了对外贸公司提供资金融通，有利于外贸公司的资金周转。

3. 定期结汇

定期结汇是指议付行根据向国外付款行索偿所需时间，预先确定一个固定的结汇期限，到期后主动将票款折合成人民币拨交外贸公司。

从这三种结汇的做法可以看出，开证行只有在审核单据与信用证完全相符后，才承担付款责任。如果提交的单据有任何不符，都会遭到开证行的拒付。所以，结汇单据的缮制是否正确完备，直接影响能否安全迅捷收汇。

（二）对制单的要求

对于结汇的单据，我们要求必须做到正确、完整、及时、简明、整洁。

（1）正确：制作的单据只有正确，才能保证及时收汇。单据应做到两个一致：单据与信用证一致、单据与单据一致。此外单据与货物也应一致。这样，单据才能真实地反映货物，以免发生错装错运事故。

> 资料卡
>
> UCP600 规定：信用证除规定一个交单到期日外，凡要求提交运输单据的信用证，还需规定一个装运日后按信用证规定必须交单的特定期限，如未规定该期限，银行将不接受迟于装运期后 21 天的单据。

（2）完整：必须按照信用证的规定提供各项单据，不能短少。单据的份数和单据本身的项目，如产地证明书的原产国别、签章，其他单据上的货物名称、数量等内容，也必须完整无缺。

（3）及时：应在信用证的有效期内，及时将单据送交议付银行。应尽可能将有关结汇单据送交银行预先审核，使银行有较充裕的时间来检查单证、单单之间有无差错或问题。如发现一般错误,可以提前改正;有重大问题,也可及早由外贸公司与国外进口方联系修改信用证,以免在货物出运后不能收汇。

(4) 简明:单据的内容,应按信用证要求和国际惯例填写,力求简明,切勿加列不必要的内容,以免弄巧成拙。

(5) 整洁:单据的布局要美观、大方,缮写或打印的字迹要清楚,单据表面要整洁,在更改的地方要加盖校对图章。有些内容,如提单、汇票等票据的金额、数量、重量等主要项目,一般不宜修改。

(三) 几种主要单据的内容及基本制作方法

1. 汇票(Bill of Exchange,Draft)

(1) 汇票日期。一般是提交议付行议付的日期,该日期通常由议付行填写。注意日期不能迟于信用证的有效期。

(2) 汇票金额。根据信用证规定金额填写,一般是按发票金额的100%开立。在填写时注意金额的大、小写应一致,采用的货币要与信用证中规定的币种相同。

(3) 付款人。在信用证支付方式下,付款人要按信用证的规定填写,如来证没有具体付款人名称,可理解为付款人是开证行。

(4) 受款人。如无特殊要求,一般应为出口方名称。

(5) 出票依据。如属于信用证方式,应按照来证规定的文句填写;如信用证内无具体文句,可在汇票上注明开证行名称、地点、信用证号码及开证日期;如属于托收方式,可在本栏注明有关合同号码等。

2. 发票(Invoice)

发票的种类很多,一般是指商业发票,此外还有海关发票、领事发票以及厂商发票等其他各种发票。

(1) 商业发票(Commercial Invoice)。商业发票是指出口方开立载有货物名称、品质、数量、价格等内容的一种商业单据。它是买卖双方交接货物和结算货款的主要单证,也是进出口报关完税必不可少的单据之一。目前,我国各进出口公司采用的商业发票没有统一的格式,但基本内容一般应包括发票号码、填制日期、货物名称、数量、包装、单价、总值和支付方式等。

资料卡

UCP600第18条规定:

1. 除非信用证另有规定,商业发票:

(1) 须表明由信用证中指定的受益人出具;

(2) 须做成以开证申请人的名称为抬头;

(3) 无须签字。

2. 除非信用证另有规定,银行可拒绝接受金额超过信用证所允许的金额的商业发票。

(2) 海关发票。有些国家的海关制定一种固定的发票格式,要求国外出口人填写,这类发票有三种不同的叫法:海关发票(Customs Invoice)、估价和原产地联合证书(Combined Certificate of Value and Origin,C.C.V.O.)、根据××国海关法令的证实发票(Certified Invoice in Accordance with ×× Customs Regulations)。进口商要求这种发票,主要是作为估价完税和征收差别待遇关税或征收反倾销税的依据。此外,还供编制统计资料之用。

在填写海关发票时，一般应注意以下问题：第一，各个国家（地区）使用的海关发票，都有其固定格式，我们不得混用；第二，凡是商业发票上和海关发票上共有的项目内容，必须与商业发票保持一致；第三，出口国国内市场价格一栏，应根据有关规定慎重处理；第四，签字人和证明人均须以个人身份出现，而且这两者不能为同一个人；第五，个人签字均须手签，方可生效。

（3）领事发票（Consular Invoice）。有些国家，例如一些拉丁美洲国家及菲律宾等国规定，凡输往该国的货物，国外出口人必须向该国海关提供经该国领事签证的发票。其作用与海关发票基本相似。各国领事签发领事发票时，均需收取一定的领事签证费。如果国外来证规定我方必须提供领事发票，我方一般不接受，或由银行注明当地无对方机构，争取取消。特殊情况应按我国主管部门规定办理。

（4）厂商发票（Manufacturer's Invoice）。厂商发票是由出口货物的制造厂商所出具的以本国货币计算价格，用来证明出口国国内市场的出厂价格的发票。其目的也是供进口国海关估价、核税以及征收反倾销税之用。如果国外来证有此项要求，应参照海关发票有关国内价格的填制办法处理。

3. 提单（Bill of Lading）

提单既是物权凭证也是出口人凭以结汇的重要单据之一。缮制提单的过程中，一定要注意以下几个问题：

（1）提单的种类。按国外来证所要求的类别提供。

（2）收货人。这是提单中较重要的一栏，应严格按照信用证规定填制。大多数提单都在信用证的要求下做成“凭指示”（To Order）。这种提单经过发货人或银行的背书后可以流通转让。

（3）货物包装及件数。按货物装船的实际情况填写总外包装件数，大小写应一致。

（4）货物名称。只要求填上货物的总名称即可，注意不要与信用证相抵触。

（5）运费条款。按信用证条款规定填写。一般在 CIF 和 CFR 条件下注明“运费预付”（Freight Prepaid）；在 FOB 条件下，注明“运费到付”（Freight to Collect）。

（6）正本提单份数。如信用证对提单正本份数有规定，则应与信用证规定一致。例如：信用证规定“3/3 Bill of Lading ”，就表明船公司为信用证项下的货物开立的正本提单必须是三份，而且三份正本提单都要提交给银行作议付单据。

（7）提单签署。根据 UCP600 的规定，提单必须由下列四类人员之一签署证实：承运人、承运人的具名代理人、船长、船长的具名代理人。

资料卡

UCP600 第 20 条规定，提单必须：

1. 表面注明承运人名称，并已由下列人员签字或以其他方式证实：

——承运人或承运人的具名代理或代表；

——船长或船长的具名代理或代表。

2. 注明货物已装船或已装具名船只。

3. 注明信用证规定的装货港和卸货港。

4. 包括仅有一份的正本非转让海运提单，或如签发一份以上正本时，应包括全套正本提单。

4. 保险单(Insurance Policy)

按 CIF 或 CIP 条件成交的合同,由出口方投保,提供保险单证。填制保险单时应注意:

(1) 保单日期。根据 UCP600 的规定,除非信用证另有规定,或除非保险单据标明保险责任最迟于装船或发运或接受监管日起生效,银行对载明签发日期迟于运输单据注明的装船或发运或接受监管日期的保险单据将不予接受。

(2) 保险金额。根据 UCP600 的规定,除非信用证另有规定,保险单必须标明的最低投保金额,应为货物的 CIF 价或 CIP 价加成 10%,但这仅限于能从单据表面确定 CIF 或 CIP 价值的情况。否则,银行将接受的最低投保金额为信用证要求付款、承兑或议付金额的 110%,或发票毛值的 110%,两者之中取金额较大者。

5. 原产地证明书(Certificate of Origin)

原产地证书(Certificate of Origin)是指证明出口货物原产国别的一种证书。不用海关发票或领事发票的国家,一般要求提供产地证明书,以便确定对货物应适用的税率。出口方根据业务需要,申请一般原产地证书、普惠制产地证书格式 A 或其他原产地证书。

(1) 一般原产地证书。一般原产地证书通常由出口国的公证行或工商团体签发。在我国,一般由中国国际贸易促进委员会和国家出入境检验检疫机构签发。

(2) 普惠制产地证书格式 A。普惠制产地证书格式 A(Generalized System of Preferences Certificate of Origin, Form A)也是一种证明出口货物原产国别的证书,它是发达国家给予发展中国家出口货物普遍优惠待遇时,要求发展中国家提供的一种原产地证明书。目前已有欧盟及加拿大、新西兰、日本等国家给予我国普惠制待遇,为了更顺利地享受这些优惠,对这些国家的出口货物须提供普惠制单据,作为进口国海关减免关税的依据。

此类单据的填制,应力求做到正确无误,如一旦填制错误,将会失去享受普惠制待遇的机会。

(3) 自贸协定原产地证书。自贸协定原产地证书是根据中国与其他区域组织、国家或地区签署的自由贸易协定的规定签署的一种优惠性原产地证明书。例如,亚太贸易协定优惠原产地证明书是 FORM B;中国—东盟自由贸易区优惠原产地证明书是 FORM E;中国—智利自由贸易区优惠原产地证明书是 FORM F;海峡两岸经济合作框架协议 ECFA 原产地证书是 FORM H;中国—秘鲁自由贸易协定原产地证书是 FORM R;中国—哥斯达黎加自由贸易区原产地证书是 FORM L。

6. 装箱单(Packing List)

装箱单又称花色码单,是指表明出口货物的包装形式、包装内容、数量、重量、体积或件数的单据。其主要用途是作为海关验货、公证行核对和进口商提货点数的凭据。装箱单是商业发票的一种补充,无固定的格式和内容,只能由出口人根据货物的种类和进口商的要求制作。

7. 检验证书(Inspection Certificate)

各种检验证书分别用以证明货物的品质、数量、重量和卫生条件。在我国,这类证书一般由中国出入境检验检疫机构出具,如合同和信用证无特殊规定,也可以分不同情况,由进出口公司或生产企业出具。但应注意证书的名称及所列项目或检验结果应与合同及信用证的规定相符。

根据 UCP600 的规定,当信用证要求提供除运输单据、保险单据和商业发票以外的单据时,证中应规定该单据的签发人和单据的内容。倘若信用证无此规定,如提交单据的内容能说明单据中述及的货物和(或)服务与提交的商业发票上所述的货物和(或)服务有关联,则银行将予以接受。因此,在缮制上述各种单据时,应严格按信用证规定办理,做到“单证相符,单单相符”。

六、出口退税

出口退税是指对出口货物退还其在国内生产和流通环节实际缴纳的产品税、增值税、营业税和特别消费税。出口货物退税制度是一个国家税收体系的重要组成部分。出口退税主要是通过退还出口货物的国内已纳税款来平衡国内产品的税收负担,使本国产品以不含税成本进入国际市场,与国外产品在同等条件下进行竞争,从而增强竞争能力,扩大出口创汇。

（一）出口退税的范围

1. 出口退税的企业范围

凡有出口业务的出口企业均可申报办理出口退税,退税款应退还给承担出口产品盈亏的企业。享有出口退税的企业有:

（1）具有进出口经营权的企业(包括外商投资企业)。

（2）委托出口企业。一是无进口经营权的工厂或企业委托有进口经营权的企业代理出口业务;二是本身有进出口经营权但委托另一家有进出口权的企业代理出口业务。代理出口企业收取代理费,委托出口企业自负盈亏,并申报代理退税。

（3）特定企业。如外轮公司、远洋运输公司等单位发生的一些特定业务,也可办理出口退税。

2. 出口退税的产品范围

只有同时具备下列条件的出口货物,才可以办理出口退税。

（1）属于增值税或消费税征税范围的出口货物;

（2）已报关离境的货物;

（3）已收妥货款并结汇的货物;

（4）财务已做出口销售处理的货物;

（5）按规定提供全套退税单据。

（二）出口退税的单证

1. 外贸企业申报出口退税所需单证

（1）“一单三票”。“一单”即出口货物报关单;“三票”即购进货物的增值税发票(税款抵扣联)或普通发票、(出口货物专用)缴款书(第二联)或出口货物完税分割单(第二联)、出口商业发票。

（2）出口货物退(免)税申报表。出口退税进货凭证申报表(一式两份)、出口货物退税申报明细表(一式四份)、出口退税总申报表(一式四份),并商务主管部门稽核盖章。

（3）出口货物销售明细账。

2. 生产企业申报出口退税所需单证

（1）申报表。申报表包括资料情况表、汇总表、明细表等。

（2）备案单证。备案单证包括与外商签订的购销合同、出口货物装货单、海运提单或航空运单等运输单据。

（3）其他资料。原件:出口发票、银行电子回单、货代发票、运输合同、运输发票等。复印件盖公章:报关单、出库单等。

（三）出口退税的程序

1. 办理出口退税登记

（1）申请出口退税登记。由出口企业在获得出口经营权后30日内,持企业出口经营批件(复印件)和工商营业执照(副本)到当地主管退税业务的税务机关办理退税登记,领取出口企业退税登记表。

（2）受理退税登记。退税机关审核出口企业提交的出口企业退税登记表及相关文件,受理登记后,由退税机关填写相关内容,如退税公式、退税方法、申报方式等做出明确规定。

（3）核发出口企业退税登记证。

2. 出口退税申报

（1）核对海关电子信息。

（2）备妥出口退税单证。

（3）出口货物退税申报。

出口货物报关单上一般有出口日期和申报日期。外贸企业出口退税申报以出口日期为准,单据信息齐全征期内即可申报,最晚申报时间为次年的4月15日前,定期更新。逾期未申报的,主管部门不再受理该批货物的退税申请。

3. 定期审核、审批出口退税

主管出口退税的部门收到经商务主管部门稽核的退税申请资料后安排退税资金,根据审核结果将出口退税资金划转出口企业。

资料卡

出口退税

我国出口退税所要退的是出口商品在国内已经缴纳的增值税、消费税,如果出口商品是直接由生产厂家出口,则该商品既不征税,也不退税。

资料卡

对于高税率出口产品,如烟叶、酒、机械手表、化妆品、橡胶制品等,海关将“出口退税报关单”封入关封,交出口企业送交退税地税务机关,然后办理出口退税手续。

七、索赔与理赔

在出口合同的履行过程中,若进口方不履行合同义务,如不如期开证、拒不支付货款等,致使出口方遭受损失,出口方应向进口方提出索赔;若出口方不履行合同义务,进口方即使已经支付了货款,仍然可以向出口方提出索赔要求,尤其是在进口方享有复验权的情况下。出口方在处理索赔时,应注意以下几点:

（1）要认真细致地审核进口方提交的单证和出证机构的合法性,以防买方串通检验机构弄虚作假;对检验的标准和检验方法也要一一核对,防止国外检验机构的检验出现差错。

（2）要认真做好调查研究，弄清事实，分清责任。如果属于船公司或保险公司的责任，由进口方自己向有关责任方索赔；如果确系出口方责任，应实事求是地理赔。

（3）要合理确定损失程度、金额和赔付的办法。对于不合理的索赔要求，必须根据可靠的证据，以理拒绝。

第二节　进口合同的履行

重合同，守信用，严格执行合同条款，是合同当事人的责任与义务。大多数情况下，进口方都是按 FOB 术语对外签订进口合同，支付方式多为即期信用证。在履行进口合同时，进口方一般要做好下述环节工作：申请开证、租船订舱、装运、办理保险、审单付款、接货报关、检验、拨交货物等，如发生贸易纠纷，还会涉及索赔工作。这些都要求进口方与有关部门密切合作，共同完成。

一、开立与修改信用证

如果进口合同采用信用证支付方式，在合同签订后，进口方应按合同规定向经办信用证业务的银行办理开证手续，填写开证申请书，连同有关证件交开证银行。开证申请书的内容主要包括：

（1）信用证号码、有效期及信用证到期地点；

（2）受益人，一般为国外出口方；

（3）通知银行，一般为出口方当地银行；

（4）开证申请人，为进口方；

（5）信用证总值，按合同金额填写，注意大小写应一致；

（6）跟单条款；

（7）装运说明和依据、支付费用的分项说明、合同号和运输标志；

（8）装运港、装运期和目的港；

（9）分批装运和转船，即是否允许分批装运和转船；

（10）包装条件；

（11）特殊要求和声明，如不能接受第三者为发货人等。

填写开证申请书应以合同为依据，详细列明。开证时间也应按合同规定办理。如合同规定在卖方确定交货期后开证，买方应在接到卖方通知后再行开证；如合同规定在卖方领得出口许可证或支付履约保证金后开证，应在收到卖方已领到许可证的通知，必要时获得适当证明，或收到保证金后开证。

信用证开出后，如发现内容与开证申请书不符，应立即通知开证行修改；如卖方收到信用证后要求修改某些条款，经买方同意，可向银行办理改证手续。

> **想一想**
>
> 受益人能否直接要求开证行修改信用证之内容？

二、安排运输

进口运输业务是根据贸易合同中有关运输条件，把向国外的订货加以组织并运进国内的一种业务。这种业务必须取决于价格条件。如果是 CIF 或 CFR 条件，则由国外卖方办理租船订舱工作；如果是 FOB 条件，则由买方办理租船订舱工作，派船前往国外港口接运。由于经营外贸业务的公司或有外贸经营权的企业一般本身不掌握运输工具，运输工作主要依靠国内、外的有关运输部门来完成。这是一项复杂的运输组织工作。外贸部门或其运输代理要根据贸易合同规定，妥善组织安排运输，使船货相互适应，密切配合，按时、按质、按量完成进口运输任务。

海运进口货物运输工作，一般包括以下一些环节：

（一）租船订舱

按照贸易合同的规定，负责货物运输的一方，要根据货物的性质和数量来决定租船或订舱。大宗货物需要整船装运的，洽租适当船舶承运；小批量的杂货，大多向班轮公司订舱。不论租船或订舱，均需办理租船或订舱手续。除个别情况外，一般均委托代理来办理。在我国，一般是委托中国对外贸易运输总公司及其分公司来办理。在办理委托时，委托人需填写进口租船订舱联系单（以下简称联系单）并提出具体要求。联系单的内容一般包括货名、重量、尺码、合同号、包装种类、装卸港口、交货期、买货条款、发货人名称和地址、电挂或电传号等项目。如有其他特殊要求事项，也应在联系单中注明。填写联系单时应注意以下几点：

（1）货名、重量、尺码、包装、件数要用中、英文两种文字填写。对重量一项，应填毛重。对超长或超大件货物，要列明其长、宽、高的尺寸；对超重货物，要列明最大件的重量和件数。

（2）“买货条款”一栏要与贸易合同条款相一致，对合同中的装运条件另有规定者，要在联系单上详细列明，以便划分责任、风险和费用。

（3）贵重物品要列明其售价。

（4）危险货物要注明危险品性质和国际危规的页码 IMDGC（International Maritime Dangerous Goods Code Page）及联合国编号（UN No.），国际危规把危险品分为爆炸品、气体、易燃液体、易燃固体、氧化剂和有机氧化物、有毒和有感染性的物质、放射性物品、腐蚀性物品和其他危险物品九大类。在填联系单时还需注明其类别。填写货物品名时，必须用其学名（技术名称），不要使用其俗名。对易燃液体还必须注明其闪点（Flash Point）。

（5）租船定舱联系单的内容必须与贸易合同完全一致。如租用整船运输，还须附贸易合同副本。

（二）掌握船舶动态

掌握进口货物船舶动态，对装卸港的工作安排，尤其对卸货港的卸船工作安排极为重要。船舶动态主要包括船名、船籍、船舶性质、装卸港顺序、预抵港日期、船舶吃水和该船所载货物的名称数量等方面的信息。船舶动态信息来源可获自各船公司提供的船期表、国外发货人寄来的装船通知、单证资料、发货电报以及有关单位编制的进口船舶动态资料等。

（三）收集和整理单证

进口货物运输单证一般包括商务单证和船务单证两大类。商务单证有贸易合同正本或副本、发票、提单、装箱单、品质证明书和保险单等。船务单证主要有载货清单、货物积载图、租船合同或提单副本。如系程租船，还应有装卸准备就绪通知书（Notice of Readiness）、装货事实记录（Loading Statement of Facts）、装卸货物时间表（Time Sheet）等，以便计算滞期费、速遣费。

单证多由装货港口的代理和港口轮船代理公司、银行、国外发货人提供。近洋航线的单证也可由进口船舶携带而来。

进口货物的各种单证是港口进行卸货、报关、报验、接交和疏运等项工作不可缺少的资料，因此负责运输的部门收到单证后，应以此与进口合同进行核对。若份数不够，要及时复制，分发有关单位，以便船只到港后，各单位相互配合，共同做好接卸疏运等工作。

三、保险

在FOB、CFR贸易术语条件下，由进口方办理投保手续。进口货物运输保险一般有两种方式：预约保险和逐笔投保。目前，我国预约保险用得比较少，但有些贸易伙伴国还采取这种保险方式。

（一）预约保险

预约保险是指保险双方约定总的保险范围并签订预约保险合同的长期保险。预约保险合同内载明承保货物范围、保险责任范围、每批货物的最高保险金额、保险费率和保险费结算办法等。对于长期、大量投保的被保险人可采用这种保险。

> **想一想** 预约保险有什么优越之处？

为了简化手续，防止进口货物在国外装运后因信息传递不及时而发生漏保或迟保等情况，进口商一般事先都与中国人民保险公司签订了预约保险合同（Open Policy）。根据预约保险合同，中国人民保险公司对有关进口货物负自动承保责任，每批进口货物在收到国外装船通知后，将船名、提单号、开航日期、商品名称、数量、装运港、目的港等项内容通知保险公司，即为投保。一旦发生承保范围内的损失，由保险公司负责赔偿。

（二）逐笔投保

在没有预约保险的情况下，对进口货物需要逐笔投保。进口方收到出口方的发货通知后，必须立即向保险公司办理投保手续，否则，货物于投保之前在运输途中发生的任何损失，保险公司均不予赔偿。

四、审单付款

审单付款是指开证行或付款行在收到国外寄来的汇票和单据后，经核验认为符合信用证规定，向议付行偿付票款的行为。开证行一经付款，即无追索权。议付行在向出口商议付货款买进单据后，则根据信用证的规定，向开证行或其指定的付款行或偿付行寄单请求偿付，通常称为索汇或索偿。

(一) 审单付款的具体内容

开证行或其指定的付款行或偿付行收到国外寄来的单据后,将合理谨慎地审核信用证规定的一切单据,以确定其是否符合信用证条款。在开证行审查单据的过程中,如审核的单据和汇票与信用证规定相符,原则上应履行其开证承诺,将票款偿付议付行。在实践中,银行通常还要交进口企业复审。进口企业在3个工作日内如果没有提出异议,银行即按即期、远期汇票付汇或承兑或在延期付款信用证情况下对外承担到期付款责任。如发现单据有不符点时,则要征求申请开证的进口企业的意见,如进口企业表示可以接受,其可指示开证行对外付款;进口企业也可以表示拒绝,即指示开证行对外提出异议,或通知受益人更改单据或坚决予以拒付。

在我国的进口业务中,绝大多数是使用信用证方式结算货款。尽管开证行是第一性付款人,且付款后无追索权,但对进口方来说,如果出现单证不符或单单不符的情况,很可能是因为受益人提供的货物不符合双方签署的合同,小则导致进口方不能及时进口,以保证市场供应或生产需要,大则危及进口方的收货安全。因此,为保证自身的利益,进口商在开证行审单的同时也应严格对照信用证认真审单。

(二) 审单付款的类型

1. 托收方式下审单付款的做法

我国的进口交易大都采用信用证方式,但也有一部分采用托收方式。在托收方式下,审单付款的具体做法是:当代收行接到委托行寄来的托收单据后,先按托收委托核对单据份数,填制“进口代收发送清单”,然后连同单据一并送交进口企业签收;进口企业须在合理时间内办理付款或承兑手续,即在进口代收发送清单上签章同意付款,然后将其退交代收行;代收行卖出外汇,核定用汇额度后,与进口企业结账,同时以规定方式付款给委托行。

2. 信用证方式下审单付款的做法

(1) 审单。根据银行惯例,在信用证方式下,审核进口单据的工作是银行的职责,开证行审核单据无误后,就应当直接对外办理付款,不必事先征得开证申请人的同意。

(2) 付款。银行审单后有两种情况:一种情况是对单据核对无误后,凭议付行寄来的索偿通知书,填制进口单据发送清单,并附全部单据送交进口企业验收。经进口企业对全套单据进行全面细致审核无误后,银行即根据信用证的种类,采用所规定的付款方式付款。与此同时,通知进口企业按当日国家外汇管理局公布的人民币外汇牌价,向银行付汇赎单。另一种情况是银行发现单据与信用证条款不符,通常会先征询进口企业的意见,看其是否愿意接受不符点。如果愿意接受,进口企业即可指示银行对外付款或承兑。如果拒绝接受不符点,进口企业可以采取以下几种处理办法:

① 拒绝接受单据,拒付全部货款。在单据与信用证、单据与单据之间有明显不符点时,如货量不足,品质、规格不符,短缺必要的单据,货款金额计算错误以及提交不清楚提单等,原则上可以采用这种方法。

② 部分付款,部分拒付。单据与单据之间明显有不符点,但根据情节又不宜全部拒付者,可采取部分付款、部分拒付的方式。例如单据所列货物有几种不同品质规格,每种规格的数量不同,如其中只有一两种规格存在问题,可只拒付有问题部分的货款。

③ 货到经检验后付款。由于单证或单单不符,买方可以通知银行要求货到验货付款。如

果经检验，发现货物与合同规定完全相符，买方可以接受单据，支付合同全部货款。如果发现货物与合同规定有出入，买方可以拒付，或要求扣款。

④ 凭卖方或议付行出具的担保付款，或付款后开证行保留追索权。

总之，对于“不符点”的处理，开证行或开证申请人都应在合理时间内以最迅速的方式向议付行提出。长期缄默，可能导致丧失拒付的权利。但值得注意的是，上述所指的拒付货款，前提是单据与信用证不符。如果货物与合同规定不符，则应由买卖双方根据合同进行处理。

五、报关报检

（一）报关

进口货物抵达卸货港后，由进口方或其代理人根据进口单据填制“进口货物报关单”，于运输工具申报进境之日起 15 日之内向进境地海关申报，逾期申报收取滞报金。并随附合同、商业发票、装箱单、提单、保险单、进口许可证和国家规定的其他批准文件，如属法定检验的进口商品，还需附出入境检验检疫入境货物通关单或商品检验检疫证书。海关在接受申报后依法进行验关，货、证经查验无误，在“进口货物报关单”上签印放行。进口方或其代理人持海关签印放行的货运单据提取进口货物。未经海关放行的货物，任何单位和个人都不得提取。

> **想一想**　如果未经海关审核放行，进口单位就将货物擅自提走，将构成什么行为？

（二）报验

凡属于法定检验的进口货物，必须在合同规定的期限内由国家出入境检验检疫机构或指定的检验检疫机构检验检疫。未经检验检疫的货物不准投产、销售和使用。

进口货物在卸货时，港务局要进行卸货核对。如发现短缺，应及时填制短卸报告，交由船方签认，并根据短卸情况向船方提出保留索赔权的书面声明。卸货时如发现残损，货物应存放于海关指定仓库，待保险公司会同商检机构检验后，确认残损程度和原因，并由商检机构出证，以便向责任方索赔。

六、进口索赔

进口货物到货后，进口方常能发现一些与合同规定不完全相符的情况，这就需要向有关方面进行索赔。

（一）索赔对象

1. 出口商

属于下列情况的，均可向出口商索赔：货物原装数量不足；品质规格与合同规定不符；包装不良致使货物受损；未按时交货或拒不交货等。

2. 承运人

属于下列情况的，均可向承运人索赔：货物短卸；残损属于船方过失所致等。

3. 保险公司

属于下列情况的，均可向保险公司索赔：由于自然灾害、意外事故或运输途中其他事故的发生致使货物受损，并且属于承保险别责任范围内的；属于承运人的过失造成的货损，而承运人不予赔偿或赔偿金额不足抵补损失的，且属于承保险别责任范围内的。

（二）索赔程序

进口商对于货物发生灭失、损坏或瑕疵而欲索赔时，须按照一定的程序进行。

1. 验货

进口商提货时，首先对货物的数量予以点数并对货物的外包装进行初步检查。若发现货物有问题应立即停止提货，并通知相关部门进行联合检验，如检验检疫机构或其他公证机构、保险公司、承运人等。由公证机构出具检验报告，确定责任归属。若货物瑕疵不明显且不能立即发现，则进口商在提货后应对其进行检验，一旦发现问题严重，同样应委托公证机构鉴定，并出具报告，以作为索赔依据。

2. 确定索赔对象

进口货物的灭失、损坏或瑕疵，按其责任归属有些是属于出口商（供货商）应负责赔偿的，有些是属于承运人及其辅助人应负责赔偿的，还有些是可以向保险公司索赔的。一旦责任归属十分明确，则进口商应立即通知责任方，并向其提出索赔要求。

3. 发出索赔通知

经验货后，若能明确责任，进口商应及时向责任方发出索赔通知，以免超过时效。但在无法确定致损原因及责任人时，进口商可以同时向出口商、承运人及保险公司发出索赔通知，以保护其索赔权。

4. 收集、整理证据

一旦明确责任并发出了索赔通知后，进口商则应进行相关索赔证据的收集与整理工作。进口商应依据买卖合同和货运单据，收集和整理货物应达到的标准，并将该标准与进口货物相比较，找出货物不符之处。

5. 提出适当的救济措施

依据收集和整理的货物不符的证据后，进口商应进一步提出索赔范围、数额及方式，即救济措施。在保险合同、运输合同中，通常都有保险公司、承运人须承担的具体责任、赔偿的金额或其计算方法，因而其救济措施比较明确。但进出口双方所订立的买卖合同有时缺乏救济措施的具体约定。为此，进口商一旦向出口商索赔时，应依据货损情况，提出适当的救济措施，如拒绝付款、要求减价、补交货物等。

6. 制订索赔计划，正式提出索赔

完成上述准备后，进口商应制订出详细的索赔计划书，正式向责任方提出赔偿等要求，并提交以下文件：(1) 索赔函；(2) 交易文件，包括买卖合同、信用证、商业发票、提单及各种货运单据等；(3) 公证机构出具的检验报告或鉴定；(4) 索赔清单，包括损失项目的名称、数量、索赔金额及计算方法等；(5) 其他文件或证明等。

（三）索赔时应注意的问题

1. 索赔期限

根据《联合国国际货物销售合同公约》，买方对货物不符合同，必须在发现或理应发现不符情形后一段合理时间内通知对方，说明不符合同情形的性质，否则就丧失声称货物不符合同的权利。同时，《公约》还规定：无论如何，如果买方不在实际收到货物之日起两年之内将不符情形通知卖方，他就丧失声称货物不符合同的权利，除非这一时限与合同规定的保证期限不符。

向船公司索赔期限为货物到达目的港交货后一年之内；向保险公司索赔的期限为被保险货物在卸货港全部卸离海轮后两年内。

2. 索赔证据

首先，应填制“索赔清单”，随附检验检疫机构签发的检验证书、发票、装箱单、提单副本。

其次，对不同索赔对象还要另附有关文件。向出口方索赔时，应在索赔证件中提出确切根据和理由，在 FOB 条件下，还须随附保险单一份；向船方索赔时，须随附船长及港方签证的理货报告和船长签证的短卸或残损证明；向保险公司索赔时，须随附保险公司与进口方的联合检验报告等。

3. 索赔金额

除受损货物价值外，有关费用也可提出，如商品检验费、装卸费、银行手续费、包租利息等，都可包含在内。

4. 出口方违约的补救

如出口方未按合同规定交付货物或所交货物的品质、数量、包装不符合合同的规定，出口方应根据不同的违约情况，承担不同的法律责任。进口方除表示拒收货物并要求损害赔偿外，还可以要求出口方采取补救办法。如货物不符合合同，则构成根本性违约，进口方可以要求出口方交付替代货物。除此之外，进口方还可以要求出口方对货物进行修理；或者要求降价；也可以规定一段合理的额外期限，让出口方继续履行其义务等。

总之，进口索赔是一项比较复杂的工作，要做好进口索赔，不仅要有维护国家和企业权益的高度责任心，要熟悉国际惯例和有关的法律规定，还有赖于进口方、订货方、外运机构、商检机构等各有关单位的密切配合。

第三节　电子商务合同的履行

一、电子商务合同履行的含义

根据《民法典》（合同编）的规定，当事人应当按照约定全面履行自己的义务。这是法律对于合同履行的基本要求。合同履行是合同效力的重要表现，是当事人订立合同追求的最终目的。

电子商务合同的履行是指合同的当事人按照合同的约定或法律规定，全面、正确履行自己所承担的合同义务。

（一）全面

全面是指当事人不仅要履行合同规定的义务，也要履行当事人在合同中没有约定，但依据法律规定应承担的义务。根据《民法典》（合同编）的规定，当事人应当遵循诚信原则，根据合同的性质、目的和交易习惯履行通知、协助、保密等义务。

(1) 通知义务。通知义务是指合同当事人应将自己履行义务的情况及时通知另一方当事人；

(2) 协助义务。协助义务是指合同当事人应协助对方履行义务，以使合同能顺利履行的义务；

(3) 方便义务。方便义务是指为对方履行合同义务提供方便的义务；

(4) 减损义务。减损义务是指由于主客观原因而使一方遭受损失时，遭受损失的一方应采取必要的措施，以防止损失的扩大；

(5) 保密义务。保密义务是指合同当事人负有将通过确立合同关系而了解到的对方的秘密予以保守的义务。

(二) 正确

正确是指当事人应按照合同的规定不折不扣地履行合同义务。

(1) 履行主体正确；

(2) 履行标的正确；

(3) 履行时间正确；

(4) 履行地点正确；

(5) 履行方式正确；

(6) 合同条款不明确时的正确履行。

合同中明确规定的条款，当事人应按照合同的规定不折不扣地履行；合同中未明确规定的条款，应按法律法规履行。

① 质量不明条款的履行。根据《民法典》(合同编) 的规定，质量要求不明确的，按照强制性国家标准履行；没有强制性国家标准的，按照推荐性国家标准履行；没有推荐性国家标准的，按照行业标准履行；没有国家标准、行业标准的，按照通常标准或者符合合同目的的特定标准履行。

② 价格不明条款的履行。根据《民法典》(合同编) 的规定，价款或者报酬不明确的，按照订立合同时履行地的市场价格履行；依法应当执行政府定价或者政府指导价的，依照规定履行。

③ 地点不明条款的履行。根据《民法典》(合同编) 的规定，履行地点不明确，给付货币的，在接受货币一方所在地履行；交付不动产的，在不动产所在地履行；其他标的，在履行义务一方所在地履行。

④ 期限不明条款的履行。根据《民法典》(合同编) 的规定，履行期限不明确的，债务人可以随时履行，债权人也可以随时请求履行，但是应当给对方必要的准备时间。

⑤ 方式不明条款的履行。根据《民法典》(合同编) 的规定，履行方式不明确的，按照有利于实现合同目的的方式履行。

⑥ 费用不明条款的履行。根据《民法典》(合同编) 的规定，履行费用的负担不明确的，由履行义务一方负担；因债权人原因增加的履行费用，由债权人负担。

二、电子商务合同履行的原则

电子商务合同履行的原则是指当事人履行合同的过程中所遵循的原则。一般包括如下原则：

(一)实际履行

实际履行是指合同当事人按照合同的标的履行合同义务。电子商务合同的标的可以是信息产品,也可以非信息产品。无论是哪一种形式,均要求合同当事人要按照合同标的履行。如果达到不实际履行,可由双方协商解决。

根据《民法典》(合同编)的规定,通过互联网等信息网络订立的电子合同的标的为交付商品并采用快递物流方式交付的,收货人的签收时间为交付时间。电子合同的标的为提供服务的,生成的电子凭证或者实物凭证中载明的时间为提供服务时间;前述凭证没有载明时间或者载明时间与实际提供服务时间不一致的,以实际提供服务的时间为准。电子合同当事人对交付商品或者提供服务的方式、时间另有约定的,按照其约定。

(二)适当履行

适当履行原则是指当事人应当按照合同约定或法律规定,由适当主体在适当的期限、地点,以适当的方式,全面完成合同义务的原则。据此原则,合同当事人要全面履行合同标的的数量、质量、履行期限、履行地点、履行方式等。适当履行是要求当事人在履行合同时,履行合同的各种要素,如履行标的、履行主体、履行期限、履行地点等都应当是正确的或者适当的。对于电子商务合同而言,如果是离线交付,合同卖方必须依约发货或者由买方自提;如果是在线交付,卖方要给予买方合理检验的机会,同时保证交付的质量。

(三)协作履行

协作履行原则是指合同双方当事人不仅应履行自己的义务,还应当协助对方履行义务。根据《民法典》(合同编)的规定,当事人应当遵循诚实信用原则,根据合同的性质、目的和交易习惯履行通知、协助、保密等义务。协作履行原则是诚实信用原则在合同履行方面的具体体现。合同双方当事人在履行合同义务时,应当互相关照,互通信息,发现问题及时解决,以便合同的履行。在电子商务合同中,在线交付信息产品的,买方应使其信息系统处于开放、适于接受的状态。

三、电子商务合同履行的方式

根据支付与交货的方式将电子商务合同的履行方式划分为:线上付款,线上交货;线上付款,线下交货;线下付款,线下交货。

(一)线上付款,线上交货

“线上付款,线上交货”,是指电子商务合同的买卖双方直接通过网络平台完成合同履行的所有环节,通过网络平台完成货款支付和商品交付的合同履行方式。这种合同履行方式主要针对的是信息产品,如音乐、网络游戏、电影、电子书等。

(二)线上付款,线下交货

“线上付款,线下交货”,是指电子商务合同的买方通过电子商务平台选定商品并通过支付平台付款,卖方根据买方的订单通过物流公司完成商品交付的合同履行方式。这种合同履行方式主要针对的是有形商品,如京东商城可以采用这种合同履行方式。

（三）线下付款，线下交货

“线下付款，线下交货”，是指电子商务合同的买方通过电子商务平台选定商品，卖方根据买方的订单通过物流公司完成商品交付，采取货到付款的合同履行方式。这种合同履行方式主要针对的是有形商品，如当当网可以采用这种合同履行方式。

四、电子商务合同的违约责任

违约责任是《民法典》（合同编）的一项最重要制度，而违约责任的归责原则是制度的核心内容。

（一）违约责任的特征

违约责任是为了保证合同能够顺利履行而由双方自主约定的，它具有如下特征：

（1）违约责任是合同当事人一方在不履行合同债务或履行不符合合同约定是所产生的民事责任；

（2）违约责任原则上是不履行合同债务或履行合同债务不符合约定或法律规定的一方当事人向另一方当事人承担的民事责任；

（3）违约责任可以由电子合同当事人在法律规定的范围内约定；

（4）违约责任是财产责任；

（5）违约责任具有补偿性和惩罚性。

（二）合同违约的归责

合同违约的归责有两类：一类是过错责任原则；另一类是严格责任原则。

1. 过错责任原则

过错责任原则是指一方违反合同的义务，不履行和不适当履行合同时，应对过错行为作为确定责任的要件和确定责任范围的依据。过错责任包括两层含义：（1）过错是违约责任的构成要件，只有合同当事人在基于自己的过错而不履行合同时才承担责任；（2）当事人过错程度决定其应承担的责任范围。故意违反合同承担责任较过失违约重，当事人在订立合同时不可以预先免除故意违约责任。

2. 严格责任原则

严格责任原则是指不论违约方主观有无过错，只要其不履行合同债务给对方当事人造成了损害，就应当承担合同责任。根据严格责任，在违约发生后，确定违约当事人的责任应当主要考虑违约的后果是否因其行为造成，而不是故意和过失。根据《民法典》（合同编）的规定，当事人一方不履行合同义务或履行合同义务不符合约定的，应当承担继续履行、采取补救措施或者赔偿损失等违约责任。由此可知，《民法典》遵循的是严格责任原则。即违约责任不以过错为归责原则或构成要件，除非有法定的或约定的免责事由，只要当事人一方有违约行为，无论是否有过错，都应当承担责任。电子商务合同作为合同的一种，其违约责任仍适用严格责任原则。

（三）违约的免责事由

违约的免责事由包括约定免责事由和法定免责事由。

1. 约定免责事由

约定免责事由即免责条款，是指双方当事人在合同中约定的，旨在限制或免除将来可能发生的违约责任的条款。但是免责条款不得违反法律的强制性规定和社会公共利益。免除合同当事人的基本义务或排除故意或重大过失责任的免责条款为无效条款。

2. 法定免责事由

法定免责事由指的是不可抗力。根据《民法典》（合同编）的规定，当事人一方因不可抗力不能履行合同的，根据不可抗力的影响，部分或者全部免除责任，但是法律另有规定的除外。因不可抗力不能履行合同的，应当及时通知对方，以减轻可能给对方造成的损失，并应当在合理期限内提供证明。当事人迟延履行后发生不可抗力的，不免除其违约责任。

根据合同特征，电子商务合同对下列事件约定可构成免责事由。

（1）文件感染了病毒。如果许可方采取了合理与必要的措施防止文件遭到攻击，如在网站上安装了符合标准或者业界认可的保护设备、防火墙，并定期更新与维护，但是仍不能避免被攻击，由此导致文件不能使用或者无法下载，则应当属于不可抗力。

（2）非因自己原因造成的网络中断。网络中断可因传输线路的物理损害引起，也可由病毒或攻击造成。如果网络传输中断，则无法访问或下载许可方的信息。网络传输中断如属于不能避免并不能克服事件，则可认定为不可抗力。

（3）非因自己原因造成的电子错误。在电子商务合同履行的过程，由于非因自己原因导致的电子错误，从而致使货款无法支付、沟通障碍、信息传输有误等，应认定为不可抗力。

五、跨境电子商务业务操作

（一）跨境出口业务

跨境店铺注册、跨境物流与海外仓、选品与产品价格核算、产品发布与优化、订单处理与发货等是跨境出口业务的核心环节。

1. 跨境店铺注册

准备邮箱、企业营业执照、企业支付宝或法人支付宝、商标、保证金等资料完成速卖通、亚马逊或 Lazada 平台店铺注册。

2. 跨境物流与海外仓

（1）计算跨境小包物流运费。首先，确定要使用的物流方式和物流报价，速卖通上常用的是 Aliexpress 无忧物流标准（简称无忧标准，AliExpress Standard Shipping）。其次，分析运费核算规则，是单价加挂号费式收取还是分段式收取，无忧标准是按照单价加挂号费式收取。商品是否带电，决定了是按照普货标准收取，还是按非普货标准收取。最后，根据商品的包装重量来计算对应运费。注意：无忧物流标准有关于小包的尺寸和重量限制，物流报价表上备注的很清楚。

（2）计算海外仓及相关费用。第一步，确定合作海外仓的物流报价；第二步，分析运费收取规则，海外仓储运费一般包含两程派送费和操作费，按照分段式收取运费；第三步，根据实际发货包裹重量和数量来计算对应运费。

3. 选品与产品价格核算

运用速卖通、亚马逊、Lazada 等后台数据分析某类商品，通过对商品品类、主要国家市场等相关数据进行分析，确定售卖哪些产品。

然后，运用下列公式核算产品成本、费用和利润。

利润计算的一般公式：利润 = 售价 - 售价×佣金比率 - 成本 - 运费

$$毛利润率 = \frac{利润}{售价} \times 100\%$$

注意：佣金比率包含类目佣金、直通车/联盟营销费用、售后损失等。

4. 产品发布与优化

对产品进行市场分析后，在店铺发布产品。产品发布之后，需要对产品标题、详细描述等进行优化。

（1）标题优化。主要参照“生意参谋-选词专家”来挑选跟产品契合的优质关键词，也可以参照前台长尾关键词和后台直通车关键词来优化标题关键词。优化之后，根据单品分析—标题分析—关键词分析，进一步优化调整。

（2）详细描述优化。详情页排版框架的主要依据是 AIDI 艾达公式：诱发兴趣—刺激欲望—打消疑虑—刺激购买。

5. 订单处理与发货

客户下单付款后，当订单状态变成等待卖家发货之后，应该在发货期内给客户发出包裹。

例如，在速卖通平台进行发货的操作流程如下：

（1）进入“我的速卖通”—“交易”，选择“等待您发货”状态的订单。

（2）选择物流方案。

（3）创建物流订单。

（4）查看国际物流单号，打印发货标签。

（5）填写发货通知。

（二）跨境进口业务

跨境电商零售进口是指中国境内消费者通过跨境电商第三方平台经营者自境外购买商品，并通过“网购保税进口”或“直购进口”运递进境的消费行为。

1. 保税跨境贸易电子商务

（1）概述。海关总署公告（2014 年第 57 号）发布，自 2014 年 8 月 1 日起，增列海关监管方式代码 1210，全称“保税跨境贸易电子商务”，简称“保税电商”，又称保税备货。适用于境内个人或电子商务企业在经海关认可的电子商务平台实现跨境交易，并通过海关特殊监管区域或保税监管场所进出的电子商务零售进出境商品。“1210”监管方式用于进口时仅限经批准开展跨境贸易电子商务进口试点的海关特殊监管区域和保税物流中心（B 型）。

保税备货模式下，商家境外批量采购商品，运至国内保税区仓库，在海关监管下存放，买家下单后形成订单、物流单、支付单三单信息，海关核对三单后放行，以包裹形式从保税仓发货。保税备货商品具有小批量、多频次、品类丰富等特点，跨境电商企业提前将商品批量备至保税仓库，可有效降低国际物流成本。接收订单后，可快速从保税仓库发货，通关效率最高，对消费者来说物流时间短，购物体验佳。但此模式下，使用保税仓库有仓储成本，备货会占用企业大量资金。

（2）操作流程。保税备货模式下，海关通过监管电商企业、支付企业、物流企业、仓储企业等，在企业完成登记的前提下，通过三单核对交易真实性，让企业为交易背书。为有效防范质量风险，要求售卖的商品先在电商平台上做好备案，备案时需要提交商品详细信息。某些电商平台对销售商实施溯源管理，从而实现“事前备案、事中监管、事后追溯”全流程质量监管。建立跨境电商通关服务平台系统，通过“三单对碰”和实际通关时的身份证验核和清单核放等，由系统自动完成对碰审核，完成高效放行。具体流程如图 8-1 所示。

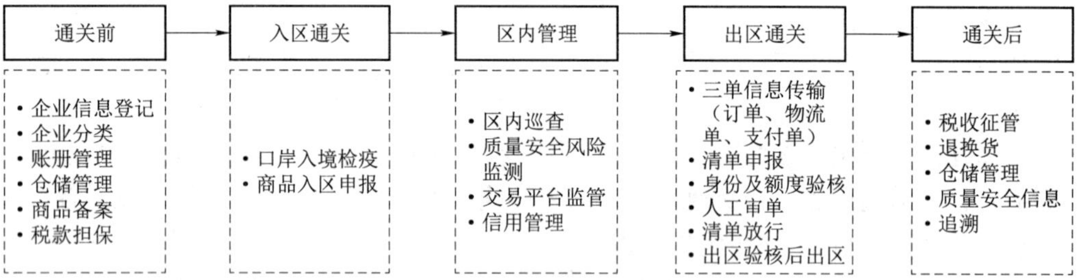

图 8-1　保税备货模式操作流程

2. 跨境贸易电子商务

（1）概述。海关总署公告（2014 年第 12 号）发布，自 2014 年 2 月 10 日起，增列海关监管方式代码 9610，全称“跨境贸易电子商务”，简称“电子商务”，又称集货进口模式。适用于境内个人或电子商务企业通过电子商务平台实现交易，并采用“清单核放、汇总申报”模式办理通关手续的电子商务零售进出口商品。

集货进口模式是买家境内下单，当订单达到一定数量后，商家通过国际物流将货物发到保税区或港口，批量通关，使用国内物流配送至买家。集货进口模式商品进口操作灵活，不需要提前备货，可弥补保税备货模式下商品品类的不足，满足更多消费者个性化需求。但此模式下，需在海外完成打包操作，成本较高，而且从海外发货，物流时间略长。

（2）操作流程。集货进口模式下商品进口前同样需要进行备案（有些商品海关不要求进境前必须备案），商品完成备案后进行商品上架，商品在平台客户端显示为直邮商品，其他流程与保税备货相同。由于直邮需要集订单后才能从国外仓库发货，故对消费者来说，下单后一般需 7～15 天甚至更长时间才能收到货物。目前此种模式的商品较少，多数为轻奢类商品。

集货进口模式业务流程如图 8-2 所示。

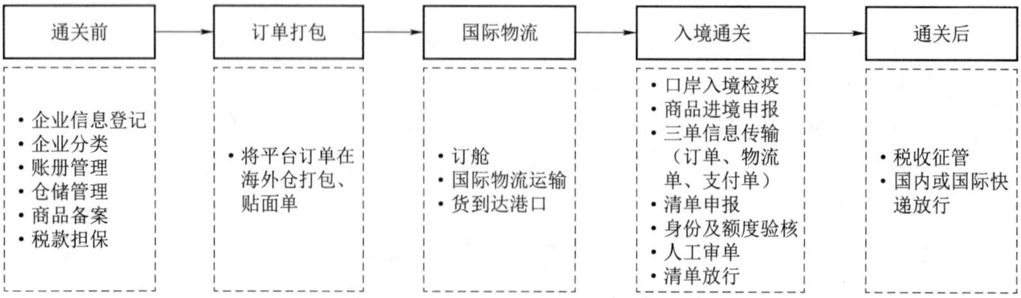

图 8-2　集货进口模式业务流程

复习与思考

一、简答题

1. 为什么要催证、审证和改证？审证的依据和内容是什么？如何改证？
2. 凭信用证向银行办理出口货款结算时，银行的结汇办法有哪几种？哪一种对出口人有利？
3. 进行进口索赔时应注意哪些问题？
4. 履行 CIF 出口合同包括哪些基本程序？
5. 电子商务合同履行的原则有哪几种？

二、做一做

(一) 判断题

1. 信用证的修改可以随时进行，发现一处即可以向国外开证行申请修改一处。(　　)

2. 所有的进出口公司都可以直接向海关办理报关手续。(　　)

3. 如果我方取得的提单日期是 3 月 5 日，而保险单的日期是 3 月 8 日，不会影响我方安全迅速地收汇。(　　)

4. 出口退税制度有利于我国对外贸易的发展。(　　)

5. 进口合同采用 CIF 成交时，进口方必须办理投保手续。(　　)

(二) 选择题

1. 汇票的抬头是汇票的(　　)。

A. 出票人　　B. 受进制票人　　C. 受款人　　D. 付款人

2. 货物装船后，凭以换取正本提单的单据是(　　)。

A. 大副收据　　B. 下货纸　　C. 托运单　　D. 装箱单

3. 提单的抬头一般做成(　　)。

A. 记名式　　B. 不记名式　　C. 指示抬头　　D. 来人抬头

4. 提单日期是 7 月 15 日，信用证的有效期是 8 月 15 日，按 UCP600 规定，受益人向银行交单的最迟日期是(　　)。

A. 7 月 15 日　　B. 8 月 5 日　　C. 8 月 15 日　　D. 8 月 6 日

5. 根据 UCP600 的规定，除非信用证另有规定，保险单必须标明的最低投保金额应为货物 CIF 价或 CIP 价加成(　　)。

A. 25%　　B. 15%　　C. 20%　　D. 10%

三、案例分析

1. 信用证改证延展装运期案

【案情】我国某出口公司与一外商成交出口货物一批，规定 9 月装运。客户按期开来信用证，但计价货币与合同规定不符，加上我方货未备妥，直到 11 月对方来电催装时，才向对方提出按合同货币改证并要求延展装运期。次日，外商复电："证已改妥"。我方据此发运货物，但信用证修改始终未到。单到开证行时被以"证已过期"为由拒付。我方为收回货款，避免在目的港的仓储费用支出，接受了进口人提出的按 D/P · T/R 提货的要求。终因进口人未能如约付款而使我方遭受重大损失。

【问题】本案例中，我方应汲取哪些经验教训？

2. 信用证拖延开证案

【案情】我国某出口公司与外商就某商品按 CIF 贸易术语 、即期信用证付款条件签订一份数量较大的出口合同，合同规定 11 月装运，但未规定具体开证日期，后因该商品市场价格趋降，外商便拖延开证。我方为防止延误装运期，从 10 月中旬起即多次电催开证，终于使该商在 11 月 16 日开来了信用证。但由于开证太晚，我方安排装运发生困难，遂要求对方对信用证的装运期和议付有效期进行修改，分别推迟一个月。但外商拒不同意，并以我方未能按期装运为由单方面宣布解除合同，我方也就此作罢。

【问题】我方如此处理是否适当，应从中吸取哪些教训？

3. 进口货物品质不符合要求案

【案情】我国华东某公司以 CIF 术语于 2019 年 5 月，从澳大利亚进口巧克力食品 2 000 箱，以即期不可撤销信用证为支付方式，目的港为上海。货物从澳大利亚某港口装运后，出口商凭已装船清洁提单和投保一切险及战争险的保险单，向银行议付货款。货到上海港后，经我方公司复验后发现下列情况：(1) 该批货物共有 8 个批号，抽查 16 箱，发现其中 2 个批号涉及 300 箱内含沙门氏细菌超过进口国的标准；(2) 收货人是实收 1 992 箱，短少 8 箱。(3) 有 21 箱货物外表情况良好，但箱内货物共短少 85 千克。

案例解析

【问题】鉴于上述损失情况，进口商应向谁索赔？并说明理由。

四、活动建议

1. 组织学生到集装箱场地参观，了解货物进出口时都需要办理哪些手续。如有可能，再到海关报关大厅参观，了解货物报关手续。

2. 请外贸公司的制单结汇人员来校做单据制作方面的演示。

第九章

国际贸易方式

【导读】

在国际贸易中,采用逐笔签订国际货物销售合同的方式进行交易是最基本、最普遍的做法。随着国际经济关系的不断变化和国际贸易的迅速发展,国际贸易的方式也呈现越来越多样化的趋势,拍卖、商品期货交易、对销贸易、加工贸易、跨境电商、数字贸易等多种形式逐渐普及。此外,为了充分调动国外商人的积极性,出口方也会采用经销、代理、展卖、寄售等贸易方式,以达到开拓市场,扩大出口的目的。面对复杂多变的国际贸易环境,应坚持合作共享共赢的诚意和决心,在我国从贸易大国向贸易强国迈进过程中贡献力量。

本章的学习要求:

1. 了解不同贸易方式的性质、特点和适用;
2. 熟悉不同贸易方式的基本做法;
3. 掌握不同贸易方式运用中应注意的事项。

第一节　经销与代理

一、经销

(一) 独家经销的含义

独家经销(Exclusive Distribution)实际就是包销(Exclusive Sales),是指由出口人通过与国外商人签订独家经销协议的方式,给予国外商人(独家经销人)在一定时间、一定地区经营某一种或某一类货物的独家专营权利。

资料卡

专营权一般包括专卖权和专买权。所谓专卖权，是指出口人将指定的独家经销货物在规定的地区和期限内给予独家经销商独家销售权利；所谓专买权，是指独家经销商承担只向出口人购买指定的货物，而不得向第三者购买同样货物的义务。在实际业务中，根据实际情况，只需单独规定专卖权或专买权，而不需要同时规定专卖权或专买权作为对流条件。

（二）独家经销的性质和作用

出口人与独家经销商是属于售定性质的买卖关系，货物由独家经销商购买，自行销售，自负盈亏，自担风险。它与一般单进单出方式的区别在于独家经销商在一定时期和一定地区内享有独家专营权，独家经销商享受的这种权利是通过出口人与独家经销商签订独家经销协议来实现的。

> **想一想** 独家经销与普通交易相比，有哪些优点？

采用独家经销方式，通过专营权的给予，有利于调动独家经销商的经营积极性，有利于利用独家经销商的销售渠道，达到巩固和扩大市场的目的，并可减少多头经营产生的自相竞争的弊病。

（三）独家经销协议

独家经销协议是指出口企业与其所授权的独家经销商规定双方的权利和义务，并从法律上确立双方关系的契约。主要包括下列内容：

（1）独家经销协议的名称、签约日期与地点。

（2）独家经销协议双方的关系。在独家经销协议中，需要明确独家经销商与出口企业之间的关系是本人与本人（Principal to Principal）的关系，即属买卖关系。

（3）独家经销货物的名称。在独家经销协议中，确定独家经销货物的范围是很重要的，因为出口企业经营的商品种类繁多，在同一类货物中又因花色、品种、规格、标准不一，划分许多牌号，所以，如果货物名称规定不具体，出口人受约束的范围就大，出口人将无权把同类别的货物再向独家经销的地区销售。因此，独家经销货物的范围不宜过大，应该在独家经销协议中具体订明独家经销货物的品种牌号、货号、规格等。

> **想一想** 如果独家经销协议中规定：A 公司指定 B 公司为该公司针织服装在丹麦地区独家经销商。该规定有无不妥之处？

（4）独家经销的地区范围。独家经销地区范围，是指独家经销商行使独家专营权的地域范围。独家经销地区范围，可大可小，有的规定独家经销地区是港澳地区、欧盟国家，还有的只规定一个国家、甚至一个州或一个城市等。独家经销地区大小，应根据货物的特点、历史销售情况、客户的经营能力和我们的经营意图而定。

（5）独家经销期限。在我国出口业务中，独家经销期限一般规定一年，这样既有利于出口人稳定独家经销商的经营信心，更好地发挥其推销作用，又可避免在多元化经营和市场竞争日趋激烈的情况下，给出口商带来难以预测的损失。在独家经销协议中，还应规定独家经销协议期满应续约或终止的办法。

（6）独家经销数量或金额。独家经销协议中规定的独家经销数量或金额，对协议双方均有同等约束力。如果独家经销商在规定的期限内未完成规定数量或金额，出口人有权取消独家经销协议。对于出口人来说，应按协议承担向独家经销商出口规定数量或金额的货物的责任，否则，构成违约。

> **议一议**
>
> 鉴于国际商品市场价格变化多端，采用哪种作价较为有利？

（7）作价办法。独家经销商品的作价，有两种不同的作价方法：其一是在规定的期限内，一次作价，即无论价格涨落，以协议规定价格为准；其二是在规定的独家经销期限内分批作价。

（8）商标保护、广告宣传和市场报导。尽管独家经销协议双方是买卖关系，但它区别于一般买卖方式，表现在独家经销商有义务负责出口货物的商标注册与保护、广告宣传和市场报导。广告宣传和市场报导费用，一般由出口人负担。

二、代理

（一）代理（Agency）的含义

国际贸易中的销售代理，是指委托人授权代理人代表他向第三者招揽生意、签订合同或办理与交易有关的各项事宜，由此而产生的权利与义务直接对委托人发生效力。代理具有以下基本特点：

（1）代理人只能在委托人的授权范围内，代表委托人从事商业活动。

（2）代理人一般不以自己的名义与第三者签订合同。

（3）代理人通常是运用委托人的资金从事业务活动。

（4）代理人不管交易的盈亏，只取佣金。

（5）代理人只居间介绍生意、招揽订单，但他并不承担履行合同的责任。

（二）代理的种类

1. 总代理（General Agency）

总代理是指委托人在指定地区的全权代表，不仅享有指定地区独家代理的权利，还代表委托人进行全面业务活动，甚至包括非商业性质的活动。在我国出口业务中，一般不签订总代理协议，而指定我驻外的贸易机构作为我国进出口公司的总代理，如香港地区的华润集团、德信行、五丰行和澳门的南光公司等。

2. 独家代理（The Exclusive Agency; Sole Agency）

独家代理是指委托人给予代理商在一定地区和一定期限内享有代销指定货物的专营权，只要在一定地区和规定的期限内做成该项货物的交易，无论是由代理商签约，还是由委托人直接签约，代理商都按成交金额提取佣金。在我国出口业务中，采用独家代理方式时，参照国际贸易习惯做法，一般都给代理商上述权利。

比一比

独家代理与独家经销的区别

在独家代理方式下，委托人与代理人的关系是委托代理关系，代理人的行为所产生的权利和义务直接对委托人发生效力，而在独家经销方式下，独家经销商与出口人之间的关系是买卖关系，即本人与本人的关系；在独家代理方式下，代理商不垫付资金，不担风险，不负盈亏；而在独家经销中，独家经销商要自筹资金进货，自担风险，自负盈亏；独家代理商以佣金为报酬，而独家经销商以市场差价为报酬。

3. 普通代理（Agency）

普通代理又称一般代理，是指在同一代理地区及期限内，委托人同时委派几个代理人为其推销商品。代理人根据推销商品的实际金额或根据协议规定的办法或百分率向委托人计收佣金，委托人也可以直接与该地区的实际买主成交，而无须给代理人佣金。在我国出口业务中，大多采用这种代理方式。

（三）代理协议

代理协议是指明确委托人与代理人之间权利与义务的法律文件。其主要内容包括下列几项：

（1）协议双方当事人。在代理协议的序言中，一般应明确委托人与代理人之间的法律关系、授权范围和代理人职权范围等。

（2）指定的代理商品。在协议中应明确说明代理商品的品名、规格等。

（3）指定的代理地区。代理地区是指代理人有权开展代理业务的地区。

（4）授予代理人的权利。在普通代理协议中，一般规定：保留委托人在代理人的代理地区直接同买主进行谈判和交易的权利。

在独家代理协议中，一般规定：代理商在一定地区和期限内，只能代理指定的货物，不得经营与代理货物相同或与代理货物有竞争性的货物；委托人也根据协议不能再安排另外的代理人在该地区进行代理业务。

> **想一想** 美国Y公司为李宁牌运动服装在纽约地区的独家代理人，同时，该公司还经销耐克牌运动服，这种做法是否合理？

（5）协议有效期及中止条款。代理协议既可以是定期的，也可以是不定期的。定期一般为1~5年；若未规定期限，则双方当事人可在协议中约定，其中一方不履行协议，另一方有权中止协议。

（6）代理人佣金条款。佣金是指委托人给予代理商推销货物的报酬。佣金率的大小直接关系协议双方的利益，在协议中必须明确约定佣金率。在规定佣金率的基础上，还要明确规定计算佣金的基础，即以出口数量还是以金额作为计算佣金的基础。支付佣金的方法，可采用委托人在收汇后逐笔结算或定期结算或在货款中直接扣除等方法。

（7）关于最低成交额条款。委托人为保证自身利益，防止代理商取得专营权后发生“代而不理”的情况，可在协议中规定代理商在一定时期内必须完成的最低数量与金额，否则委托人有权撤销代理商的专营权或对其报酬作相应的调整。

(8) 关于向委托人提供市场情报、广告宣传和保护商标等条款。

第二节　寄售与展卖

一、寄售

(一) 寄售的含义与特点

1. 含义

寄售(Consignment)是指委托人(货主)先将货物运往寄售地,委托国外代售人(受托人)按照寄售协议规定的条件,代替货主进行销售,在货物出售后,由代售人向货主结算货款的贸易做法。寄售协议中的双方当事人之间是委托和受委托的关系,不同于买卖合同中买卖双方的买卖关系;代售人介于委托人与实际买主之间,他有权以自己的名义与当地购货人签订购销合同,双方当事人之间的关系是本人与本人的关系,如当地购货人不履行合同,代售人有权以自己的名义起诉。这一点与代理的性质有所不同。因此,寄售是属于委托代售性质的。

> **议一议**
>
> 寄售业务与代理业务的不同之处。

2. 特点

(1) 寄售人与代销人是委托代售关系。寄售人与代销人之间不是买卖关系,是委托代售关系,代销人只能根据寄售人的指示代为处置货物,这样有利于寄售人随行就市,而免遭代销人压价之险。

(2) 寄售是一种凭实物进行买卖的现货交易。寄售货主与买主直接见面,易于看货成交,从而对买主具有吸引力。

(3) 寄售并非出售。寄售并非出售,在代销人未将商品售出前,商品的所有权仍属寄售人所有,同时,运输途中和到达寄售地后的一切风险和费用,也均由寄售人负担。

(4) 代销人的权限。代销人在寄售人委托授权范围内可以以自己的名义与买主订立合同、出售货物和收取货款,但不承担风险,只获得佣金作为报酬。

(二) 采用寄售方式应注意的问题

在开展寄售业务时,就寄售人而言,应注意下列事项:

1. 在调查研究的基础上选好寄售地点

要了解国外销售市场各方面的情况,其中包括市场动态、供求情况、销售渠道、消费习惯、当地政府对外贸的管理制度、外汇管理、税收办法和市场管理等。

2. 审慎选择合适的代销人

寄售是先出运、后成交，在售货后收回货款。代销人合适与否，对寄售人有切身的利害关系。为了确保寄售达到预期效果，应选择资信好、有经营能力的客户作为代销人。

3. 选择适销对路的商品作为寄售的商品

寄售商品种类选择适当与否，关系到寄售的成败。因此，应选择当地市场有销路而又难凭样成交的商品，或者是一些名优产品与新小商品。对品质、规格、包装不适应当地市场需要的商品或滞销商品，不适于寄售。

4. 适当掌握寄售商品的数量

寄售数量的多少，应根据销售情况和市场容量大小而定。一般来说，寄售数量不宜过多，以免由于销售不出去而被迫削价出售，或转移到其他市场而增加费用和风险。

5. 注意收汇安全

为了确保收汇安全，除了不宜选择外汇管制严格或外汇匮乏的国家或地区为寄售地外，还应要求代销人提供银行保函。

6. 订好寄售协议

寄售协议关系到双方的权利与义务。在寄售协议中，对价格货款和佣金给付以及费用的负担等事项，应做出明确合理的规定，以利于协议的执行。

> **想一想**
> 在选择代售人时应注意哪些问题？

二、展卖

（一）展卖（Fairs and Sales）的含义及特点

展卖是指利用展览会和博览会及其他交易会形式，对商品实行展销结合的一种贸易方式。凡是通过举办国际展览会、商品展览会既展出商品，又进行交易的，都可称为展卖。

（二）展卖的特点

展卖的基本特点是把出口商品的展览和推销有机地结合起来，边展边销，以销为主。展卖的优点主要体现在以下几方面：

（1）有利于宣传出口商品，扩大影响，招揽潜在买主，促进交易。

（2）有利于建立和发展客户关系，扩大销售地区和范围。

（3）有利于开展市场调研，听取消费者意见，改进产品销售，增强出口竞争能力。

（三）展卖的形式及做法

1. 国际博览会（International Fair）

国际博览会又叫国际集市，是指在一定地点定期举办的由一国或多国联合组织、邀请各国商人参加交易的贸易形式。

资料卡

国际博览会的形式

国际博览会可分为两种形式:综合性国际博览会和专业性国际博览会。

综合性国际博览会又称“水平型博览会”,是指各种商品均可参展并洽谈交易的博览会。目前,世界著名的国际博览会会址有:意大利的米兰(是世界上最大的国际博览会,占地面积60万平方米)、德国的莱比锡(已有800多年的历史,为世界上历史最悠久的国际博览会)、法国的里昂及巴黎、比利时的布鲁塞尔、芬兰的赫尔辛基、波兰的波兹南、加拿大的蒙特利尔、澳大利亚的悉尼、叙利亚的大马士革和阿尔及利亚的阿尔及尔等。

专业性国际博览会又称“垂直型博览会”,是指仅限于某类专业性产品参加展览和交易的博览会。其规模较小,会期也较短。如科隆博览会,每年举行两次,一次展销纺织品,一次展销五金制品。

2. 中国举办的交易会、博览会

(1) 中国进出口商品交易会(Chinese Import and Export Fair)

中国进出口商品交易会是指我国各进出口公司在广州定期联合举办的、邀请国外客户参加的一种集展览与交易相结合的商品展销会,习惯上简称“广交会”。我国于1957年举办了首届广交会,以后每年于春秋两季各举办一次,分别称为“春交会”“秋交会”。自2007年4月第101届起,广交会由中国出口商品交易会更名为中国进出口商品交易会,由单一出口平台变为进出口双向交易平台。

(2) 中国国际进口博览会(China International Import Expo)。中国国际进口博览会简称进博会(CIIE),由中华人民共和国商务部、上海市人民政府主办,是世界上第一个以进口为主题的大型国家级展会,旨在坚定支持贸易自由化和经济全球化、主动向世界开放市场。举办中国国际进口博览会是中国政府坚定支持贸易自由化和经济全球化、主动向世界开放市场的重大举措,有利于促进世界各国加强经贸交流合作,促进全球贸易和世界经济增长,推动开放型世界经济发展。中国进口博览会是推动构建人类命运共同体的中国方案的具体体现,是推动开放合作,实现共同发展的国际平台。

第129届广交会闭幕

(3) 其他各地的交易会。在广交会闭会期间,我国的外贸公司经常在某种商品的产地、出口口岸或其他适当的地方,举办一些规模较小的各种类型的交易会,如地毯交易会、工艺品交易会、服装交易会等。这些交易会对于缓解广交会的过度集中,推销库存商品及试销新、小商品起到了积极作用。

首届中国国际进口博览会

（四）开展展卖业务应注意的问题

展卖是一种将产品宣传、推销和市场调研有机结合的贸易方式，一次成功的展卖会结束后，可能在会后相当长的一段时期内，给主办人带来数量可观的订单。为了有效开展展卖业务，需要注意下述几方面的问题：

1. 选择适当的展卖商品

在选择确定展卖商品时，首先，要考虑选择一些质量较好、在市场上具有竞争力的参展商品；其次，展出的品种应多样化，每一种花色的档次要多而全，既要有能满足特殊需要的高档品，也应有供应一般消费品的大路货和低档货，以适应各类不同层次消费者的不同需要。一般来说，大宗的原料性商品通常不适于采用展卖，而机器设备、电子产品、手工艺品、儿童玩具以及一些日用消费品比较适用。

> **想一想** 我国A公司欲打开挪威的毛绒玩具市场，采用展卖会的方式是否可行？

2. 选择合适的展出地点

一般来说，应考虑选择一些交易比较集中、市场潜力比较大且有发展前途的集散地或交易中心进行展卖活动，同时还应考虑当地的各项设施，如展出场地、旅馆、通信、交通以及水、电等基础设施所能提供的方便条件和这些服务的收费水平。在国外展出时，应尽可能利用自由港和自由贸易区在出入境、外汇、仓库设施等方面可能提供的方便。

> **想一想** 选择中国香港作为我国××品牌成衣的展卖地点是否合适？

3. 选择适当的展卖时机

一般来说，展出的时间应与该项商品的销售季节一致，每次展出的时间不宜过长，以免耗费过大，影响效果。同时，要注意避免和具有一定国际影响的定期展览会的时间冲突而影响参展人数。欧洲每年九月或十月会举办橡胶与塑料展览会，如我们此时举办类似的展览会肯定会受到影响。

4. 做好参展组织工作

展卖本身是一种宣传活动，但要成功地进行展卖，需要做大量的宣传组织工作。可以利用各种媒体登出广告，引起公众注意，同时还可以邀请当地客户和知名人士，进行重点宣传以引起社会轰动，扩大在当地的影响。

5. 选择好合作的客户

合作的客户必须具有一定的经营能力，在当地市场应有一定的地位和影响，比较熟悉展出地点的市场情况，并有一定的业务联系网络或销售渠道，至少是具有一定能力的中间商。

第三节　招标与拍卖

一、招标与投标

(一) 招标与投标的含义

招标、投标(Invitation to Tender and Submission of Tender)是一种贸易方式的两个方面。

招标是指招标人(买方)在规定的时间、地点,发出招标公告或招标单,提出准备买进的商品品种、数量和有关的买卖条件,邀请卖方投标的行为。

投标是指投标人(卖方)应招标人邀请,根据招标公告或招标单的规定条件,在规定时间内向招标人递盘的行为。

资料卡

招标的常用方式

招标投标是国际贸易中一种常见的方式。它常用在国家政府机构、国有企业或公用事业单位采购物资、器材或设备的交易中,更多地用于国际承包工程。国际上常用的招标方式有:

1. 国际竞争性招标

它是指招标人邀请几个乃至几十个投标人参加投标,通过投标人竞争,选择其中对招标人最有利的投标人达成交易,它属于竞卖的方式。政府采购物资、利用国际金融组织贷款采购的物资等,大部分采用竞争性的公开招标办法。

2. 谈判招标

谈判招标又称选择性招标,是指由招标人物色几家客商直接进行合同谈判,谈判成功,交易达成,它是非公开的、非竞争性的招标,不属于严格意义上的招标方式。

3. 两段招标

两段招标是无限竞争招标和有限竞争招标的综合方式,采用此类方式时,先用公开招标,再用选择性招标分两段进行。

(二) 招标投标的程序

1. 招标阶段

公开招标方式要求招标人首先在报纸、刊物上或采取其他形式公布招标通告,邀请投标人参加投标。招标通告要说明招标的项目、要求、条件和投标须知等。国际金融组织贷款项目采购招标的通告一般要求在指定刊物上刊登。在招标人发出通告后,就会有投标人提出投标要求;招标人对参加投标的企业、公司进行资格审查。经审查合格后,招标人向取得投标资格者寄送标单。标单的主要内容有招标要求、合同格式、合同条款、货物说明和技术要求等。凡是接受标单准备投标的投标人必须向招标人交纳投标保证金,或通过银行向招标人出具保函,保证一旦中标一定签约。

2. 投标阶段

在这个阶段由投标人详细阅读和研究标单的全部内容和各项要求，在此基础上提出自己争取中标的各项条件，包括供货价格、交货期限、货物品质规格和各项技术要求等，并按照标单的要求填写投标单，在规定期限内寄交给招标人，逾期无效。

3. 开标签约阶段

开标分公开开标和秘密开标。公开开标是指由招标人和公证人按照规定的时间和地点，当众拆开所有的密封投标单，宣布其内容。凡是参加投标者都可派代表监督。秘密开标是指由招标人自行选定中标人，投标人不能派代表参加开标。

开标之后，经过有关评标人员评定，决定中标者。但是，在评标过程中，招标人如果认为所有投标者都不合格而未选定中标者时，可以宣布招标失败，拒绝全部投标，并且可以重新发布招标通告。如果选定中标者，由招标人与中标者签订供货合同，中标人尚须向招标人交纳履约保证金或出具银行履约保证函。在评标中未中标者所缴投标保证金应全部退还，银行出具的保证函的责任即告终止。

> **小知识**
>
> 一般出现下列情况之一者，可以拒绝全部投标：最低标价大大超过国际市场的价格水平；所有投标书内容均与招标要求不符；在国际竞争性招标时，投标人太少。

二、拍卖

（一）拍卖的含义及特点

国际贸易中的拍卖（Auction）是指由经营拍卖业务的拍卖行接受货主的委托，在规定的时间和场所，按照一定的章程和规则，以公开叫价的方法，把货物卖给出价最高的买主的一种贸易方式。国际货物的拍卖方式具有以下特点：

> **小知识**
>
> 拍卖现已成为国际上颇具规模的一种贸易方式，每年通过拍卖的商品约占世界出口总额的5%～6%，个别商品所占比重更为突出。

1. 拍卖是在一定的机构内有组织地进行的

拍卖一般是在拍卖中心或拍卖行的统一组织下进行。拍卖行可以是由公司或协会组成的专业拍卖行，专门接受货主委托从事拍卖业务，也可以是大贸易公司内部设立的拍卖行，还可以是由货主临时组织的拍卖会。

2. 拍卖具有自己独特的法律和规章

许多国家的买卖法中对拍卖业务有专门的规定。除此之外，各个拍卖行又订立了自己的章程和规则，供拍卖时采用。

3. 拍卖是一种公开竞买的现货交易

拍卖采用事先看货、当场叫价、落槌成交的做法。拍卖开始前，买主可以查看货物，做到心中有数。拍卖开始后，买主当场出价，公开竞买，由拍卖主持人代表货主选择交易对象。成交后，买主即可付款提货。

（二）拍卖的形式

1. 增价拍卖

增价拍卖是由低价向高价叫价拍卖，它是国际拍卖中最普遍使用的方式。

2. 减价拍卖

减价拍卖是由高价向低价叫价拍卖，也称荷兰式拍卖，减价拍卖适用于鲜活商品、水果和蔬菜等商品。

3. 密封递价拍卖

密封递价拍卖是指先由拍卖人公布每批货物的详细情况和拍卖条件等，然后由买主在规定时间和地点将自己的递价以密封信的形式交给拍卖人，拍卖人将货物售给递价最高者。有些国家的政府或海关在处理库存货物或没收货物时往往采用这种拍卖方法。

（三）拍卖的一般程序

1. 准备阶段

凡是参加国际拍卖的卖方应将货物运到指定仓库，由拍卖行代为归类、分级、分批，再按实际交易需要印成拍卖商品目录分发给买主，或向买主发布拍卖通知，介绍有关商品种类、数量、拍卖时间等情况，邀请买主按照分发的商品目录到现场或仓库看货，挑选自己感兴趣的货物，以供拍卖货物时参考。

2. 定价阶段

拍卖人一般在买主看货之后和正式拍卖之前与货主一起分析市场情况，讨论价格方案，最后制定出基础价格，作为拍卖人叫价时的依据。

3. 正式拍卖阶段

拍卖会在规定的时间和地点开始，并按照拍卖目录规定的先后顺序进行逐批叫价成交。拍卖过程中，买方喊价相当于发盘，主持人落槌则属于接受。按照拍卖业务的惯例，在主持人木槌落下之前，买主可以撤回其出价，同样，货主在货物出售前也可以撤回要拍卖的货物。整个拍卖业务都由专门从事拍卖业务的拍卖行或拍卖公司承担，由他们安排时间和地点进行公开竞价购买。

4. 成交、交货与付款阶段

买卖成交后，拍卖人为防止可能出现的差错和误会一般要向买主发送成交通知书，以便买主核对。成交通知书经买主确认签字后，即成为拍卖合同的书面依据，然后再由买主开具购货确认书，并按规定付款，凭栈单或提货单在规定的期限内，按仓库交货条件在指定仓库提货。

拍卖人在拍卖结束后，公布拍卖结果。有的拍卖市场在拍卖期间逐日公布拍卖进行的情况。这些报道反映了当时市场情况，是确定国际市场价格的重要依据。

第四节 期货交易

一、商品期货交易的含义与特点

（一）期货交易的含义

期货交易(Futures Trading)是指在期货交易所内，按一定规章制度进行的期货合同的买卖。

期货交易是以现货交易为基础发展起来的。现货交易是传统的货物买卖方式，交易双方可以在任何时间和地点，通过签订货物买卖合同达成交易。两种市场的价格都要受到同一商品经济规律的制约。

（二）期货交易的特点

1. 合约标准化

期货交易具有标准化和简单化的特征。期货交易通过买卖期货合约进行，而期货合约是标准化的合约。这种标准化是指进行期货交易的商品的品级、数量、质量等都是预先规定好的，只有价格是变动的。这是期货交易区别于现货远期交易的一个重要特征。期货合约标准化，大大简化了交易手续，降低了交易成本，最大限度地减少了交易双方因对合约条款理解不同而产生的争议与纠纷。

2. 场所固定化

期货交易具有组织化和规范化的特征。期货交易是在依法建立的期货交易所内进行的，一般不允许进行场外交易，因此期货交易是高度组织化的。期货交易所是买卖双方汇聚并进行期货交易的场所，是非营利组织，旨在提供期货交易的场所与交易设施，制定交易规则，充当交易的组织者，本身并不介入期货交易活动，也不干预期货价格的形成。

3. 结算统一化

期货交易具有付款方向一致性的特征期货交易是由结算所专门进行结算的。所有在交易所内达成的交易，必须送到结算所进行结算，经结算处理后才算最后达成，才成为合法交易。交易双方互无关系，都只以结算所作为自己的交易对手，只对结算所负财务责任，即在付款方向上，都只对结算所，而不是交易双方之间互相往来款项。这种付款方向的一致性大大地简化了交易手续和实货交割程序，而且也为交易者在期货合约到期之前通过作“对冲”操作而免除到期交割义务创造了可能。国际上第一个真正的结算所于 1891 年在明尼阿波利斯谷物交易所出现，并建立了严格的结算制度。

4. 交割定点化

实物交割只占一定比例，多以对冲了结。期货交易的“对冲”机制免除了交易者必须进行实物交割的责任。国外成熟的期货市场的运行经验表明，由于在期货市场进行实物交割的成本往往要高于直接进行现货交易成本，包括套期保值者在内的交易者多以对冲了结手中的持仓，最终进行实物交割的只占很小的比例。期货交割必须在指定的交割仓库进行。

5. 交易经纪化

期货交易具有集中性和高效性的特征。这种集中性是指期货交易不是由实际需要买进和卖出期货合约的买方和卖方在交易所内直接见面进行交易，而是由场内经纪人（即出市代表）代表所有买方和卖方在期货交易场内进行，交易者通过下达指令的方式进行交易，所有的交易指令最后都由场内出市代表负责执行。交易简便，寻找成交对象十分容易，交易效率高，表现出高效性的特征。集中性还表现为一般不允许进行场外私下交易。

6. 保证金制度化

期货交易具有高信用的特征。这种高信用特征是集中表现为期货交易的保证金制度。期货交易需要交纳一定的保证金。交易者在进入期货市场开始交易前，必须按照交易所的有关规定交纳一定的履约保证金，并应在交易过程中维持一个最低保证金水平，以便为所买卖的期货合约提供一种保证。保证金制度的实施，不仅使期货交易具有"以小博大"的杠杆原理，吸补众多交易者参与，而且使得结算所为交易所内达成并经结算后的交易提供履约担保，确保交易者能够履约。

7. 商品特殊化

期货交易对期货商品具有选择性，因此，期货商品具有其特殊性。许多适宜于用现货交易方式进行交易的商品，并不一定适宜于期货交易。这就是期货交易对于期货商品所表现出的选择性特征。一般而言，只有符合以下四个最基本的条件，才有可能作为期货商品进行期货交易：

（1）商品是否具有价格风险，即价格是否波动频繁。

（2）商品的拥有者和需求者是否渴求避险保护。

（3）商品是否能耐贮藏与运输。

（4）商品的等级、规格、质量等是否比较容易划分。不同等级的，需要升水、贴水。

二、期货交易的种类

根据交易者交易目的不同，将期货交易行为分为三类：套期保值、投机和套利。

（一）套期保值（Hedge）

套期保值是买入（卖出）与现货市场数量相当、但交易方向相反的期货合约，以期在未来某一时间通过卖出（买入）期货合约来补偿现货市场价格变动所带来的实际价格风险。

保值的类型最基本的又可分为买期保值和卖期保值。买期保值是指通过期货市场买入期货合约以防止因现货价格上涨而遭受损失的行为；卖期保值是指通过期货市场卖出期货合约以防止因现货价格下跌而造成损失的行为。

套期保值是期货市场产生的原动力。无论是农产品期货市场、还是金属、能源期货市场，其产生都是源于生产经营过程中面临现货价格剧烈波动而带来风险时自发形成的买卖远期合同的交易行为。这种远期合约买卖的交易机制经过不断完善，例如将合约标准化、引入对冲机制、建立保证金制度等，从而形成现代意义的期货交易。企业通过期货市场为生产经营买了保险,保证了生产经营活动的可持续发展。没有套期保值,期货市场也就失去其应有的意义。

> **想一想** 为什么说套期保值是转移价格风险的一种方法?

(二) 投机(Speculate)

"投机"一词用于期货、证券交易行为中,并不是"贬义词",而是"中性词",是指根据对市场的判断,把握机会,利用市场出现的价差进行买卖从中获得利润的交易行为。投机者可以"买空",也可以"卖空"。投机的目的很直接——就是获得价差利润。但投机是有风险的。

根据持有期货合约时间的长短,投机可分为三类:第一类是长线投机者,此类交易者在买入或卖出期货合约后,通常将合约持有几天、几周甚至几个月,待价格对其有利时才将合约对冲;第二类是短线交易者,一般进行当日或某一交易节的期货合约买卖,其持仓不过夜;第三类是逐小利者,又称"抢帽子者",他们的技巧是利用价格的微小变动进行交易来获取微利,一天之内他们可以做多个回合的买卖交易。

投机者是期货市场的重要组成部分,是期货市场必不可少的润滑剂。投机交易增强了市场的流动性,承担了套期保值交易转移的风险,是期货市场正常运营的保证。

(三) 套利(Spreads)

套利是指同时买进和卖出两张不同种类的期货合约。交易者买进自认为是"便宜的"合约,同时卖出那些"高价的"合约,从两合约价格间的变动关系中获利。在进行套利时,交易者注意的是合约之间的相互价格关系,而不是绝对价格水平。

套利一般可分为三类:跨期套利、跨市套利和跨商品套利。

1. 跨期套利

跨期套利是套利交易中最普遍的一种,是指利用同一商品但不同交割月份之间正常价格差距出现异常变化时进行对冲而获利的行为。它可分为牛市套利(Bull Spread)和熊市套利(Bear Spread)两种形式。例如,在进行金属牛市套利时,交易所买入近期交割月份的金属合约,同时卖出远期交割月份的金属合约,希望近期合约价格上涨幅度大于远期合约价格的上涨幅度;而熊市套利则相反,即卖出近期交割月份合约,买入远期交割月份合约,并期望远期合约价格下跌幅度小于近期合约的价格下跌幅度。

2. 跨市套利

跨市套利是指在不同交易所之间的套利交易行为。当同一期货商品合约在两个或更多的交易所进行交易时,由于区域间的地理差别,各商品合约间存在一定的价差关系。例如伦敦金属交易所(LME)与上海期货交易所(SHFE)都进行阴极铜的期货交易,每年两个市场间会出现几次价差超出正常范围的情况,这为交易者的跨市套利提供了机会。例如,当 LME 铜价低于 SHFE 时,交易者可以在买入 LME 铜合约的同时,卖出 SHFE 的铜合约,待两个市场价格关系恢复正常时再将买卖合约对冲平仓并从中获利,反之亦然。在做跨市套利时应注意影响各市场价格差的几个因素,例如运费、关税、汇率等。

3. 跨商品套利

跨商品套利是指利用两种不同的、但相关联商品之间的价差进行交易的行为。这两种商品之间具有相互替代性或受同一供求因素制约。跨商品套利的交易形式是同时买进和卖出相同交割月份但不同种类的商品期货合约。例如,金属之间、农产品之间、金属与能源之间等都可以进行套利交易。

交易者之所以进行套利交易,主要是因为套利的风险较低,套利交易可以为避免始料未及的或因价格剧烈波动而引起的损失提供某种保护,但套利的盈利能力也较直接交易小。套利的主要作用一是既帮助了扭曲的市场价格回复到正常水平,又增强了市场的流动性。

第五节　对销贸易

一、对销贸易的含义

对销贸易(Counter Trade),又称抵偿贸易、对等贸易或反向贸易等,它是指交易双方互为进口人或出口人,把进口与出口有机地结合起来,双方都以自己的出口来全部抵偿或部分抵偿从对方的进口的一种贸易方式。

资料卡

对销贸易的产生

20 世纪 30 年代德国实行的"补偿协定"(Compensation Agreement)、"二战"期间英国采用的"补偿制"(Compensation System)和战后大量出现的双边贸易支付(清算)协定,都是在易货基础上,利用补偿原则而衍生出来的做法。到 20 世纪 60 年代末期,随着互购(Counter Purchase)和产品回购(Product Buyback)这类交易的出现,苏联用"补偿基础上的贸易"(Trade on Compensatory Basis)来概括这一系列做法,西方也相应开始使用 Counter Trade 的概念。由此可见,对销贸易,作为上述多种贸易方式的总括概念,出现于 20 世纪 60 年代末。

二、对销贸易的种类

(一) 易货贸易(Barter)

易货贸易是一种古老的贸易方式。它是指单纯的货物交换,不使用货币支付,也不涉及第三者。其基本做法是双方签订易货合同,规定双方交换的货物和时间。每一方既是自己出口货物的出口人,又是对方出口货物的进口人。双方交换的货物,可以是单项货物的交换;也可以是多种货物的综合易货或所谓一揽子易货。基本原则是双方交换货物必须等值。

易货贸易的特点是:只有进口人与出口人两个当事人,不涉及其他的第三方;双方只签订一个进出口合同,包括双方交易的货物;双方交换的货物均须明确地载明在合同上。

现代易货贸易可以通过货款结算方式达到货物交换的目的。在货款支付结算上,既可笔笔平衡，也可定期结算，综合平衡；既可付现，也可记账；在时间上，既可进出口同时进行，也可有先有后。总之，易货贸易的做法逐渐灵活多样。

易货贸易的优点是：有利于调剂余缺，促成对外支付手段匮乏的国家或企业进行贸易；有利于以进带出或以出带进；有利于避免或减少与合同交货有关的货币转移等。因此，易货方式被许多发展中国家采用，有些西方国家的公司也采用这种方式。

当然，易货贸易也有其缺陷，它的局限性在于：易货贸易中进行交换的货物，无论在数量、品质、规格等方面都必须是对方所需要的和可以接受的；易货贸易要求在签订合同时确定货物的品质和数量；易货贸易方式下，最大的风险就是已交货的一方可能收不到另一方应交付的货物；易货的开展还要受到双方国家经济互补性的制约。

（二）回购贸易（Products Buy-Back Trade）

回购贸易是指出口方同意从进口方买回由其提供的机器设备所生产制造的产品的贸易。它与补偿贸易有很多相同之处，二者的区别主要是回购贸易出口方回购的产品仅限于由其出口机器设备所生产的产品。回购产品的价值可能是出口机器设备的全部价值，也可能是部分价值，甚至可能超过其出口的机器设备的全部价值。而补偿贸易则可以其他方式进行。

（三）补偿贸易（Compensation Trade）

补偿贸易是指在信贷的基础上，从国外企业购进机器、设备、技术和各种服务等，约定在一定期限内，待项目投产后，以该项目生产的产品或其他货物或劳务或双方约定的其他办法偿还进口货款的做法。由于进口机器设备的企业偿还货款本息是采用补偿办法，故称补偿贸易。

> **议一议**
>
> 补偿贸易对进口方有何作用？

按照用来偿付的标的不同，补偿贸易大体可分为三类。

1. 直接产品补偿

双方在协议中约定，由设备供应方向设备进口方承诺购买一定数量或金额的，由该设备直接生产出来的产品。这是补偿贸易的最基本的做法。

2. 其他产品补偿

当所交易的设备本身不生产物质产品，或设备所生产的直接产品非对方所需，或在国际市场上不好销时，可由双方根据需要和可能进行协商，用回购其他产品来代替。

3. 劳务补偿

常见于同来料加工或来件装配相结合的中小型补偿贸易中。双方根据协议，往往由进口技术、设备的一方从工缴费中分期偿还所欠的款项。

（四）互购贸易（Counter Purchase）

互购贸易又称“平行贸易”（Parallel Trade），是指出口的一方向进口一方承诺购买相当于出口货值一定比例的产品的做法。即双方签订两份既独立又有联系的合同：一份是约定先由进口的一方用现汇购买对方的货物;另一份则由先出口的一方承诺在一定期限内购买对方的货物。

比一比

互购与易货的区别

互购不是单纯的以货换货,而是现汇交易,而且不要求等值交换;先出口方可在第一份合同中将承诺回购商品的品名、数量、价格、金额等具体订明,但在实际业务中有时很难办到,因此,多数情况下对此只能做一些原则性的规定,只规定回购的金额,其他细节再按约定的时间另行商订具体合同;一笔互购交易有时要涉及两个以上的当事人,除非双方另有约定,按照目前国际上的做法,在征得对方同意的基础上,先出口方的回购义务和先进口方的供货义务可分别改由其他第三方来完成。

互购贸易一般是通过即期信用证或即期付款交单付款,有时也可采用远期信用证。因此先出口的一方除非是接受远期信用证,否则不会出现垫付资金的问题,相反还可以在收到出口货款至支付进口货款这段时间内,利用对方资金。这种方式,一般先由发达国家提供设备,这对进口国家来说,不但得不到资金方面的好处,还要先付一笔资金,承担一定汇率变动的风险。

(五) 转手贸易(Switch Transaction)

转手贸易是指西方国家企业向东欧各国出口机器设备,利用专门从事转手贸易的中间商和第三世界国家与东欧各国家之间的美元清算账户进行外汇转手,使西方出口企业与东欧各国贸易达到平衡的贸易做法。

转手贸易是一种极其复杂,涉及面比较广的贸易方式。具体做法是:西方出口企业先向东欧某一国家出口机器设备或其他货物,西方出口企业取得清偿账户的权益,然后将这种权益转给专门从事转手贸易的中间商,中间商再从发展中国家按双边清算协定结算。中间商将出口货物销售给其他买主,取得现汇,将现汇扣掉佣金后兑付给西方出口企业,完成这笔转手贸易业务。

资料卡

从发展中国家的角度分析,对于顺差国家来说,转手贸易的结果是:它将根据双边贸易账户下出口的商品转售到西方市场换取现汇,有助于将记账贸易项下的顺差变为可兑换的硬通货,从而用于从西方进口其必需的物资,以避开由于货币不能自由兑换带来的财政困难,减少因外汇匮乏而产生的一些问题;但是作为原逆差国家,非但拿不到任何硬通货,还可能因对方的低价转售而影响他对西方的正常出口和其产品的国际市场价格。因此,许多发展中国家对这种转手贸易持反对态度。这也是转手贸易在数量上和重要性方面从20世纪50年代的全盛时期中跌落下来的重要原因之一。

（六）抵消交易(Offset)

抵消交易是20世纪80年代开始盛行的一种贸易方式。这种方式目前多见于军火或大型设备,如飞机等的交易。

抵消交易可以分为两种类型:直接抵消（Direct Offset）和间接抵消（Indirect Offset）。在直接抵消的情况下,先出口的一方同意从进口方购买在出售给进口方的产品中所使用的零部件或与该产品有关的产品。有时,先出口方对进口方生产这些零部件会提供技术或进行投资。在间接抵消的情况下,先出口方同意从进口方购买与其出口产品不相关的产品。

三、对销贸易的特点

（一）对销贸易的优点

（1）可以不用外汇或少用外汇。因而可使双方避免或减缓货币风险和信用风险。

（2）可以弥补由于外汇不足而给正常进口带来的困难,有助于国际间收支平衡。

（3）有助于双方以进口为条件,冲破对方的贸易壁垒,从而扩大出口,开辟新市场或扩大传统市场。

（4）可以防止盲目进口。对销贸易是进出结合,进出口统筹安排,可以防止盲目进口。

对销贸易的优点是多方面的,它已成为现汇贸易的重要补充方式,受到许多国家的重视。

（二）对销贸易的弊端

（1）经营对销贸易不仅经常需要涉及交换领域,而且还经常需要协调生产和分配领域,同时,合同期限一般较长,所以经营起来复杂,费时费力,增加成本和风险。

（2）有时会引起市场动荡。经营对销贸易有时是为了以进带出,或推销滞销商品。国外经营出口货物的商人,不一定了解我出口货物,对销贸易达成后,我出口商品对方较难脱手,会出现低价销售,引起市场动荡。

（3）有时会缺乏竞争性。对销贸易往往易被作为推销滞销商品的手段,不适合对方自身需要,转手无有效渠道,且商品又无竞争力,推销有一定困难。

（4）对销贸易基本上局限于双边贸易,因此有时无助于国际贸易多边化。

第六节　加工贸易

一、进料加工

（一）进料加工含义

进料加工(Processing with Imported Materials),亦称“以进养出”,是指进口原材料,经加工制造成制成品后再出口的贸易方式。其目的是为利用国内的生产能力和劳动力资源取得外汇收入。

（二）特点

（1）在进料加工中,原料进口和成品出口是两笔不同的交易,均发生了所有权的转移。

(2) 在进料加工中,原料进口方从国外购进原料,由工厂加工成成品,使价值增值,再销往国外市场,赚取由原料到成品的附加价值,但要承担市场销售风险。

二、对外加工装配贸易

对外加工装配贸易(Processing and Assembling Trade)是指国外的厂商提供一定的原材料、零部件、辅助材料、包装材料和必要的机器设备以及生产技术,委托我国的企业按照对方要求的质量、规格、款式、型号和商标牌名进行加工、装配或制造产品的贸易方式。加工装配制造的成品由国外厂商负责独家经销,我方按合同规定收取工缴费或双方各自计价支付。

(一) 对外加工装配业务的形式

1. 来料加工(Processing with Customers' Materials)

来料加工是指由国外厂商提供原材料、辅助材料、包装材料和必要的机器设备等,委托我方按照对方的要求生产加工成成品交给对方的做法。来料加工与进料加工都是属于"两头在外"的加工贸易方式,但两者又有不同:第一,来料加工中,原料运进与成品运出均未发生所有权的转移,属于同一笔交易;而进料加工中,原料进口和成品出口是两笔不同的交易,均发生了所有权转移。第二,来料加工中我方赚取的是加工费,无须承担商品的销售风险;而进料加工中,我方赚取的是由原料到成品的附加价值,承担市场销售风险。

> **议一议**
>
> 如果你是经营者,你愿意以进料加工还是来料加工方式对外成交?为什么?

2. 来件装配(Assembling with Foreign Customers' Components)

来件装配是指由国外厂商提供零部件、元配件和工具等,委托我方按其要求的规格、标准、型号和式样以及商标等组装成品交付对方。

3. 来图生产和来样加工

来图生产和来样加工,简称来图来样加工,是指由国外厂商提供产品的全套图纸、样品及部分加工技术或零件、工具等,由我方加工制造产品。

(二) 对外加工装配业务的特点

(1) 如果来料、来件、来图、来样不作价由加工方购买,其所有权归属于国外厂商,加工装配方只有使用权;如果来料、来件、来图、来样由加工方购买,其所有权归属加工方,但国外厂商提供的机器设备除外。

(2) 如果对来料、来件、来图等不作价,国外厂商应对上述内容和提供的机器设备承担风险。如国外厂商委托加工方代为投保,必须明确保险范围和期限,并将保险费计入加工成本或另外支付。

(3) 加工装配贸易能够使贸易与生产紧密结合,互相联系。国外厂商既是原材料、零部件的提供者,又是接受或购买成品的客户。

(4) 手续简便,形式比较灵活,协议双方可根据需要和可能相互配合,发挥各自的优势。

（三）对外加工装配业务的作用

开展对外加工装配业务，不论是对于承接方还是委托方，均有其积极的作用。

1. 对于承接方的作用

（1）克服本国生产能力有余而原材料不足的矛盾，为国家增加外汇收入。

（2）开发劳动力资源，增加就业机会，繁荣地方经济。

（3）有利于引进国外先进的技术和管理经验，促进外向型经济的发展。

2. 对于委托方的作用

（1）降低产品的成本，因而可以增强其产品在国际市场上的竞争力。

（2）有利于委托方所在国的产业结构调整。这主要是指一些工业发达国家，可以通过委托加工方式，将一些劳动密集型产品的生产转移到发展中国家。

> 想一想　我国在加工贸易中通常扮演承接方还是委托方的角色？

（四）开展加工装配业务应注意的问题

（1）在加工装配贸易中，国外厂商往往提供商标，要注意商标的合法性。应在加工装配协议中明确规定免责条款，避免因第三者控告侵权而造成被动。

（2）加工装配业务法律性较强，有关来料来件一定要按我政策规定办理，并按有关法律办事。

（3）防止国外厂商只来料、来件，不购买成品或借故产品质量不合格等拒绝返销的现象出现，可以采取由国外厂商出具银行保函，或者采取“先收后付”的方法。

（4）加工装配收入要在银行单独开立账户，单独结汇，以利于考核企业经营活动成果。有关开立账户、支付方式、结汇办法和信贷管理等方面问题，应按国家有关规定办理。

（5）加工装配的成品一定要保证全部返销国外。除国家政策允许外，不能在国内销售。

（6）选择加工装配项目要适当，不能与我国正常向返销国家出口货物品种相冲突，更不能以加工装配的产品顶替正常销售的配额。

（7）要加强经济核算，注重经济效益，合理确定工缴费，严格避免各加工单位自相竞争，任意降低收费标准。

> 想一想　为什么加工装配的成品非经允许不得在国内销售？

第七节　贸易新模式

一、电子商务

（一）电子商务的含义

电子商务是指在全球范围内，以信息网络技术为手段，以商品交换为中心的商务活动。它是在因特网开放的网络环境下，基于商户之间的网上交易和在线电子支付以及各种商务活动、交易活动、金融活动和相关的综合服务活动的一种新型的商业运营模式，是传统商业活动各环节的电子化、网络化和信息化。

无论各国政府、学者、企业界人士根据自己所处的地位和对电子商务参与的角度和程度的不同，给出多少不同的定义，但电子商务一定是基于计算机网络，使用电子手段开展的商务活动。

（二）电子商务的特点

1. 普遍性

电子商务作为一种新型的交易方式，将生产企业、流通企业以及消费者和政府带入了一个网络经济、数字化生存的新天地。

2. 方便性

在电子商务环境中，人们不再受地域的限制，客户能以非常简捷的方式完成过去较为繁杂的商业活动。如通过网络银行能够全天候地存取账户资金、查询信息等，同时使企业对客户的服务质量得以大大提高。在电子商务活动中，有大量的人脉资源开发和沟通，从业时间灵活。

3. 整体性

电子商务能够规范事务处理的工作流程，将人工操作和电子信息处理集成为一个不可分割的整体，这样不仅能提高人力和物力的利用率，也可以提高系统运行的严密性。

4. 安全性

在电子商务中，安全性是一个至关重要的核心问题，它要求网络能提供一种端到端的安全解决方案，如加密机制、签名机制、安全管理、存取控制、防火墙、防病毒保护等，这与传统的商务活动有着很大的不同。

5. 协调性

商业活动本身是一种协调过程，它需要客户与公司内部、生产商、批发商、零售商间的协调。在电子商务环境中，它更要求银行、配送中心、通信部门、技术服务等多个部门的通力协作，电子商务的全过程往往是一气呵成的。

（三）电子商务的应用方式

目前，电子商务的应用已形成了国际互联网（Internet）方式、电子数据交换（EDI）方式和企业内联网（Intranet）方式。

1. 国际互联网方式

国际互联网是指在一定的标准下把很多的计算机网络结合起来形成的国际性网络。消费者通过网络，进入网络购物站点进行消费的行为。网络上的买卖站点是建立在信息数字化空间内，它利用网页来展现商品和服务，而且运用多媒体特点来强化商品和服务的可观察性、挑选性。

2. 电子数据交换方式

电子数据交换是指将企业组织根据全球确定的标准，产生结构化的商务处理或文档数据格式，并且从计算机到计算机的网络信息传输方法。是一种在商业组织之间传输单据、发票等商业文件的信息技术手段。EDI 使用的是专线封闭网络,出口单证的传输大多采用的就是这种方式。

3. 企业内联网方式

企业内联网是指企业内部的各部门或者分支机构均通过公司的共有网络连接在一起,便于员工一起分享信息和交流。企业内联网所带来的是一个比较封闭的网络环境。这个网络在组织内部是分层次开展的,组织内部有使用权的人员访问企业内联网是不加限制的,但对于没有使用权限的人员进入网络,则具有严格的控制。

二、跨境电商

(一)跨境电商的含义

跨境电商是跨境电子商务的简称,其概念有广义和狭义之分。

从广义上看,跨境电商是指分属不同关境的交易主体,通过电子商务的方式完成进出口贸易中的展示、洽谈和交易环节,并通过跨境物流送达商品、完成交割的一种国际商业活动。

从狭义上看,跨境电商基本等同于跨境零售,是指分属于不同关境的交易主体,借助计算机网络达成交易、进行支付结算,并采用快件、小包等方式,通过跨境物流将商品送达消费者手中的交易过程。

(二)跨境电商的分类

1. 按商品流向分类

按商品流向分类,跨境电商分为出口跨境电子商务和进口跨境电子商务。

出口跨境电子商务又称为出境电子商务,是指本国生产或加工的商品通过电子商务平台达成交易、收取货款,并通过跨境物流运送商品、输往国外市场的一种国际商业活动。

进口跨境电子商务又称为入境电子商务,是指将外国商品通过电子商务平台达成交易、支付货款,并通过跨境物流运送商品、输入本国市场的一种国际商业活动。

2. 按商业模式分类

按商业模式分类,跨境电商主要有 B2B 、B2C 和 C2C 三种模式。

B2B 跨境电商:B2B 是 Business-to-Business 的缩写,中文简称为“企业对企业”,是指外贸企业间通过互联网进行产品、服务和信息交换的一种商业模式。

B2C 跨境电商:B2C 是 Business-to-Customer 的缩写,中文简称为“企业对消费者”,是指跨境电商企业针对面对个人消费者开展的网上零售商业活动。

C2C 跨境电商:C2C 是 Customer-to-Customer 的缩写,中文简称为“个人对消费者”,是指从事外贸活动的个人对国外个人消费者进行的网上零售商业活动。

3. 按运营方式分类

按运营方式分类,现阶段跨境电商主要有两种类型:平台运营跨境电商和自建网站运营跨境电商。

平台运营跨境电商是指从事跨境电商的交易主体在亚马逊、eBay、全球速卖通等诸多电商平台上开设网店从事外贸业务活动。

自建网站运营跨境电商是指企业在自建网站上从事相关外贸业务活动，如兰亭集势、环球易购等电子商务企业。

（三）我国跨境电子商务模式

目前，我国的跨境电子商务出口以 B2B 和 B2C 为主，进口以 B2C 为主。

在中国跨境电子商务市场交易规模中，B2B 模式的跨境电子商务交易规模占总交易规模的 90% 以上。代表性的企业如阿里巴巴国际站、环球资源、中国制造网、敦煌网等。

B2C 模式的跨境电子商务交易规模在中国整体跨境电子商务交易规模中所占的比例不断提高。代表性的企业如阿里巴巴的天猫国际、速卖通、亚马逊、eBay，京东的全球购与全球售等。

（四）我国跨境电商的参与主体

1. 外贸企业

由于电子商务的大发展，越来越多的外贸企业开始利用互联网平台发布进出口信息，开始规模化、专业化运作网上业务，成为跨境电商行业中数目最为庞大的参与主体，代表企业有兰亭集势和唯品会等。

2. 物流货代企业

物流货代企业拥有运输、仓储、报关、报检等业务的资源和经验，如今越来越多的物流货代企业把服务范围拓展到跨境电商行业，成为跨境电商业务的参与主体，代表企业有外运发展和华贸物流等。

3. 电子商务企业

我国的电商企业拥有庞大的资源优势，他们把电商平台受众拓展到海外，国外商品日渐成为电商平台重要交易品，他们也从国内电商企业发展为跨境电商企业，代表企业有阿里国际、速卖通和一达通等。

4. 金融企业

国际支付和结算是跨境电商发展中最关键的难题之一。随着跨境电商的发展，越来越多的银行等金融企业进入这一行业。同时，支付平台企业看好跨境电商高速发展，主动开展与跨境电商业务相匹配的支付服务，代表企业有支付宝等。

（五）我国跨境电子商务行业政策

中国跨境电商政策发展经历了三大阶段：政策起步期、政策发展期和政策爆发期。政策起步期为 2004—2007 年，政策发展期为 2008—2012 年，政策爆发期从 2013 年至今。

2020 中国跨境电商市场数据报告

（1）2004—2007 年共发布 3 项政策，初步规范电商行业发展，侧重于规模行业。

（2）2008—2012 年陆续发布 10 项政策，涉及监管、支付结算及试点等方面，政策呈点状分布，侧重支持引导。

（3）2013 年至今集中发布几十项政策，政策呈面状铺展，政策主要集中在出口方面，向实施层面推进。

2010—2020 年我国发布的跨境电商政策法规如表 9-1 所示。

表 9-1　　2010—2020 年我国发布的跨境电商政策法规

发布时间	发布单位	政策法规
2020 年 7 月	商务部	将加快推动跨境电商健康有序发展
2020 年 6 月	海关总署	关于开展跨境电子商务企业对企业出口监管试点的公告
2020 年 5 月	国家外汇管理局	关于支持贸易新业态发展的通知
2020 年 5 月	国务院	国务院关于同意在雄安新区等 46 个城市和地区设立跨境电子商务综合实验区的批复
2020 年 3 月	海关总署	关于跨境电子商务零售进口商品退货有关监管事宜的公告
2020 年 1 月	商务部等六部委	关于扩大跨境电商零售进口试点的通知
2019 年 12 月	国务院	国务院关于同意在石家庄等 24 个城市设立跨境电子商务综合试验区的批复
2019 年 8 月	国务院	国务院办公厅关于加快发展流通促进商业消费的意见
2019 年 4 月	国务院	国务院关税税则委员会关于调整进境物品进口税有关问题的通知
2019 年 1 月	国务院	国务院关于促进综合保税区高水平开放高质量发展的若干意见
2018 年 11 月	国务院	国务院常务会议决定延续和完善跨境电子商务零售进口政策并扩大适用范围
2018 年 8 月	国务院	国务院关于同意在北京等 22 个城市设立跨境电子商务综合试验区的批复
2016 年 5 月	国务院	国务院关于促进外贸回稳向好的若干意见
2016 年 1 月	国务院	国务院关于同意在天津等 12 个城市设立跨境电子商务综合试验区的批复
2015 年 6 月	国务院	关于促进跨境电子商务健康快速发展的指导意见
2015 年 5 月	国务院	关于大力发展电子商务加快培育经济新动力的意见
2015 年 4 月	国务院	关于改进口岸工作支持外贸发展的若干意见
2015 年 3 月	国务院	关于同意设立中国(杭州)跨境电子商务综合试验区的批复
2014 年 9 月	海关总署	2014 年第 66 号、第 65 号(区域通关一体化)公告
2014 年 7 月	海关总署	关于跨境贸易电子商务进出境货物、物品有关监管事宜的公告
2014 年 5 月	国务院	关于支持外贸稳定增长的若干意见
2014 年 3 月	海关总署	关于跨境贸易电子商务服务试点网购保税进口模式有关问题的通知
2014 年 1 月	国家工商行政管理总局	网络交易管理办法
2014 年 1 月	财政部、税务总局	关于跨境电子商务零售出口税收政策的通知
2013 年 8 月	国务院	关于实施支持跨境电子商务零售出口有关政策意见的通知

续表

发布时间	发布单位	政策法规
2013 年 2 月	国家外汇管理局	支付机构跨境电子商务外汇支付业务试点指导意见
2012 年 3 月	商务部	关于利用电子商务平台开展对外贸易的若干意见
2011 年 4 月	商务部	第三方电子商务交易平台服务规范
2010 年 9 月	中国人民银行	跨境贸易人民币结算试点管理办法实施细则

（六）我国跨境电商试点与监管模式创新

1. 跨境电商服务试点

跨境电子商务的兴起和大发展，引起了我国政府对该新型业态成长的高度关注。2011 年 11 月，国家发改委等八部委联合下发通知，正式启动国家电子商务示范城市工作。2012 年 12 月，海关总署牵头启动跨境贸易电子商务服务试点工作，上海、重庆、杭州、宁波、郑州等 5 个城市被确定为首批试点城市。2013 年 9 月，广州成为跨境电商服务试点城市。2013 年 12 月，深圳成为跨境电商服务试点城市。2014 年 3 月，哈尔滨成为试点与俄罗斯对接。

2. 海关监管模式创新

2012 年以来，在各试点城市的试点运作中，海关积极探索适应跨境电子商务发展的政策和措施，归纳出了“一般进口”“特殊区域出口”“直购进口”和“网购保税进口”四种新型海关通关监管模式。

“一般进口”模式是指采用“清单核放，汇总申报”的方式，电商出口商品以邮件、快件方式分批运送，海关凭清单核放出境，定期为电商把核放清单数据汇总形成出口报关单，电商凭此办理结汇、退税手续，并纳人海关统计。

“特殊区域出口”模式是指电商把整批商品按一般贸易报关进人海关特殊监管区域，企业实现退税；对于已入区退税的商品，境外网购后，海关凭清单核放，由邮件、快件企业分送出区离境，海关定期将已放行清单归并形成出口报关单，电商凭此办理结汇手续，并纳入海关统计。

“直购进口”模式是指符合条件的电子商务平台与海关联网，境内个人跨境网购后，平台将电子订单、支付凭证、电子运单等实时传输给海关，商品通过海关跨境电子商务监管场所入境，按照个人邮递物品征税，并纳人海关统计。

“网购保税进口”模式是指境内个人及电子商务企业在经海关认可的电子商务平台实现跨境交易，电商企业或其代理人将进境网购商品批量报送存入海关特殊监管区域或保税监管场所报税存储，境内消费者网上交易后，区内货物逐批分拨配送，并参照个人邮递物品缴纳税费。

三、数字贸易

（一）数字贸易的含义

中国信息通信研究院在《数字贸易发展白皮书（2020）》中指出，数字贸易是指数字技术发挥重要作用的贸易形式，其与传统贸易最大的区别在于贸易方式数字化和贸易对象数字化。

美国认为数字贸易是指“不仅包括网上消费产品的销售和在线服务的供应，还包括使全球价值链成为可能的数据流、使智能制造成为可能的数字服务以及无数其他平台和应用”。澳大利亚政府认为数字贸易不只是在线上购买商品和服务，还包括信息和数据的跨境流动。经济合作与发展组织认为数字贸易是指数字技术赋能于商品和服务贸易，同时涉及数字和物理的传输。

数字贸易是由于信息技术对贸易影响的进一步深化所产生的概念，尽管各国对数字贸易的认识尚不统一，但数字贸易一定是数字技术发挥重要作用的贸易形式。

（二）数字贸易的特点

1. 以安全有序跨境数据流动为驱动

麦肯锡《数据全球化：新时代的全球性流动》报告指出，自金融危机以来，传统的商品贸易、服务贸易和资本流动增长已经趋于平缓，然而跨境数据流动却在飞速增长，支撑和促进了几乎所有其他类型的跨境流动，对全球经济增长贡献开始超过传统货物贸易。跨境数据流动，一是为不同国家间经济主体信息传递提供支持，使得价值链更高效地配置、协同，推动货物流、服务流、资金流等向更低成本、更高效率、更贴近用户方向发展；二是促进了数字服务贸易的发展，使得搜索引擎、社交媒体云计算等基于数据流动的新模式新业态成为国际贸易的一部分。需要注意的是，数据与个人隐私、商业秘密和国家安全等问题相伴，只有建立安全有序、可信的跨境数据流动国际制度、才能更好地推动各国降低对跨境数据流动的限制，及确保数字贸易健康发展。

2. 以平台和平台服务体系为支撑

联合国《数字经济报告（2019）》指出，过去10年，全球范围内出现了大量基于数据驱动模式的数字平台，是数字经济发展的重要推动力。平台服务范围并不局限于平台企业所在国，事实上几乎所有超大型平台企业都在开展跨国业务，例如微软、苹果、亚马逊、谷歌、脸书、腾讯和阿里巴巴。平台通过将业务拓展至尽可能多的国家，获取更多的数据资源和用户流量，从而更深程度激发平台在资源整合和生态构建方面的作用。平台企业跨境业务与数字贸易联系紧密，一是跨境平台服务本身属于数字服务贸易，平台企业是出口方，境外平台用户是进口方；二是交易平台为不同经济主体间开展贸易创造了有利环境，进出口双方可以通过平台更好地开展贸易；三是创新平台推动了全球数字服务分工，各国软件、技术等服务提供商深度融入平台构建的国际分工环境，相互配合、互补余缺。

3. 以跨界融合的全球性数字化生态为发展方向

伴随着互联网技术、金融、咨询、物流等生产性服务业线上服务能力的提升，和制造业、农业数字化转型所导致的更细化分工和服务外包需求，跨界融合的数字化生态加速形成，并从国内市场向国际市场延伸。一是“研发生产供应链”的数字化产业链加速构建，产业链上下游企业数据通道逐步打通，数据供应链引领物资链，促进产业链高效协同，实现全渠道全链路供需调配和精准对接，二是“生产服务+商业模式+金融服务”的数字化业生态逐步形成，产业与生性服务业跨界融合、相互配合。

（三）数字贸易的发展趋势

1. 数字技术广泛应用于交易流通和生产管理过程

数字技术主要包括信息与通信技术（ICT）制造和ICT服务两方面，ICT制造技术提供硬件产品支持，如通信设备、存储设备、计算设备和感知设备等；ICT服务技术提供各类生产性服务支持，如通信服务、云计算服务、人工智能服务等。在交易流通环节，外贸企业、外贸服务企业、外贸监管机构越来越多地使用数字技术，包括智能手机、笔记本电脑、智能机器人等数字终端，和互联网、搜索引擎、电商平台等基于数字技术的服务，提升了国际贸易效率。在生产管理环节，企业数字化转型推动数字交付的服务外包发展，一方面人力资源、财务审计、后台支持等业务流程外包数字化水平不断升；另一方面，软件研发，平台支持、信息系统运维等信息技术外包大幅增长，带来更多的国际分工机会。

2. 数字技术应用带来贸易方式和对象的变化

从贸易方式角度看，贸易中的产品宣传、交易对接、合约签订、物流运输、服务交付、海关通关、支付结算、结税退汇、售后服务等几乎所有环节都呈现数字化发展趋势，出现智慧物流、海外仓、数字海关、线上展会、线上支付结算、线上财税服务等新业态新模式，以及中小外贸企业使用较多的跨境电商平台，和大型跨国企业使用的供应链管理系统。从贸易对象角度看，贸易中开始出现越来越多以数据形式存在的要素、产品和服务，出现了大数据交易市场、各类服务中介平台、云计算服务、区块链服务、数字学习、数字出版、众包、云外包、平台分包等新业态新模式。

3. 数字贸易变革引发新的发展机遇和监管挑战

从机遇角度看，数字技术在外贸中的应用，提高了贸易的效率，降低了贸易的成本，更多中小企业有机会参与国际贸易，更多产品和服务成为贸易标的，国际分工变得更精准和高效，消费者福利由此获得改善，生产企业则可以更聚焦于主业。从挑战角度看，外贸新业态新模式发展带来了新的外贸监管治理问题，传统以大额货物贸易为主的外贸监管治理体系正面临严峻挑战。货物贸易的监管治理挑战，主要体现在对小金额、大批量、分散化B2C跨境电商的监管，及其配套管理体系和服务体系的构建。服务贸易的监管治理挑战，相对更为严峻，主要体现在对跨境数据流动和数字服务贸易的监管体系尚不健全，对贸易中消费者、企业权利义务的制度安排不完善，对算法伦理、平台垄断、数字鸿沟等新问题考虑不足。

4. 外贸监管治理体系调整推动全球数字治理规则构建

伴随着数字贸易的发展，双边、区域、诸边、多边贸易谈判中开始出现越来越多的数字贸易议题，全球数字治理规则体系加速构建，具体的谈判议题可以大致分为7类。

（1）电子商务与配套制度，涉及议题包括无纸化贸易、电子签名和认证改善数字基础设施、可互操作性等，为数字贸易开展提供必要协调和支持。

（2）数据管理与流动，涉及议题包括跨境数据流动、数据存储本地化限制、个人隐私保护、政府数据开放等，是谈判中最基础、最核心问题。

（3）数字贸易相关税收，涉及议题包括国际间的电子传输关税、微量允许和国内的数字服务税，对数字贸易开放与国际经济协调有着直接影响。

（4）知识产权与数字资产保护，涉及议题包括版权和专利保护制度、商业秘密保护源代码和专有算法强制披露规定等，主要解决数字贸易中的产权保护问题。

（5）市场开放与公平竞争，涉及议题包括市场准入互联网开放政策透明度等，对国际市场竞争秩序进行了规定。

（6）数字治理与网络安全，涉及议题包括消费者权益保护、平台垄断、网络安全监管合作等，对数字贸易衍生的治理问题进行规定，化解或降低数字贸易对国内经济社会的负面影响；

（7）数字经贸发展合作，涉及议题包括弥合数字鸿沟、资金技术援助、发展中国家政策灵活性等，帮助落后国家发展数字贸易。

在数字贸易时代，数据流牵引和驱动物资流、服务流、技术流、资金流和人才流，国际经贸活动从物理世界延伸至数字世界，深刻影响国际经贸发展走势，数字贸易为数字经济增长提供了强劲动力和广阔空间。

复习与思考

一、简答题

1. 什么是独家经销？它与一般的出口销售方式有何不同？
2. 期货交易与现货交易有哪些区别和联系？
3. 什么是回购贸易？回购贸易与互购贸易的主要区别是什么？
4. 来料加工与进料加工有什么不同？
5. 对外加工装配业务有何特点？

二、做一做

（一）判断题

1. 进料加工与来料加工为一进一出的两笔交易。（　　）
2. 来料加工与进料加工均属“两头在外”。（　　）
3. 转手贸易是纯粹的双边贸易。（　　）
4. 在进料加工中，进口原材料和出口成品均发生了所有权转移。（　　）
5. 在来料加工中，原材料和成品的所有权均属委托人。（　　）

（二）单选题

1. 独家经销和代理两种贸易方式中，协议双方的关系是（　　）。
   A. 前者是委托代理关系，后者是买卖关系
   B. 前者是买卖关系，后者是委托代理关系
   C. 都是委托代理关系
   D. 都是买卖关系
2. 在补偿贸易中，对设备引进方而言，最有利的补偿方式是（　　）。
   A. 用劳务补偿　　B. 用间接产品补偿
   C. 用直接产品补偿　　D. 购买其他产品补偿
3. 以进养出又称（　　）。
   A. 来料加工　　B. 来件装配　　C. 进料加工　　D. 来样加工
4. 期货交易中买卖双方交易的是（　　）。
   A. 股票　　B. 实物商品　　C. 债券　　D. 期货合同
5. 荷兰式拍卖是一种（　　）。

A. 增价拍卖　　　　B. 减价拍卖

C. 密封递价拍卖　　　　D. 公开递价拍卖

三、案例分析

1. 独家经销合同侵权案

【案情】2019 年 1 月,我国 A 进出口公司与马来西亚 B 药品公司签订一项为期三年的某口服液独家经销合同。独家经销地区限马来西亚,独家经销数量每年 5 万盒。第一年 B 公司超额 10 万美元完成独家经销任务,不料到 2020 年 B 公司来电称:现在该国发现有从我国出口的相同商品在市场上销售,从而影响其营业额,侵犯其专卖权,要求 A 公司给予答复,并保留索赔权。经调查,我国 A 公司当初未与生产厂家签订独家经销合同,因为该药品在国际市场走俏,生产厂家就将此药品销售给我国其他进出口公司,其中一家进出口公司又转售到马来西亚,致使独家经销商 B 公司遭受损失。

【问题】我国 A 公司在与马来西亚 B 经销商签订独家经销合同时忽视了什么关键问题?我国 A 公司应如何解决对 B 公司专卖权的侵权问题?

2. 招标与投标争议案

【案情】我国 WA 公司拟参与缅甸某公司的采购招标,以推销某商品。3 月,WA 公司购买了缅甸公司的全套招标文件。文件规定:投标截止日期为当年 6 月 30 日。为了中标,WA 公司认真编制了标书,并于 4 月初寄出,同时按招标文件的规定交纳了投标保证金 10 000 美元。5 月中旬,国内市场生产该商品的原材料大幅涨价,WA 公司投标文件中所报价格明显偏低,如若中标,会给 WA 公司造成很大损失。于是,立即与缅甸公司联系,要求修改标书,提高报价。缅甸公司以标书已送达为由,拒不接受 WA 公司要求,经多次协商未果。至 6 月中旬,该原料价格仍在上涨,鉴于按原报价已不可能与缅甸厂商交易,6 月下旬,WA 公司被迫通知缅甸厂商,宣布撤销投标文件。结果,对方没收了 WA 公司交纳的投标保证金 10 000 美元。此次交易历时 3 个月有余,WA 公司不仅一无所获,还损失了保证金,同时给公司信誉也带来了不良影响。

【问题】WA 公司寄送投标文件的时间是否恰当?WA 公司在报价时忽略了哪些因素?

3. 擅自内销加工贸易货物案

【案情】2015 年 7 月,我国某加工贸易企业在海关办理一本来料加工登记手册,进口塑料粒子 108 吨。2015 年 12 月,当事人接公司内销订单,由于库存内销原料不能满足订单生产需要,当事人遂于 2015 年 12 月 15 日至 2016 年 1 月 17 日期间,将登记手册项下的 144 吨库存 ABS-FR 染色塑料粒子用于内销产品的生产,并于 2015 年 12 月 29 日对以上 144 吨塑料粒子的外销转内销情况向商务部提出申请并获批准,但未报请海关核准并征税。

【问题】该加工贸易企业的上述行为将会产生什么样的后果?

案例解析

四、活动建议

1. 参观商品交易所,了解期货交易的基本做法。

2. 收看电视中关于展卖会、拍卖会的节目,了解其形式与做法。

附　录

附录1　出口货物订舱委托书示例

出口货物订舱委托书

日期:

1)发货人	4)信用证号码	
	5)开证银行	
	6)合同号码	7)成交金额
	8)装运口岸	9)目的港
2)收货人	10)转船运输	11)分批装运
	12)信用证有效期	13)装船期限
	14)运费	15)成交条件
	16)公司联系人	17)电话/传真
3)通知人	18)公司开户行	19)银行账号
	20)特别要求	
21)标记唛码 22)货号规格 23)包装件数 24)毛重 25)净重 26)数量 27)单价 28)总价		
29)总件数 30)总毛重 31)总净重 32)总尺码 33)总金额		
34)备注		

附录 2　装货单示例

中国外轮代理公司

CHINA OCEAN SHIPPING AGENCY

装　货　单

SHIPPING ORDER

托运人 Shipper ____________________

编号 No. ____________________　　船名 S/S ____________________

目的港 For ____________________

兹将下列完好状况之货物装船后签署收货单

Received on board the undermentioned goods apparent in good order and condition and sign the accompanying receipt for the same

标记及号码 Marks & Nos	件数 Quantity	货名 Description of Goods	重量(千克) Weight(Kilos)	
			净重 Net	毛重 Gross

共计件数(大写)

Total Number of Package in Words

日期 Date ____________________　　时间 Time ____________________

装入何舱 Stowed ____________________

实收 Received ____________________

理货员签名 Tallied by ____________________　　经办员 Approved by ____________________

附录3 收货单示例

中国外轮代理公司
CHINA OCEAN SHIPPING AGENCY
收 货 单
MATE'S RECEIPT

托运人 Shipper ____________________

编号 No. ____________________ 船名 S/S ____________________

目的港 For ____________________

兹将下列完好状况之货物装船后签署收货单

Received on board the undermentioned goods apparent in good order and condition and sign the accompanying receipt for the same

标记及号码 Marks & Nos	件数 Quantity	货名 Description of Goods	重量（千克）Weight(Kilos)	
			净重 Net	毛重 Gross

共计件数（大写）

Total Number of Package in Words

日期 Date ____________________ 时间 Time ____________________

装入何舱 Stowed ____________________

实收 Received ____________________

理货员签名 Tallied by ____________________ 经办员 Approved by ____________________

附录4　商业发票示例

商业发票

Commercial Invoice

<table>
<tr><td colspan="2" rowspan="2">1. 出口商 Exporter</td><td colspan="3">4.发票日期和发票号 Invoice Date and No.</td></tr>
<tr><td>5.合同号 Contract No.</td><td colspan="2">6.信用证号 L/C No.</td></tr>
<tr><td colspan="2" rowspan="2">2.进口商 Importer</td><td colspan="3">7.原产地国 Country/Region of Origin</td></tr>
<tr><td colspan="3">8.贸易方式 Trade Mode</td></tr>
<tr><td colspan="2">3.运输事项 Transport Details</td><td colspan="3">9.交货和付款条件 Terms of Delivery and Payment</td></tr>
<tr><td>10.运输标志和集装箱号码
Shipping Marks; Container No.</td><td>11.包装类型及件数;商品编码;商品描述
Number and Kind of Packages; Commodity No.; Commodity Description</td><td>12.数量
Quantity</td><td>13.单价
Unit Price</td><td>14.金额 Amount</td></tr>
<tr><td colspan="5">自由处置区
Free Disposal</td></tr>
<tr><td colspan="5">15.总值(用数字和文字表示)Total Amount(in figure and words)</td></tr>
<tr><td colspan="2">自由处置区
Free Disposal</td><td colspan="3">16.出口商签章
Exporter Stamp and Signature</td></tr>
</table>

附录5　装箱单示例

装　箱　单

Packing List

<table>
<tr><td colspan="2">1. 出口商 Exporter</td><td colspan="2">3. 装箱单日期 Packing List Date</td></tr>
<tr><td colspan="2" rowspan="2">2. 进口商 Importer</td><td colspan="2">4. 合同号 Contract No.</td></tr>
<tr><td colspan="2">5. 发票号和日期 Invoice No. and Date</td></tr>
<tr><td>6. 运输标志和集装箱号码
Shipping Marks;
Container No.</td><td>7.包装类型及件数;商品名称
Number and Kind of Packages; Commodity Name</td><td>8.毛重 kg
Gross Weight</td><td>9.体积 Cube</td></tr>
<tr><td colspan="4">自由处置区
Free Disposal</td></tr>
<tr><td colspan="2"></td><td colspan="2">10.出口商签章
Exporter Stamp and Signature</td></tr>
</table>

附录6　海运提单示例

1. Shipper Insert Name, Address and Phone	
2. Consignee Insert Name, Address and Phone	
3. Notify Party Insert Name, Address and Phone (It is agreed that no responsibility shall attach to the Carrier or his agents for failure to notify)	
4. Combined Transport * Pre-carriage by	5. Combined Transport * Place of Receipt
6. Ocean Vessel Voy. No.	7. Port of Loading
8. Port of Discharge	9. Combined Transport * Place of Delivery

B/L No.

中远集装箱运输有限公司

COSCO CONTAINER LINES

TLX: 33057 COSCO CN

FAX: +86(021) 6545 8984

ORIGINAL

Port-to-Port or Combined Transport

BILL OF LADING

RECEIVED in external apparent good order and condition except as other-Wise noted. The total number of packages or unites stuffed in the container, The description of the goods and the weights shown in this Bill of Lading are Furnished by the Merchants, and which the carrier has no reasonable means of checking and is not a part of this Bill of Lading contract. The carrier has Issued the number of Bills of Lading stated below, all of this tenor and date, One of the original Bills of Lading must be surrendered and endorsed or signed against the delivery of the shipment and whereupon any other original Bills of Lading shall be void. The Merchants agree to be bound by the terms And conditions of this Bill of Lading as if each had personally signed this Bill of Lading.

SEE clause 4 on the back of this Bill of Lading (Terms continued on the back Hereof, please read carefully).

* Applicable Only When Document Used as a Combined Transport Bill of Lading.

Marks & Nos. Container / Seal No.	No. of Containers or Packages	Description of Goods (If Dangerous Goods, See Clause 20)	Gross Weight Kgs	Measurement
		Description of Contents for Shipper's Use Only (Not part of This B/L Contract)		

10. Total Number of Containers and/or Packages (in words)
Subject to Clause 7 Limitation

11. Freight & Charges Declared Value Charge	Revenue Tons	Rate	Per	Prepaid	Collect

Ex. Rate:	Prepaid at	Payable at	Place and date of issue
	Total Prepaid	No. of Original B(s)/L	Signed for the Carrier, COSCO CONTAINER LINES

LADEN ON BOARD THE VESSEL

DATE　　　　BY

附录7　一般原产地证示例

ORIGINAL

<table>
<tr><td colspan="2">1.Exporter</td><td colspan="3" rowspan="2">Certificate No.

CERTIFICATE OF ORIGIN
OF
THE PEOPLE'S REPUBLIC OF CHINA</td></tr>
<tr><td colspan="2">2.Consignee</td></tr>
<tr><td colspan="2">3. Means of Transport and Route</td><td colspan="3" rowspan="2">5. For Certifying Authority Use Only</td></tr>
<tr><td colspan="2">4. Country / Region of Destination</td></tr>
<tr><td>6. Marks and Numbers</td><td>7. Number and Kind of Packages; Description of Goods</td><td>8. H.S.Code</td><td>9. Quantity</td><td>10. Number and Date of Invoices</td></tr>
<tr><td></td><td></td><td></td><td></td><td></td></tr>
<tr><td colspan="2">11. Declaration by the Exporter
The undersigned hereby declares that the above details and statements are correct, that all the goods were produced in China and that they comply with the Rules of Origin of the People's Republic of China.

Place and date, signature and stamp of authorized signatory</td><td colspan="3">12. Certification
It is hereby certified that the declaration by the exporter is correct.

Place and date, signature and stamp of certifying authority</td></tr>
</table>

附录 8　品质检验证书示例

中华人民共和国出入境检验检疫
ENTRY-EXIT INSPECTION AND QUARANTINE
OF THE PEOPLE'S REPUBLIC OF CHINA

品 质 证 书

QUALITY CERTIFICATE

编号

NO.:

发货人:

CONSIGNOR:____________________

收货人:

CONSIGNEE:____________________

品名:

____

标记及号码

____

报验数量/重量

QUANTITY/WEIGHT DECLARED:____________________

包装种类及数量:

NUMBER AND TYPE OF PACKAGES:____________________

运输工具:

MEANS OF CONVEYANCE:____________________

检验结果:

RESULTS OF INSPECTION:

签证地点　PLACE OF ISSUE:__________　签证日期　DATE OF ISSUE:__________

授权签字人　AUTHORIZED OFFICIER:__________　签名　SIGNATURE:__________

附录9　保险单示例

中国人民保险公司大连市分公司
PICC The People's Insurance Company of China DaLian Branch
总公司设于北京　一九四九年创立
Head Office Beijing　Established in 1949

货物运输保险单
CARGO TRANSPORTATION INSURANCE POLICY

发票号(INVOICE NO.)
合同号(CONTRACT NO.)

保单号次
POLICY NO.

信用证号(L/C NO.)

被保险人：
INSURED：

中国人民保险公司(以下简称本公司)根据被保险人的要求，由被保险人向本公司缴付约定的保险费，按照本保险单承保险别和背面所载条款与下列特款承保下述货物运输保险，特立本保险单。
THIS POLICY OF INSURANCE WITNESSES THAT THE PEOPLE'S INSURANCE COMPANY OF CHINA (HEREINAFTER CALLED "THE COMPANY") AT THE REQUEST OF THE INSURED AND IN CONSIDERATION OF THE AGREED PREMIUM PAID TO THE COMPANY BY THE INSURED, UNDERTAKES TO INSURE THE UNDERMENTIONED GOODS IN TRANSPORTATION SUBJECT TO THE CONDITIONS OF THIS OF THIS POLICY AS PER THE CLAUSES PRINTED OVERLEAF AND OTHER SPECIL CLAUSES ATTACHED HEREON.

标　记 MARKS&NOS	包装及数量 QUANTITY	保险货物项目 DESCRIPTION OF GOODS	保险金额 AMOUNT INSURED

总保险金额
TOTAL AMOUNT INSURED:______

保费：
PERMIUM: AS ARRANGED

启运日期
DATE OF COMMENCEMENT:______

装载运输工具：
PER CONVEYANCE:______

自
FROM:______

经
VIA ______

至
TO______

承保险别：
CONDITIONS:

所保货物，如发生保险单项下可能引起索赔的损失或损坏，应立即通知本公司下述代理人查勘。如有索赔，应向本公司提交保单正本(本保险单共有______份正本)及有关文件。如一份正本已用于索赔，其余正本自动失效。
IN THE EVENT OF LOSS OR DAMAGE WITCH MAY RESULT IN A CLAIM UNDER THIS POLICY, IMMEDIATE NOTICE MUST BE GIVEN TO THE COMPANY'S AGENT AS MENTIONED HEREUNDER. CLAIMS, IF ANY, ONE OF THE ORIGINAL POLICY WHICH HAS BEEN ISSUED IN ______ ORIGINAL(S) TOGETHER WITH THE RELEVENT DOCUMENTS SHALL BE SURRENDERED TO THE COMPANY. IF ONE OF THE ORIGINAL POLICY HAS BEEN ACCOMPLISHED. THE OTHERS TO BE VOID.

中国人民保险公司大连市分公司
The People's Insurance Company of China
Dalian Branch

赔款偿付地点
CLAIM PAYABLE AT ______
出单日期______
ISSUING DATE

______
Authorized Signature

地址(ADD)：中国大连黄河路112号
邮编(POST CODE)：116631
电话(TEL)：(0411)86521049
传真(FAX)：(0411)84404593

附录10　出口货物报关单示例

中华人民共和国海关出口货物报关单

预录入编号：　　　　　　　　　　　　　　　　　　海关编号：

境内发货人	出境关别	出口日期	申报日期	备案号
境外收货人	运输方式	运输工具名称及航次号	提运单号	
生产销售单位	监管方式	征免性质	许可证号	
合同协议号	贸易国（地区）	运抵国（地区）	指运港	离境口岸

包装种类	件数	毛重（千克）	净重（千克）	成交方式	运费	保费	杂费

随附单证及编号
标记唛码及备注

项号	商品编号	商品名称、规格型号	数量及单位	单价/总价/币制	原产国（地区）	最终目的国（地区）	境内货源地	征免

特殊关系确认：　价格影响确认：　支付特许权使用费确认：　自报自缴：

		海关批注及签章
报关人员	兹申明对以上内容承担如实申报、依法纳税之法律责任 申报单位（签章）	

附录 11　进口货物报关单示例

中华人民共和国海关进口货物报关单

预录入编号：　　　　　　　　　　　　海关编号：

境内收货人	进境关别	进口日期	申报日期	备案号
境外发货人	运输方式	运输工具名称及航次号	提运单号	货物存放地点
消费使用单位	监管方式	征免性质	许可证号	启运港
合同协议号	贸易国（地区）	启运国（地区）	经停港	入境口岸

包装种类	件数	毛重（千克）	净重（千克）	成交方式	运费	保费	杂费

随附单证及编号
标记唛码及备注

项号	商品编号	商品名称、规格型号	数量及单位	单价/总价/币制	原产国（地区）	最终目的国（地区）	境内目的地	征免

特殊关系确认：　价格影响确认：　支付特许权使用费确认：　自报自缴：

		海关批注及签章
报关人员	兹申明对以上内容承担如实申报、依法纳税之法律责任 申报单位（签章）	

附录 12　开证申请书示例

TO:　　　　　　　　　　　　　　　　　　　　　　　　　　　　Date:

<table>
<tr><td colspan="2" rowspan="2">Beneficiary (Full Name and Address)</td><td colspan="2">L/C No.
Ex-Card No.
Contract No.</td></tr>
<tr><td colspan="2">Date and Place of Expiry of the Credit</td></tr>
<tr><td>Partial Shipments
○ Allowed ○ Not Allowed</td><td>Transshipment
○ Allowed ○ Not Allowed</td><td colspan="2">○ Issue by Airmail ○ With Brief Advice by Teletransmission
○ Issue by Express Delivery
○ Issue by Teletransmission (which shall be the operative instrument)</td></tr>
<tr><td colspan="2">Loading on Board / Dispatch / Taking in Charge at / from
Not Later than
for Transportation to</td><td colspan="2">Amount (Both in Figures and Words)</td></tr>
<tr><td colspan="2" rowspan="2">Description of Goods:</td><td colspan="2">Credit Available with
○ by Sight Payment ○ by Acceptance ○ by Negotiation
○ by Deferred Payment at
against the Documents Detailed Herein
○ and Beneficiary's Draft for % of the Invoice Value
at
on</td></tr>
<tr><td colspan="2">○ FOB　○ CFR　O CIF
○ or other terms</td></tr>
<tr><td colspan="4">Documents Required: (Marked with ×)
1. ( ) Signed Commercial Invoice in copies indicating Invoice No., Contract No.
2. ( ) Full set of clean on board ocean Bills of Lading made out to order and blank endorsed, marked "freight ( ) to collect / ( ) prepaid ( ) showing freight amount" notifying
3. ( ) Air Waybills showing "freight ( ) to collect / ( ) prepaid ( ) indicating freight amount" and consigned to ________.
4. ( ) Memorandum issued by ____________ consigned to ________
5. ( ) Insurance Policy / Certificate in copies for % of the invoice value showing claims payable in China in currency of the draft, bank endorsed, covering ( ) Ocean Marine Transportation / ( ) Air Transportation / ( ) Over Land Transportation ( ) All Risks, War Risks.
6. ( ) Packing List / Weight Memo in copies indicating quantity / gross and net weights of each package and packing conditions as called for by the L/C.
7. ( ) Certificate of Quantity / Weight in copies issued an independent surveyor at the loading port, indicating the actual surveyed quantity / weight of shipped goods as well as the packing condition.
8. ( ) Certificate of Quality in copies issued by ( ) manufacturer / ( ) public recognized surveyor / ( )
9. ( ) Beneficiary's certified copy of FAX dispatched to the accountees with days after shipment advising ( ) name of vessel / ( ) date, quantity, weight and value of shipment.
10. ( ) Beneficiary's Certificate certifying that extra copies of the documents have been dispatched according to the contract terms.
11. ( ) Shipping Co's Certificate attesting that the carrying vessel is chartered or booked by accountee or their shipping agents:
12. ( ) Other documents, if any:
Additional instructions:
1. ( ) All banking charges outside the opening bank are for beneficiary's account.
2. ( ) Documents must be presented with days after the date of issuance of the transport documents but within the validity of this credit.
3. ( ) Third party as shipper is not acceptable. Short Form / Blank Back B/L is not acceptable.
4. ( ) Both quantity and amount % more or less are allowed.
5. ( ) prepaid freight drawn in excess of L/C amount is acceptable against presentation of original charges voucher issued by Shipping Co. / Air line / or it's agent.
6. ( ) All documents to be forwarded in one cover, unless otherwise stated above.
7. ( ) Other terms, if any:</td></tr>
</table>

Account No.:

Transacted by:

(Applicant: Name, Signature of Authorized Person)

附录13 汇票示例

BILL OF EXCHANGE

凭 不可撤销信用证
Drawn Under ________________ Irrevocable L/C No. ________________

日期
支取 Payable with Interest @ ____ % ____ 按 ____ 息 ____ 付款

号码 汇票金额 南京
No. __________ Exchange for __________ Nanjing ________________

见票 日后（本汇票之副本未付）付交
at ______________ Sight of This FIRST of Exchange (Second of Exchange

Being unpaid) Pay to the Order of

金额
the Sum of ________________

此致
To ________________

____